世界の言語シリーズ 6

フィリピン語

大上 正直／ジェニー・ヨシザワ

大阪大学出版会

はじめに

　フィリピンの国語・公用語であるフィリピン語（タガログ語）をきちんと学んで，民族，文化，歴史，社会などに対する理解を深め，現地へといざ旅立ちましょう！！
　フィリピン語を学ぶときに誰もが疑問に思うのが，「フィリピン語」と「タガログ語」はどう違うのかということでしょう。フィリピンでもフィリピン語の普及や教育・研究などに携わっている関係者や学習している児童生徒などを除けば，Filipino（フィリピン語）という呼称より，150以上あるフィリピンの諸語の中で最も多くの話者を有する Tagalog（タガログ語）という呼称の方が一般市民には馴染み深く，広く使われています。現時点では，フィリピン語とタガログ語はアルファベット等の一部を除き，実質的にほとんど違いがなく，同じ言語を指す二つの異なる呼び方だと言えます。しかし，本書では，フィリピン政府が国語に指定し，タガログ語を母体にして他のフィリピン諸語の語彙なども取り入れて，中長期的に普及・発展に努めている「フィリピン語」という呼称を用いることとします。
　法務省の調べでは，2010年末時点で在日フィリピン人（外国人登録者数）は，210,181人（中国，韓国・朝鮮，ブラジルに次いで第4位）で，在日外国人数の約1割も占めています。日本の街角でもフィリピン語をよく耳にするようになってきました。フィリピン人は英語が堪能なので，英語さえできればそれで交流等には事欠かないであろうと思いがちです。しかしながら，英語はフィリピン人にとってあくまでも「よそ行きの言語」です。フィリピン人の心を開く言葉は英語ではなくフィリピン語であり，英語では表せないフィリピン人の価値観がこの言語には宿っています。
　本書は，大学のフィリピン語初級〜中級レベルの教材として，またフィリピン語の独習書としても使用できるように編集しました。とくに，独習者の参考になるよう各課の会話の日本語訳と練習問題の解答を別冊としてつけました。本文は，基本的に「会話」「語句」「文法」「練習問題」から構成されていますが，フィリピンの言語・文化・社会などの事情・背景について少しでも触れ，現地の雰囲気を味わいながら楽しくかつ詳しく学習ができるように，ほとんど全課にわたってコラム，写真およびイラストを，また巻末の付録として4つの参考資料（1．フィ

リピンの主要言語地図，2．フィリピン語基本動詞活用表，3．分野別重要単語集，4．本書の語句集）を別途掲載しました。「会話」（3課〜30課）は，日本の男子学生（田中博樹）と女子学生（佐藤美香）がフィリピンに留学して，そこで起きる毎日の出来事を一つのストーリーとしてまとめ上げたものです。フィリピン語らしい会話・表現を優先し，かつその自然さを重視したため，文法項目が易しいものから難しいものへという配列に必ずしもなっていない部分もありますので，☞（参照マーク）で示された関連個所をその都度参照しながら学習してください。ちなみに，会話等で出現する英語からの借用語は初出ではイタリック体にし，2回目からは普通の書体にしていますので，ご注意ください。

次に，本書の新しい試みとして，以下のような要素を取り入れました。

高頻度コロケーション（連語関係）

キーワードの前後（とくに後ろ）にどのような語句が出現するかという情報を，私家版のフィリピン語コーパス（特に話し言葉が中心の200万語からなるデータ）より高頻度トップ（第1位〜第3位）を検索して，実例とともに解説を加えました。実際にフィリピン語で話したり書いたりするときの参考にしましょう。

類義表現

意味が類似していたり，微妙にニュアンスが異なる語句同士を比較して解説を加えました。これらは，いずれも意味などをよく取り違えてしまうものばかりですので，気をつけましょう。

なお，本書の執筆にあたっては多くの方々のご協力を得ました。コラムの執筆，写真の撮影・提供は，大阪大学外国語学部の在校生諸君，旧大阪外国語大学卒業生諸君，大阪大学大学院生，Galileo Zafra先生（大阪大学大学院言語文化研究科）およびフィリピン共和国観光省にご協力いただきました。とくに，Zafra先生，下平英輝君（旧大阪外国語大学卒業生）およびPaul Santiago君（本学留学生）には原稿の内容に関し多くの貴重なコメントや数々の支援をいただきました。イラストは向井裕理さんが大変美しく描いてくれました。付属CDには，1課〜2課に加え，3課〜30課会話文（含む19課の料理法および30課の手紙）と語句，29課練習問題2．の文章，18課の童謡（Bahay Kubo）の音源および巻末の付録（分野別重要単語集）を収録しています。録音は，Zafra先生，Paul Santiago君，Julius Lustro君，Remy Martinさん，Kim Hernandezさん（以上，いずれも本学留学生）および著者（ジェニー・ヨシザワ，大上正直）の7名で行い，一方，音声データの録音・編集作業は高平央君が献身的に担当してくれました。ご協力いただいたみなさんにこの場を借りて改めて心よりお礼申し上げます。

最後になりましたが，本書出版の機会と支援の提供を賜った，高橋明先生（大阪大学副学長・世界言語研究センター前センター長），南田みどり先生（現センター長），岩谷美也子氏（大阪大学出版会編集長）そしていろいろなお願い事も快く引き受けていただくとともに，拙い原稿を丁寧に読み，適切なご指摘をいただいた落合祥堯氏（同出版会）に心より感謝の意を表します（Maraming salamat po sa inyong pagtulong!!）。

　　　　　2012 年 3 月

　　　　　　　　　　　　　　　　　　　　　　　　　　大　上　正　直

（再版に寄せて）
1．この版よりウェブブラウザー上や、ダウンロードした音声ファイルを再生しながら音源を利用できるようにしましたので、どこでも気楽にリスニングや発音の練習を行えることと思います。

2．読みにくい箇所などのレイアウトの改善に努めました。なお、皆様からいただきましたご指摘などにつきましても、それらを踏まえて一部修正を加えました。将来大幅な改定作業が可能になる機会が訪れましたならば、さらに然るべく対応をさせていただきたく存じます。

　　　　　2023 年 11 月

　　　　　　　　　　　　　　　　　　　　　　　　　　大　上　正　直

音声を聞くには

🔊 の付いた箇所は音声を聞くことができます。

① ウェブブラウザ上で聞く

音声再生用 URL

http://el.minoh.osaka-u.ac.jp/books/SekainogengoShiriizu06_Firipingo/

② ダウンロードして聞く

ウェブブラウザ上以外で音声ファイルを再生したい場合は、下記のURLから音声ファイルをダウンロードしてください。

ダウンロード用 URL

http://el.minoh.osaka-u.ac.jp/books/SekainogengoShiriizu06_Firipingo/cnhs8z2xjbmpk5fw/

目　次

はじめに ……………………………………………………… i

1課　文字と正書法 ──────────────────── 1
　　1.1　アルファベットと正書法　1

2課　発音とアクセント ──────────────── 8
　　2.1　発音　8　　　　　　2.2　アクセント　13

Mga tauhan（本書の会話に登場する主要人物）────── 18

3課　挨拶（Pagbati）───────────────── 19
　　3.1　「おはよう」Magandang umaga（挨拶）　20
　　3.2　ANG（アン）形標識辞（主格）　20
　　3.3　「AはBだ」基本構文（1）：叙述文（B + A）　22
　　3.4　「こちらは田中博樹です」（人の紹介）　23
　　3.5　「やあ，どうだい，はじめまして」Kumusta ka? /
　　　　　Kumusta?（人と出会ったときの挨拶）　24
　　3.6　「さようなら，それじゃあ」Sige（別れるときの挨拶）　24
　　練習問題　26

4課　今日の昼食は？（Ano'ng tanghalian natin?）──── 29
　　4.1　NG（ナン）形標識辞（属格）と
　　　　　SA（サ）形標識辞（斜格）　30
　　4.2　「〜と〜」at（接続詞）　31
　　4.3　「さあ食べよう」Kumain/Kain tayo
　　　　　（食事を促すときの表現）　32
　　4.4　「〜だけ，単なる・ちょうど・ちょっと〜だ」
　　　　　lang（小辞：程度や語気をやわらげる表現）　32
　　練習問題　34

v

5課　それがニックネームだから
　　　（Iyan ang palayaw ko, e）────── 38
　　5.1　「AがBだ，BがAだ」基本構文（2）:
　　　　　特定文（A＋B）　39
　　5.2　「〜だから」e（終助詞：理由などを表す）　40
　　5.3　「〜だよね，〜ですね」（付加疑問文）　40
　　5.4　「〜のようだ，〜みたい，〜という感じ，〜と似ている」
　　　　　parang/kamukha（類似性などの表現）　41
　　5.5　「確かに，本当に，〜なんか〜だ」nga
　　　　　（小辞：肯定・確認・例示・提案など）　41
　　練習問題　42

6課　兄弟はいるの？（May kapatid ka ba?）────── 45
　　6.1　「〜は〜を持っている」（所有表現）　46
　　6.2　「〜のようだ，〜そうだ」yata
　　　　　（小辞：不確実性，確信の欠如，推量）　49
　　6.3　主要な小辞のまとめ　49
　　6.4　「〜は〜ですか？」（一般疑問文）　52
　　6.5　「〜は何・誰・どこ？」（疑問詞疑問文）　52
　　練習問題　53

7課　ほかにも日本人はいる？
　　　（May ibang Hapones din ba?）────── 57
　　7.1　「〜に〜があります」（存在表現）　58
　　7.2　リンカー　59
　　7.3　「いくら？」magkano（疑問詞：値段を問う）　62
　　7.4　前接語群の基本的な語順　63
　　7.5　形容詞の分類　64
　　練習問題　65

8課　パルマホールはどこ？（Saan ang Palma Hall?） ―― 69

 8.1　「〜はどこ」saan（疑問詞）　70
 8.2　「どこか」kung saan（関接疑問文など）　70
 8.3　「私は知らない」hindi ko alam
   （「擬似動詞：知識など」の否定文）　72
 8.4　「了解だ，わかった，いいよ」sige
   （間投詞：了承・同意の表現）　73
 8.5　「〜ということにする，もう〜だけだ」na lang
   （組み合わせの小辞）　73
 練習問題　75

9課　お腹がぺこぺこだ（Gutom na gutom na ako） ―― 78

 9.1　「とても〜だ」（形容詞の強意表現）　79
 9.2　「〜が好き，〜に関心・興味がある，〜の傾向がある」
   mahilig sa 〜（興味，関心，嗜好など）　80
 9.3　「〜したい」gusto
   （擬似動詞：好み，欲求，願望などの表現①）　81
 9.4　「〜ずつ」tig-（配分数詞）　81
 9.5　「〜に任せる」〜 bahala（責任の所在など）　82
 練習問題　83

10課　トライノーマの方がもっといいなぁ（Mas gusto ko sa TriNoma） ―― 85

 10.1　「〜が好きだ・欲しい」gusto
   （擬似動詞：好み，欲求，願望などの表現②）　86
 10.2　「〜ができる，〜してもよい」puwede
   （擬似動詞：可能，許可，蓋然性などの表現①）　86
 10.3　「しかし」pero（接続詞）　87
 10.4　「AはBより〜だ」（形容詞比較級）　87
 10.5　「〜が必要だ」kailangan（擬似動詞：必要性など）　88
 練習問題　89

11課　もう着いたの？（Nandito na tayo?） —————— 92
 11.1　「～するべからず，～してはいけない」
   bawal（禁止）　93
 11.2　「ここにいる」nandito（所在・位置の表現）　94
 11.3　「～してよかった」mabuti't（mabuti at）
   （状況説明文①）　95
 練習問題　96

12課　このモールは大きいなぁ
  （Ang laki pala nitong mall）—————— 99
 12.1　「なんと大きいんだろう！」Ang laki!（感嘆文）　100
 12.2　「～べきである」dapat
   （擬似動詞：適正・義務など）　100
 12.3　「最も・一番～だ」（形容詞の最上級）　101
 12.4　「ほらここに」Eto
   （間投詞：注意喚起，呼びかけなど）　101
 12.5　「まあまあ，やや，ちょっと」medyo ＋形容詞・動詞
   （副詞：程度緩和表現）　101
 練習問題　103

13課　電話とテキストさえできればいいんですが
  （Basta puwedeng tumawag at mag-text）—————— 107
 13.1　フィリピン語の動詞の特徴　108
 13.2　-UM-動詞（行為者焦点）　110
 13.3　「～できる，～してもよい」puwede
   （擬似動詞：可能，許可，蓋然性などの表現②）　114
 13.4　「何でも，何が～しても」kahit ano（不定表現）　114
 13.5　「～してはいけない，～はだめだ」huwag
   （禁止・否定命令の表現）　115
 練習問題　116

14課 テキスト・メッセージの送り方は知ってるよね
　　　（Marunong ka namang mag-*text*, di ba?）——— 120

　　14.1　MAG-動詞（行為者焦点）　122
　　14.2　「〜ね」「わかった？」ha？
　　　　　（終助詞：念押し・確認など）　125
　　14.3　「〜ができる，〜する術を知っている」marunong
　　　　　（基本技能など）　126
　　練習問題　127

15課 エドサ通りも水に浸かったらしいよ
　　　（Kahit ang EDSA raw binaha）——— 130

　　15.1　「〜の目に遭う，〜される，〜の状態になる」-IN動詞
　　　　　（対象焦点）（動作主＝動詞語根型受動文①）　131
　　15.2　「〜ので，〜だから」dahil
　　　　　（接続詞：原因・理由など）　131
　　15.3　「〜する前に」bago（接続詞）　132
　　練習問題　133

16課 カトリーナは知ってる？
　　　（Kilala mo ba si Katrina?）——— 136

　　16.1　「知っている」kilala（擬似動詞：面識など）　137
　　16.2　「AとBがお互いに〜する」（相互行為動詞）　137
　　16.3　「着いたら，来たら」pagdating
　　　　　（動名詞を使った「時」の表現）　138
　　16.4　「何時？，何時に？」Anong oras 〜？
　　　　　（時刻を問う表現）　138
　　16.5　「だから〜，したがって〜」kaya
　　　　　（接続詞：結果など）　139
　　練習問題　141

17課　今どこに住んでるの？
　　　（Saan ka nakatira ngayon?）———————— 143
　　17.1　「ありがたいことに〜だ」salamat at 〜
　　　　　（状況説明文②）　144
　　17.2　「〜ている」NAKA-形容詞
　　　　　（結果，状態など）　145
　　17.3　形容詞（複数形）　145
　　17.4　「なんととても」感嘆文（強意）　145
　　練習問題　147

18課　これ，食べたことある？
　　　（Nakakain ka na ba nito?）———————— 149
　　18.1　「〜は〜するのが〜だ」【形容詞＋〈リンカー〉＋動詞不定
　　　　　相＋ANG句〈主題〉など】　151
　　18.2　「〜するのが好きだ，〜することに興味がある」mahilig
　　　　　（興味，関心，嗜好など②）　151
　　18.3　「〜できる，〜てしまう，〜したことがある」MAKA-
　　　　　動詞（行為者焦点：可能，偶発，経験など）　152
　　18.4　「〜が好きではない」hindi ko gusto
　　　　　（擬似動詞 gusto の否定文）　154
　　練習問題　155

19課　たまねぎを刻んでくれる？
　　　（Puwede mo bang tadtarin ang sibuyas?）———— 157
　　19.1　「〜も，〜を含めて，同様に」pati　159
　　19.2　-IN 動詞（対象焦点）　160
　　19.3　「〜の目に遭う，〜される，〜の状態になる」-IN
　　　　　動詞（対象焦点）（動作主＝動詞語根型受動文②）　165
　　練習問題　167

20課　二人で出かけたりする
（Minsan namamasyal kaming dalawa） ———— 170

20.1 「私と〜」kami ng/ ni（複数人称代名詞 + NG句）　171
20.2 MANG-動詞（行為者焦点）　172
20.3 M-動詞（行為者焦点）　174
20.4 「〜が嫌いだ・欲しくない」ayaw
　　　（擬似動詞：嫌悪など）　175
20.5 「〜するため，〜であるように」para
　　　（接続詞：目的構文）　175
20.6 「すべてが〜というわけではない」
　　　hindi + lahat（部分否定）　176
練習問題　177

21課　彼に日本語を教えることになったんだ
（Tuturuan ko nga siya ng Nihongo） ———— 180

21.1 「ごめんなさい，すみません」
　　　Pasensya ka na（謝罪の表現）　181
21.2 I-動詞（受益者焦点）　182
21.3 -AN 動詞（方向焦点）　182
21.4 間投詞のまとめ　186
練習問題　188

22課　明日は何かすることあるの？
（May gagawin ka ba bukas?） ———— 191

22.1 「私には〜する〜がある」（存在詞+動詞各焦点）　192
22.2 「〜なほど〜だ」mas 〜，mas 〜
　　　（形容詞比較級の用法）　194
22.3 「〜の場合には，〜なら，〜したら」
　　　kung/ (ka) pag（接続詞：時・条件など）　194
22.4 「〜はどうやって〜するの？」（方法を問う表現）　195
練習問題　196

23課　迎えに来てくれてありがとう
　　　（Salamat sa pagsundo sa amin）———— 200
　　23.1　「〜すること，〜であること」（動名詞）　201
　　23.2　「いつも，ときどき，たまに」（頻度・回数の副詞）　202
　　23.3　I-動詞（対象焦点）　203
　　23.4　「〜のため」para sa（目的などを表す句）　207
　　練習問題　208

24課　少し下痢気味です
　　　（Nagtatae po ako nang kaunti）———— 212
　　24.1　「AまたはB」o（接続詞：選択）　213
　　24.2　MAG-動詞（異常性などの表現）　214
　　24.3　「〜の後」pagkatapos ng 〜（時を表す副詞句）　215
　　練習問題　216

25課　どのようにしますか？
　　　（Ano po ang gusto ninyong ipagawa ngayon?）———— 219
　　25.1　「〜したばかり」（近完了動詞）　220
　　25.2　「それなら」E,di（文頭副詞）　221
　　25.3　「〜せる・させる」使役動詞（MAGPA-, IPA-）　221
　　25.4　「〜はどれくらい〜なの？」Gaano（ng）+形容詞語根？
　　　　　（程度・数量の比較など）　223
　　25.5　「どうぞ・どうか〜してください」
　　　　　Paki（丁寧な依頼表現）　225
　　25.6　「ほら〜だ」o（終助詞：注意喚起など）　225
　　25.7　「ほらここに・そこに・あそこに」
　　　　　Ayan/Ayun（注意喚起，呼びかけなど）　226
　　練習問題　227

26課　貸してあげるよ（Papahiramin kita）——————— 231
　　26.1　「～される，～の状態になる」I-動詞
　　　　　（動作主のない受動文）　232
　　26.2　NAKAKA-形容詞　233
　　26.3　「それほど・あまり～でない」
　　　　　（hindi + gaano(ng) +形容詞・動詞など）　233
　　26.4　「～せる・させる」PA-IN/HIN 動詞
　　　　　（被使役者焦点）　234
　　練習問題　236

27課　持っていくものを準備する
　　　（Ihahanda ko ang mga gamit ko）——————— 239
　　27.1　「～できる，～てしまう，ことがある」
　　　　　MA-動詞（非行為者焦点：可能，偶発など）　240
　　27.2　「私はもう少しで・危うく～するところだった」
　　　　　muntik ko nang ～（未遂表現）　243
　　27.3　-IN 動詞（方向焦点：一定の距離・経路・場所などに
　　　　　対する動作）　243
　　練習問題　245

　　LRT（軽量高架鉄道）・MRT（首都圏鉄道）路線図 ——————— 246

28課　喜ぶんで（Matutuwa iyon）——————— 249
　　28.1　MA-動詞（行為者焦点）　250
　　28.2　「ぼくは～だ」～ sa akin
　　　　　（注文・欲しいものなどを伝える表現）　251
　　28.3　PAG-AN 動詞（話題焦点）　252
　　28.4　「～する間，～しながら」habang（接続詞）　253
　　28.5　-AN 動詞（対象焦点）　253
　　練習問題　255

29 課　作家だったっけ？（Manunulat nga ba siya?） 258

29.1　MANG-名詞　259
29.2　接頭辞末音-ng［ŋ］と語根の初頭音との前鼻音化のまとめ　260
29.3　「A が B になるようにする」gawin ＋リンカー＋文（B ＋ A）　263
練習問題　264

30 課　今度はいつ集まる？（Kailan tayo magkikita-kita ulit?） 269

30.1　相互行為・相互関係動詞（行為者あるいは対象が 3 人・3 つ以上）　271
30.2　副詞（時の表現）　273
30.3　MA-AN 動詞（方向焦点：自発的に経験し，知覚する行為等を表す）　273
30.4　メール・手紙の書き方（特に親しい友達に対するもの）　274
練習問題　276

付録 1.　フィリピンの主要言語地図　279
付録 2.　フィリピン語基本動詞活用表　280
付録 3.　分野別重要単語集　288
付録 4.　本書の語句集　297

〈本書の略記一覧〉

（行焦）＝行為者焦点，（対焦）＝対象焦点，（方焦）＝方向焦点，（受焦）＝受益者焦点，（場焦）＝場所焦点，（使焦）＝使役者焦点，（被使焦）＝被使役者焦点，（使対焦）＝使役対象焦点，（話焦）＝話題焦点，（不定）＝不定相，（完了）＝完了相，（未完）＝未完了相，（未然）＝未然相，〈可・偶〉＝可能・偶発，[根]＝語根

〈コラム〉

1　フィリピン語（タガログ語）の系統・特徴　6
2　正書法をめぐる諸問題　15
3　フィリピン人気質　27
4　私の留学生活　36
5　フィリピンの国のシンボルや伝統的な○○は何？　43
6　フィリピン大学キャンパスライフ　54
7　フィリピン大学の寮（IC）での生活　67
8　フィリピン大学の授業　76
9　ハロハロ　84
10　サリサリストア　91
11　ジープニーとトライシクルの乗り方　97
12　テキスト・メッセージ①－よく使う事例　105
13　フィリピン携帯事情　118
14　テキスト・メッセージ②－実例　128
15　「私のフィリピン語学習法」タクシーでの個人レッスン　134
16　フィリピン人にとっての誕生日　142
17　レチョン　168
18　フィリピン映画　178
19　フィリピンの音楽・歌　189
20　フィリピンの若者言葉　198
21　フィリピンのテレビの特徴　210
22　アニメを使ったフィリピン語の学習方法　217
23　マニラの美容院　229
24　教会での結婚式　238
25　タグリッシュ（Taglish）　247
26　フィリピンの飲み物　256
27　ホセ・リサールの生涯（概略）　266
28　フィリピンの絵文字　277

〈写真撮影者・提供者一覧〉

大上　正直　　24, 25
岡本　真穂　　34, 38
木村　恭子　　4, 18, 36
佐藤　優花　　49, 50
武副　万智　　12, 14, 41
武部　政希　　44
中沢　彩乃　　5, 19, 23, 26, 28, 29, 30, 31
永田　梨紗　　13
橋元紀美加　　42
フィリピン共和国観光省　　1, 2, 3, 7, 8, 10, 16, 20, 21, 22, 32, 35, 37, 43, 46
Jenny Yoshizawa　　45
Galileo Zafra　　6, 9, 11, 15, 17, 27, 33, 39, 40, 47, 48

世界の言語シリーズ　6

フィリピン語

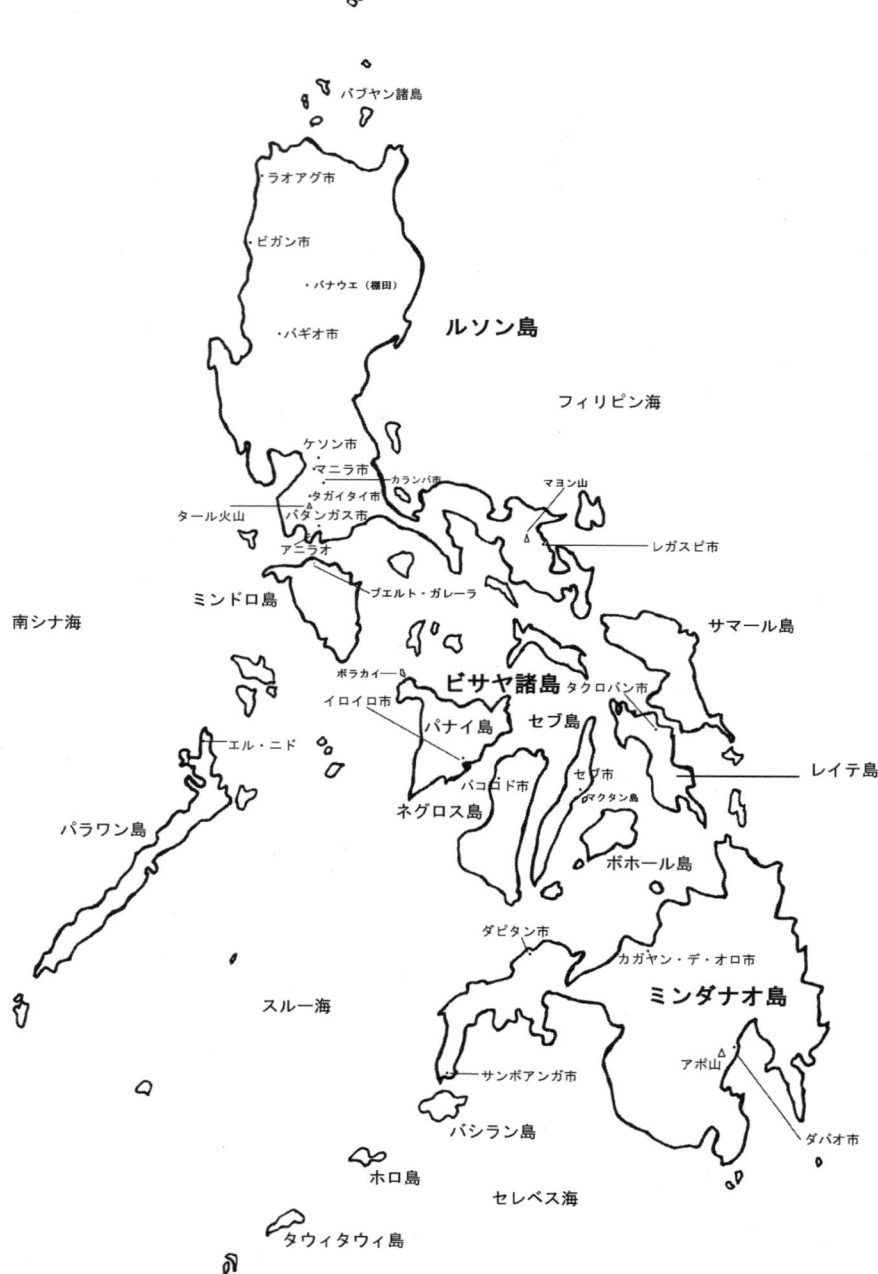

1課 文字と正書法

1.1 アルファベットと正書法

　フィリピンの国語であり，かつ公用語でもあるフィリピン語（Filipino）のアルファベットは，フィリピンの主要言語の一つであるタガログ語（Tagalog）のものに基づいて定められ，以前は，下記（1）のとおり20文字からなっていた。しかし，タガログ語以外のフィリピン諸語や外国語などの語彙も取り入れて，フィリピン語を国語として全国に広く普及させたいとのフィリピン国立国語研究所（Komisyon sa Wikang Filipino）の方針にもとづき，1987年にC, F, J, Ñ, Q, V, X, Zの8文字が新たに加えられ，合計28文字となった。

（1）タガログ語のアルファベット（アバカダ）

　タガログ語のアルファベットは，母音文字はそのまま，一方の子音文字は，それぞれの子音に /a/（ア）をつけて発音する。

　※本課および2課では，必要に応じて，読み方は基本的にカタカナ（以下のLのように日本語にないような音は，ひらがな）の発音ルビで表示する。ちなみに，NG（鼻濁音）と母音の組み合わさった /ŋa/, /ŋe/, /ŋi/, /ŋo/, /ŋu/ は，[カ゜]，[ケ゜]，[キ゜]，[コ゜]，[ク゜] を使用する。

A［ア］，B［バ］，K［カ］，D［ダ］，E［エ］，G［ガ］，H［ハ］，I［イ］，L［ら］，M［マ］，N［ナ］，NG［カ゜］，O［オ］，P［パ］，R［ラ］，S［サ］，T［タ］，U［ウ］，W［ワ］，Y［ヤ］

（2）フィリピン語のアルファベットと正書法

　フィリピン語のアルファベットや正書法についての以下の説明は，2009年末にフィリピン国立国語研究所よりの報告を受けて，フィリピン政府（教育省）が発

表した正書法についてのマニュアルなどにもとづき主なもののみ整理した。

上述のとおり，現行のフィリピン語のアルファベットは，以下の28文字からなっている。読み方は，スペイン語のÑ（エニェ）を除き，英語のアルファベットとほぼ同じである。ちなみに，読み方は上記国語研究所によるものであるが，発音ルビは，基本的にカタカナで，日本語にないため，日本人学習者が気をつけなければならない音，たとえば /l/, 語末の /n/ などについては，それぞれひらがなで表示した。

大文字	小文字	読みかた		大文字	小文字	読み方	
A	a	/ey/	エイ	Ñ	ñ	/enye/	エニェ
B	b	/bi/	ビ	NG	ng	/enji/	エンジ
C	c	/si/	スィ	O	o	/ow/	オ
D	d	/di/	ディ	P	p	/pi/	ピ
E	e	/i/	イ	Q	q	/kyu/	キュ
F	f	/ef/	エフ	R	r	/ar/	アール
G	g	/ji/	ジ	S	s	/es/	エス
H	h	/eych/	エイチ	T	t	/ti/	ティ
I	i	/ay/	アイ	U	u	/yu/	ユ
J	j	/jey/	ジェイ	V	v	/vi/	ヴィ
K	k	/key/	ケイ	W	w	/dobolyu/	ドボリゅ
L	l	/el/	エる	X	x	/eks/	エクス
M	m	/em/	エム	Y	y	/way/	ワイ
N	n	/en/	エん	Z	z	/zi/	ずぃ

以下は，それぞれ個別のケースごとの基本的なルールである。事例の配列については，アルファベット順か事項ごとに配列するとともに，原典の説明では不十分でわかりにくいものは，簡単，かつ分かりやすい表現に適宜改めた。

① フィリピン諸語（タガログ語以外）よりの 借用語
上記8文字（C, F, J, Ñ, Q, V, X, Z）などが含まれていても，基本的に原語の形態のまま綴る。

　　cabalen（カパンパーガン語）　同郷人
　　hadja（マラナオ語）　メッカに巡礼したことのあるイスラム教徒の女性

vakul（イヴァタン語）　雨や日差しを防ぐために頭に覆う物（シュロやバナナの葉で作製）

② スペイン語以外の外国語よりの借用語

　基本的に原語の形態のまま綴る。ちなみに，本書の3課～30課の会話文などで英語よりの借用語が単独，あるいは動詞の語根などとして現れた場合は，初出のときのみイタリック体にし，2回目からは普通の書体にする。

bouquet（フランス語）	花束
french fries（英語）	フライドポテト
pizza pie（英語・イタリア語）	ピザ
status quo（英語）	現状
samurai　（日本語）	侍

③ スペイン語からの借用語

　上記（1）のタガログ語のアルファベット（アバカダ）に則って綴る。

1）子音

スペイン語	フィリピン語	意味
baño	banyo	浴室，トイレ
cheque	tseke	小切手
familia	pamilya	家族
máquina	makina	機械
teléfono	telepono	電話

※スペイン語の子音とタガログ語の子音の基本的な対応関係は次頁のとおり。

c = k	carga → karga	荷物
c = s	centro → sentro	中心
ch = ts = s	chocolate → tsokolate	チョコレート
	chinelas → tsinelas（sinelas）	スリッパ
f = p	fecha → petsa	日付
g（i,e）= h	general → heneral	将軍
j = h	cajón → kahon	箱
= s	jabón → sabon	石鹸
ll = ly	silla → silya	椅子
= y	caballo → kabayo	馬
ñ = ny	cañón → kanyon	大砲
qu = k	máquina → makina	機械
rr = r	carrera → karera	競走
v = b	vacación → bakasyon	休暇
x = ks	exacto → eksakto	正確な
z = s	zapatos → sapatos	靴

2）母音〈eはそのまま保持〉

推奨	非推奨	意味
espesyal	ispesyal	特別の
espiritu	ispiritu	精神，心
estruktura	istruktura	構造
estudyante	istudyante	学生，生徒

〈oはそのまま保持〉

推奨	非推奨	意味
politika	pulitika	政治
opisina	upisina	オフィス
tradisyonal	tradisyunal	伝統的な

〈o の後に n が続いている場合，o → u，かつ n → m〉

スペイン語	フィリピン語	意味
conferencia	kumperensiya	会議
convención	kumbensiyon	会議，集会
convento	kumbento	修道院

※ n → m に変化したのは，f → p，v → b に同化した子音の影響のため（☞ 29.2）

〈スペイン語および英語よりのまぎらわしい借用語〉
　対応が不確かな場合は，スペイン語読みのまま借用する。

スペイン語	英語	フィリピン語（推奨）	非推奨	意味
imagen	image	imahen	imeyds/imahe	像・偶像
diálogo	dialogue	diyalogo	dayalog/dayalogo	対話
prioridad	priority	priyoridad	prayoriti/prayoridad	優先権

3）非二重母音と二重母音

〈非二重母音〉

　強母音である a, e, o だけからなる母音の組み合わせの場合は，それぞれの母音が別々の音節を形成しており，w, y を挿入せず，そのまま綴る。

　a +（e, o）
　　maestro　先生　　　aorta　大動脈
　e +（a, o）
　　teatro　劇場　　heograpo（← geógrafo）　地理学者
　o +（a, e）
　　poesiya（← poesía）　詩，詩文　　koalisyon（← coalición）連合，提携

〈二重母音〉

　弱母音である u や i を含む二重母音（1つの音節内の2つの連続する母音）の場合は，w, y に変えたり，それらを挿入したりする。

　i +（a, e, o）
　　barbería → barberya　理髪店　　miembro → miyembro　メンバー
　u +（a, e, i, o）
　　auto → awto 車　　cuento → kuwento　物語，話

5

buitre → buwitre　ハゲワシ

※上記2)の kumperensiya（← conferencia）や kumbensiyon（← convención）のように二重母音の前で子音が連続しているような場合には，ia や io は，iya や iyo の形になることが多い。これは，ua や ue などについも，uwa や uwe になり，同じようなことが言えそうである。たとえば，intelektuwal（知的な）（← intelectual），singkuwenta（50）（← cincuenta）などである。

4）固有名詞，専門用語（技術，科学，医学など）および専門的な記号など原語の綴りを保持する。

Biñan, Laguna	ラグーナ州ビニャン町
Jose Reyes Hospital	ホセ・レイエス病院
Manuel Quezon	マヌエル・ケソン
carbon dioxide	二酸化炭素
chemotherapy	化学療法
varicose veins	静脈瘤
x-ray	X線，レントゲン検査
Fe	鉄

コラム1　フィリピン語（タガログ語）の系統・特徴

　タガログ語は，西はマダガスカル島，東はイースター島（チリ領），北は台湾，南はニュージーランドにいたる地域内の言語集団であるオーストロネシア語族（マライ・ポリネシア語族）のうちの西部語派に属する。そのため，インドネシア語やマレー語とは，文法構造は異なるものの，音韻や基礎語彙の面でお互いに相通じる特徴をもっている。また，諸外国による統治や外国人の往来などにより，数多くのスペイン語，英語，中国語などの語彙が，ほぼそのまま，あるいは変形して，タガログ語の音韻体系や正書法（綴り）に沿うかたちで取り入れられている。これら借用語は大体，原語の意味を反映しているが，なかには syempre（[シェンプレ] フィリピン語の意味：「もちろん」。スペイン語〈siempre〉の原意：「いつも」）のように意味が大分変化したもの，拡大したもの，あるいは縮小したものなどがある。さらに，これらの借用語以外に，西のスマトラやジャワなどで

七世紀から一五世紀ころまでインド文化を礎に勃興し，隆盛をきわめたいくつかの王国の東への支配拡大などにともない入ってきたともいわれているサンスクリット語や 14 世紀ころにスールー諸島に伝わったといわれるイスラーム文化の影響をうけたアラビア語の語彙も散見され，大変興味深い。　　　　　（大上正直）

1 Tarsiers（ターシャ：ボホール島に生息する世界最小のメガネザル。掌サイズ）

2 ボホール島 Chocolate Hills（チョコレート・ヒルズ）

発音とアクセント

2.1　発　音

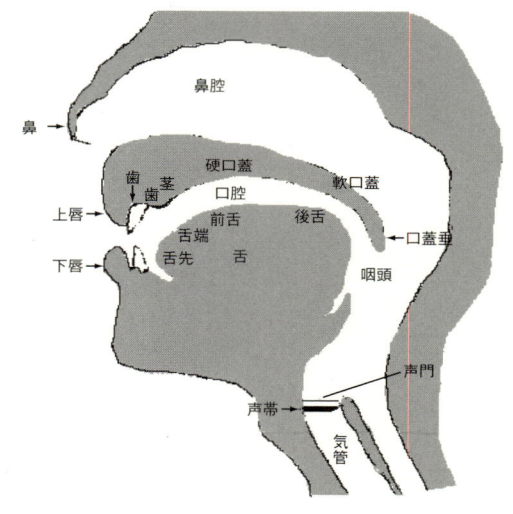

発音器官

フィリピン語の発音は，日本人にとって比較的簡単に学べる。大部分の音は，ローマ字で書き表した日本語を発音する要領で発すればよい。またf, l, n（語末），vなど，日本語にないような音でも，中学や高校の英語の授業などで習って馴染んでいるものが多いので，それほど神経質になる必要はない。

（1）母音

フィリピン語には，基本的に以下の5つの母音がある。以下の図は左に向いた人の舌の位置と母音の調音の位置を示したものである。左の欄の（狭），（狭中），（広）は，上下の発音器官の接近度を示す。

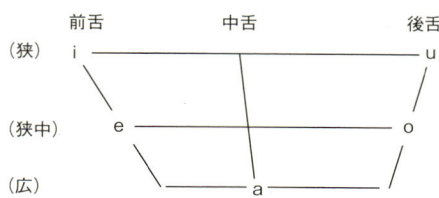

母音表

これらの母音のうち /u/ だけは唇を丸めて，舌は後ろのほうが盛り上がるようにして発音する。残りの4つの音は，日本語のア，エ，イ，オとほぼ同じように発音すればいい。ただし，以下のように，それぞれに長母音と短母音があり，この違いは，特に同じ綴りの単語の意味や品詞の区別などに重要な役割を担っているので，注意して発音しよう。

  bukas［ブーカス］明日 ⇔ bukas［ブカス］開いた
  gabi［ガービ］タロイモ ⇔ gabi［ガビ］夜
  gutom［グートム］空腹 ⇔ gutom［グトム］空腹の

タガログ語の母音の音素は，もともと /i/, /a/, /u/ の3つであったが，スペイン語などからの音素体系に適応させることによって，/e/, /o/ が加わり，合計5つになった。このような背景もあって，次のように /o/ と /u/，/e/ と /i/ の音の交替がよく生じる。

  baboy［バーボイ］ ⇔ babuy［バーブイ］豚
  lalaki［ららーキ］ ⇔ lalake［ららーケ］男

（2） 子音

以下の表はスペイン語や英語などからの子音音素は含めない，いわゆるタガログ語独自の子音音素にもとづいたものである。借用語のものを含めると数が大変増えるので，ここでは割愛する。

子音表

調音方法	調音点	唇音	歯音		硬口蓋	軟口蓋	声門
			歯裏音	歯茎音			
閉鎖音	無声	p	t			k	ʔ
	有声	b	d			g	
鼻音	有声	m		n		ŋ	
はじき音	有声			ɾ			
摩擦音	無声			s			h
側面接近音	有声			l			
接近音（半母音）	有声	w			j		

子音音素は，基本的に /p/, /b/, /t/, /d/, /k/, /g/, /h/, /m/, /n/, /ŋ/, /ɾ/, /s/, /l/, /w/, /j/ と /ʔ/（声門閉鎖音。本書では，ときどき便宜的に /'/ で表す。）の計16（/f/, /dʒ/ などの借用語の音素体系を含めない場合）である。

/p/：両唇を合わせて閉じ，次にその閉鎖を破って息を出す。日本語の［パ］行音とほとんど同じと考えてよいであろう。英語のように破裂させない。ただし，語末に来ると，音が弱くなる。
　　　pamilya［パミリア］家族　　　　masarap［マサラッ（プ）］おいしい

/b/：上の /p/ の発音の要領で，声帯を振動させながら発音する。日本語の［バ］行音とほとんど同じと考えてよいであろう。
　　　babae［ババーエ］女　　　　　　bahay［バーハイ］家

/t/：舌尖を上の歯の裏に付けて発音する。舌尖を後ろ（歯茎）に付けて発音する英語の /t/ とは異なる。また，英語のように破裂させない。なお，語末に来ると，音が弱くなる。
　　　tatay［タータイ］父　　　　　　salamat［サらーマッ（ト）］ありがとう

/d/：舌尖を上の歯の裏側に付けて，声帯を振動させながら発音する。舌尖を後ろ（歯茎）に付けて発音する英語の /d/ とは異なる。なお，語末に来ると，音が弱くなる。
　　　dito［ディート］ここ　　　　　　kapatid［カパティッ（ド）］兄弟・姉妹

/k/：舌の後ろを軟口蓋に付け，息の流れを止め，息を押し出して発音する。日本語の［カ］行音に近い。また，英語のように破裂させない。なお，語末に来ると，音が弱くなる。
　　　kamay［カマイ］手　　　　　　　lamok［らモッ（ク）］蚊

/g/：上の /k/ の発音の要領で，かつ声帯を振動させると出る。日本語の［ガ］行音に近い。ただし，語末に来ると，音が弱くなる。
　　　gamot［ガモッ（ト）］薬　　　　ilog［'イーろ（グ）］川

/ʔ/：声門閉鎖音と呼ばれ，声門を閉じて呼気を遮断するときに発せられる。例えば日本語でも「あっ」といって驚いたときなどに作り出される音である。語

頭（母音文字で始まる単語の頭），語中（母音連続の間または，mag-aral のようにハイフンで表示された子音と母音の間など），および語末に出現する。ただし，語末に来る場合は，文中ではよく脱落するので，会話においてそれほど神経質になる必要はないであろう。以下，カタカナ発音表示では（'）で表示する。

  inom［'イノム］飲むこと   maaga［マ'アーガ］早い
  pag-aaral［パッグ'ア'アーラる］勉強 bata［バータ'］子供

/h/：声門摩擦音である。［ハ］［ヘ］［ホ］は日本語の音でよい。ただし，「ヒ」と「フ」については少し注意が必要であろう。日本語の［ヒ］は硬口蓋音（前舌を，硬口蓋に接近させる）で，また［フ］は両唇音（上下の唇を接近させてその隙間から息を漏らす無声音）であるのに対し，フィリピン語の「ヒ」と「フ」は声門摩擦音であることから，のどの奥で調音が行われる感覚である。

  hindi［ヒンディ'］いいえ   humiram［フミラム］借りる

/m/：上の /b/ を発音するのと同じ唇の構えで，息を鼻にぬく。日本語の［マ］行音とほとんど同じと考えてよいであろう。

  maganda［マガンダ］美しい   gutom［グトム］空腹の

/n/：舌尖を上の歯の裏につけ，口の両側からの息の流れを止め，鼻にぬくと出る。語頭については，日本語の［ナ］行音とほとんど同じと考えてよいであろう。他方，語末等においては，日本語では現れないが，フィリピン語では頻繁に現れるので，この発音の要領を忘れないようにしなければならない。日本人学習者にはこれを怠るため，語末が下記の /ŋ/ に近い音になる人が大変多い。

  nanay［ナーナイ］母   kanan［カーナん］右

/ŋ/：後舌面が軟口蓋に触れて閉鎖をつくり，鼻へと息が流れると出る。語末の-ng ［ン］になったり，母音と結合して鼻濁音になる。本書では，カタカナによる発音ルビが必要な場合には，鼻濁音は，nga = カ゜, nge = ケ゜, ngi = キ゜, ngo = コ゜, ngu = ク゜のように表示する。ちなみに，表記上単独で現れる ng は以下のとおり［ナン］と読む。

  sayang［サーヤン］残念な・惜しい ngunit［ク゜ーニッ(ト)］しかし
  pangalan［パカ゜ーらン］名前   ngipin［キ゜ーぴン］歯
  mapa ng Pilipinas［マーパ ナン ぴリピーナス］フィリピンの地図

/r/：舌尖で上の歯茎を軽く一回はじいて息を出して発音する。また，時に，強調
された発話などでは，連続的に複数回強く震わせて音（ふるえ音）が出現す
ることもある。
  relo［レろ］腕時計   lugar［るガール］場所

/s/：舌尖を歯茎に近づけて狭い隙間を作り，そこを通過する空気を撹乱させて出
す。si［すぃ］以外は，日本の［サ］行音とほとんど同じと考えてよいであ
ろう。
  saging［サーギン］バナナ   singsing［すぃンすぃン］指輪

/l/：舌尖を上の歯の裏または歯茎にもたせかけ，舌の両側にできる隙間から息を
出して発音する。日本語にはない子音なので，注意したい。
  lalaki［ららーキ］男   lapis［らーピス］鉛筆

/w/：丸めた唇の構えからつぎの母音にすぐに移っていく特性をもっているため，
わたり音とも呼ばれる。上下の唇の接近とともに，後舌が上に上がっていき
軟口蓋にも接近する。
  walis［ワリス］ほうき   wika［ウィーカ'］言語

/j/：横に広げた唇の構えからつぎの母音にすぐに移っていく特性をもっているた
め，わたり音とも呼ばれる。前舌が上がっていき硬口蓋にも接近する。
  yaya［ヤーヤ］子守   yelo［イエろ］氷

（3）　二重母音

　フィリピン語には，ay［アイ］，aw［アウ］，uy［ウイ］，oy［オイ］，ey［エイ］，
および iw［イウ］からなる6つの二重母音がある。これらは，1つの音節内の2
つの連続する母音である。
  ay：kilay［キーらイ］眉毛   oy：amoy［'アモイ］匂い
  aw：sabaw［サバウ］スープ   ey：reyna［レイナ］女王
  uy：kasuy［カスイ］カシューナッツ iw：sisiw［すぃーすぃウ］ひよこ

2.2　アクセント

　アクセントには3要素がある。つまり，「強さ」「高さ」（ピッチ）および「長さ」である。英語は，強弱アクセント型であり，日本語は高低アクセント型と呼ばれる。一方，フィリピン語は長短アクセント型と言われている。つまり，音節の長短が発音上，また語彙の意味を理解する上で重要であるということである。ただ，アクセントの置かれる音節は基本的に長いか相対的に長いが，若干高くかつ強くもなる。ちなみに，báhay［バーハイ］（家）は，最初の音節のaは，次節のaより長いだけでなく，若干高くかつ強い。

　フィリピン語の語彙（語根）は，2音節のものが最も多く，かつ次末音節（語末音節から2番目の音節）にアクセントが現れるものが比較的多い。この場合，当該音節の母音は語末音節などと比較して相対的に長く，アクセントが付けられるべきであるが，フィリピン国文法では，このように長いことが明白な次末音節には，最初から何らの記号も付されておらず，むしろそれ以外の音節にアクセントがある場合に，記号を付すようにした。語末音節にアクセントがかかる場合（次末音節の母音が語末音節と比べると相対的に短いと感じられる際に付される場合）などには，アクセント記号（´）が付される。

　そこで，本書では，基本的に長いかあるいは相対的にわずかに長い母音が存在するところにも´でアクセントの存在を表記した。その際，語末音節に声門閉鎖音が存在する場合は＾で表した。こういったアクセントは，とくに，同綴異音異義語（綴りが同じで，発音と意味が異なる語）などの発音や意味を区別する意味でも重要になる。2種類の記号を使用した表示の方法は次の4とおりである。

(1)　長母音語（アクセント記号：´のみ）

　次末音節の母音が長音で，そこに´をつける。語末には声門閉鎖音はない。
　　úlap［'ウーらップ］雲　　　　　túbo［トゥーボ］パイプ
　　bása［バーサ］読むこと　　　　báhay［バーハイ］家

(2)　長母音・声門閉鎖音語（アクセント記号：´と＾）

　次末音節の長母音に´をつけると同時に，語末の母音文字の上に声門閉鎖音の存在を示す＾をつける。
　　púnô［プーノ'］木　　　　　　 túbô［トゥーボ'］利子
　　pásô［パーソ'］やけど　　　　bátâ［バータ'］子ども

(3) 短母音語（アクセント記号：´）

次末音節の母音が語末音節の母音と比べて相対的にわずかながら短く，速く発音される。アクセントは，語末音節にかかる。語末には声門閉鎖音はない。

 ulán［'ウらン］雨   tubó［トゥボ］さとうきび
 bigás［ビガス］米   isá［イサ］1，1つの

(4) 短母音・声門閉鎖音語（アクセント記号：＾のみ）

上記（3）と同様，次末音節の母音が速く発音されるが，語末の母音文字に声門閉鎖音の存在を示す＾をつける。アクセントもそこにかかる。

 punô［プノ'］一杯の   basâ［バサ'］濡れた
 pasô［パソ'］鉢   bintî［ビンティ'］脚，ふくらはぎ

また，本書では語句にはアクセントをつけたが，3課から30課までの会話文には付けていない。それは単語自体，単語だけの場合と句の一部になった場合とでは，以下のように音が変わったり，アクセントの位置が異なったり（後ろの語句に移動等）することがよくあるからである。よって，付属のCDを何度も繰り返して聞きながら，個々の単語のアクセントを覚えると同時に，会話文はアクセントにあまりとらわれることなく，イントネーションに重点を置いて練習していくようにしよう。

 ① 語末音節の声門閉鎖音は，通常，文中では脱落し長音化する。
  例 Hindî siyá estudyánte. → Hindi［hindi:］siya estudyánte.（彼は学生ではありません。）
 ② 語末音節の声門閉鎖音は文中（とくに ay, at, リンカーの前など）に現れると脱落する。
  例 binátâ't dalága → bináta't dalága（独身の男女）
    púnông itó → púnong itó（この木）
 ③ 語末音節（声門閉鎖音がないもの）にアクセントのある単語の後に前接語（☞6.3）などがくると，通常，以下のように移動する。
  例 dalawá pa → dalawa pá もう二つ siyá lang → siya láng 彼・彼女だけ
    Alám ko. → Alam kó. 私は知っている。

なお，本書におけるアクセントの表示方法は，従来のフィリピン国文法にもと

づく標準方式（辞書や教材などで使用されるが，正書法では使用されない）と異なる。従来の方法では，以下①のように無印や，②のような難しい記号（｀）の場合には，日本人の初学者がどこにアクセントを置いていいのかわからなくなるという問題がある。そこで，本書では2種類のアクセント記号（´と＾）を駆使して，以下のとおりにした。ちなみに，③および④は従来の表示方式（国文法，辞書等）と全く変わっていない。

	従来の方式	本書の方式	意味
①長母音語	sulat ［スーらッ(ト)］	súlat ［スーらッ(ト)］	書くこと，手紙
	gutom ［グートム］	gútom ［グートム］	空腹
②長母音・声門閉鎖音語	punò ［プーノ'］	púnô ［プーノ'］	木
	batà ［バータ'］	bátâ ［バータ'］	子ども
③短母音語	tubó ［トゥボ］	tubó ［トゥボ］	さとうきび
	isá ［イサ］	isá ［イサ］	1，1つの
④短母音・声門閉鎖音語	punô ［プノ'］	punô ［プノ'］	一杯の
	basâ ［バサ'］	basâ ［バサ'］	濡れた

コラム2　正書法をめぐる諸問題

　正書法については，フィリピン国立国語研究所を中心に研究・調査が行われ，その都度新たな方針・方向性が示されるものの，いまだに確立しているとは言い難い。とくに，外来語・借用語の綴りでは，各人がそれぞれ異なった綴り方をしているというのが現状である。

　以下は，不統一なままになっているスペルの現状を示す具体例の一部を紹介したものである。それぞれの語彙に2〜4とおりくらいの綴り方がある。
①　コンピューター
　computer（英語のまま。最高頻度）
　kompyuter（国立国語研究所の出版物に見られる形。タガログ語の音韻体系に合わせた形。次に頻度が高い形）
　kompiyuter（iが挿入され，くどい形であるが，フィリピン大学が推奨。低頻度）

komputer（英語でもタガログ語でもない中途半端な形）
② 彼・彼女の
　　　kanya（iが脱落した異形ではあるが，書き言葉でも話し言葉でも最高頻度）
　　　kaniya（標準形）
③ 〜できる
　　　pwede（puwedeの異形であるが，日常的に頻度の高いもの）
　　　puwede（標準形。国語研究所もフィリピン大学も推奨）
④ 辞書
　　　diksyunaryo（国立国語研究所の出版物で使用。最高頻度）
　　　diksyonaryo（フィリピン大学などで推奨。やや頻度の高いもの）
　　　diksiyunaryo（辞書や国立国語研究所の20年前の出版物に出現。低頻度）
　　　diksiyonaryo（低頻度）
⑤ 会議
　　　komperensya（komperensiyaの異形。国語研究所がこれまで使用してきたが，今後は不明）
　　　kumperensiya（komperensiyaの異形。フィリピン大学などで推奨。高頻度）
　　　kumperensya（高頻度）
　　　komperensiya（辞書の見出しには出現するが，低頻度）

　ここで，この問題の歴史的な経緯について少し触れてみたい。1987年に新憲法が制定され，「フィリピンの国語はフィリピン語である」旨謳われて以来，フィリピン国立国語研究所が責任機関として，国語の普及等に関しあらゆる方針を立て，これらを全国の教育機関等に広く知らしめている。1987年に最初の正書法を提示し，その後，2001年に改訂版を発表したものの，新しい8つの文字の扱い等をめぐって各方面より多くの批判が寄せられた。そのため，教育省は，その施行差し止めを行った。そして，その後も各地で激しい議論が展開され，さまざまな紆余曲折を経て，現行の2009年度版の正書法が発表され現在に至っている。
　フィリピン国立国語研究所は，国内のあらゆる機関に対しさまざまな方針を示してはいるものの，大学を中心とした各教育機関や作家などは，これにあまり従おうとはせず，独自のルール作りをしてしまうという傾向がある。フィリピン大学を例にとっても，フィリピン語センターなどでは政府のガイドラインとは異なる独自の正書法を考案し，マニュアル化して普及させようとしている。したがって，今後は政府と各分野の関係者らが一致団結して，真剣な協議を重ね，標準化された基準やルールの策定に向けた努力をすることが期待されるところである。

すべての語彙が一朝一夕に「一つの単語，一つの綴り」になるとは思われないが，人びとがある程度納得できるような標準化された正書法が確立すれば，それはフィリピン国内外の教員や，国語または外国語としてフィリピン語を学習する者たちにとっても大きな救いとなるであろう。　　　　　　（大上正直）

3 Manila Cathedral（マニラ大聖堂）

Mga tauhan（本書の会話に登場する主要人物）（登場順）

Roberto – estudyanteng Pilipino　　　　　ロベルト（フィリピン人学生）

Hiroki – estudyanteng Hapones, nakatira sa dormitoryo
　　　　　　　　　　　　　　　　博樹（日本人学生。寮で生活）

Mr. Cruz – guro sa Filipino Department, UP
　　　　　クルス先生（フィリピン大学フィリピン語学科教員）

Mrs. Reyes – nanay ni Roberto　　　　　レイエス夫人（ロベルトの母親）

Katrina – estudyanteng Pilipina　　　　　カトリーナ（フィリピン人学生）

Mika – estudyanteng Haponesa, homestay sa bahay ni Katrina
　　　　　　　　　　　　　美香（日本人学生。カトリーナの家に下宿）

Mrs. Santos – nanay ni Katrina　　　　　サントス夫人（カトリーナの母親）

Danilo – estudyanteng Pilipino　　　　　ダニロ（フィリピン人学生）

3課 挨拶
Pagbati

Roberto: Magandang umaga po, Sir Cruz.
Sir Cruz: Magandang umaga naman, Roberto.
Roberto: Sir Cruz, ito po si Hiroki Tanaka. Hapones po siya. Hiroki, ito si Sir Cruz. Titser siya ng Filipino dito sa UP.
Hiroki: Ako po si Hiroki Tanaka. Kumusta po kayo?
Mr. Cruz: Mabuti naman. Estudyante ka ba, Hiroki?
Hiroki: Opo, estudyante po ako ng Osaka University. Filipino po ang *major* ko.
Mr. Cruz: Magaling!
Roberto: Sige na po, Sir Cruz. Naabala namin kayo.
Mr. Cruz: Walang problema.

語句

Magandang umága	おはよう	siyá	彼・彼女は（人称代名詞。☞ 3.2）
pô	丁寧。敬意を示す小辞（☞ 6.3）	títser	教師，先生
namán	一方で（☞ 6.3）	ng	〜の（☞ 4.1）
itó	こちらは（指示代名詞。☞ 3.2）	Filipíno	フィリピン語
		díto	ここ（☞ 4.1）
si	〜は（人名の標識辞 ☞ 3.2）	sa	〜で（☞ 4.1）
		UP	フィリピン大学
Haponés	日本人（男性）	akó	私は（人称代名詞。☞ 3.2）

Kumusta po kayó?	どうですか？（☞ 3.5）	major	専攻
Mabúti namán	元気です	ko	私の（人称代名詞。☞ 4.1）
estudyánte	学生	magalíng	すばらしい
ka	あなたは（人称代名詞。☞ 3.2）	Sige na pô	別れのあいさつ（☞ 3.6）
ba	～か（疑問の小辞。☞ 6.3）	Naabála námin kayó	お邪魔しました（☞ 3.6）
ópô	はい（丁寧・敬意）	Waláng probléma	いいよ（問題ない）
ang	～は（人名以外の標識辞 ☞ 3.2）		

3.1 「おはよう」Magandang umaga（挨拶）

これ以外に一日の挨拶はおおむね次のとおりである。
1）Magandang tanghali po.　　こんにちは。（昼食時）
2）Magandang hapon po.　　　こんにちは。
3）Magandang gabi po.　　　　こんばんは。

これら以外に一日中使えるものとして次のものがある。
4）Magandang araw po.　　　　こんにちは。

類義表現

英語が普通に飛び交うフィリピンでは，英語の表現に丁寧・敬意を表す po をつけて以下のように表すことが多い。
1）Good morning po.　　　おはようございます。
2）Good afternoon po.　　こんにちは。
3）Good evening po.　　　こんばんは。
4）Good night po.　　　　おやすみなさい。

3.2 ANG（アン）形標識辞（主格）

文の主格（主題）となる名詞句（人名以外，人名）は，ANG（アン）形で標識・標示し，人称代名詞および指示代名詞も，格標識辞（格標示詞）は付かない

が，次の表のとおり，ANG 形のものを用いる。

	人称	単数／複数	ANG 形
人名以外		単　数	ang ＋ 名詞（句）
		複　数	ang mga[1] ＋ 名詞（句）
人名		単　数	si ＋ 人名[2]
		複　数	sina ＋ 人名[2]
人称代名詞	1人称	単　数	ako　私は
		複　数	tayo　私たちは（包含形） kami[3]　私たちは（排除形）
	2人称	単　数	ka/ikaw[4]　あなたは
		複　数	kayo[5]　あなたたちは
	3人称	単　数	siya　彼・彼女は
		複　数	sila　彼・彼女らは
指示代名詞	近　称	単　数	ito[7]　これは
		複　数	ang mga ito　これらは
	中　称	単　数	iyan[7]　それは
		複　数	ang mga iyan　それらは
	遠　称[6]	単　数	iyon[7]　あれ・それは
		複　数	ang mga iyon　あれら・それらは

※表の注
1）mga は名詞の前に位置し，複数を表す。
2）ただし，通常は単なる普通名詞でも親族呼称や公職等は，親近感などを表示すべく si Tatay（お父さん），si Presidente（大統領）のようにして固有名詞（人名）同様に扱うことも可能。
3）包含形は聞き手を含む。排除形は聞き手を含まない。
4）文頭などでは，ka ではなく ikaw を使う。
5）kayo は，丁寧さ・敬意を込めて言う場合に，2人称単数の ka の代わりに使用される。その場合，丁寧・敬意を表す小辞 po（☞ 6.3 主要な小辞のまとめ）を伴うことが多い。
　Doktor po ba kayo?　あなたはお医者さんですか？
　また，sila も電話や玄関先などで，2人称単数の ka の代わりに Sino po sila?（どちら様ですか？）などというふうに使う。
6）基本的に近称は話し手の近くの，中称は聞き手の近くの，遠称は双方から遠い，人・物や情報などを表す。ただ，遠称の場合は，見えない人・物・情報（頭に描いたり，考えていることなど）も指す。
7）実際の会話では，以下のようにいずれも語頭音の i が落ちることが多いが，本書ではほとんどつけたまま表記している。ito → 'to, iyan →'yan, iyon →'yon/'yun

3.3 「AはBだ」基本構文（1）：叙述文（B＋A）

（1） 語順

　フィリピン語の基本文型は，基本的に【述部＋主部】の順である。したがって，主部が述部に先行する日本語などとは語順が逆になる。

> **文型**
> <u>フェ</u>は　<u>先生である</u>。（日本語）⟺ <u>Guro</u>　<u>si Fe.</u>（フィリピン語）
> 　主部　　　述部　　　　　　　　　述部　　　主部

（2） 主部の構成要素

　叙述文の主部は，通常，主格標識辞（ANG および SI）を伴う ANG 形の名詞（句）（ang/ang mga ＋人名以外の名詞，si/sina ＋人名）や ANG 形の人称代名詞及び指示代名詞で構成される。例えば，ang libro「その本」，si Ben「ベン」，siya「彼・彼女」，ito「これ」などがこれにあたる。このほかに，形容詞，動詞等，他の品詞（句）から名詞化したものもくる。

① 一般の名詞（句）や人称・指示代名詞がくる場合
　1）Pilipino ang lalaki.　　　　　その男性はフィリピン人である。
　2）Taga-Kobe si Mayu.　　　　　麻由は神戸出身である。

② 形容詞，動詞等が名詞化したものがくる場合（日本語では以下の例文のように「〜のは」，「〜の人は」，「〜のものは」）などと訳すとフィリピン語文と対応する）
〈形容詞の場合〉
　Nars ang maganda.　　　　　　その綺麗な人は看護師である。
〈動詞の場合〉
　Amerikano ang kumakanta roon.　あそこで歌っているのはアメリカ人だ。

（3） 述部の構成要素

　述部の構成要素としては，以下のようなものがある。基本的に ANG 形をとら

ない。
　　　　　　　述部　　主部
1）名詞：Drayber si Jose.　　　　　　　　ホセは運転手である。
2）形容詞：Maganda si Helen.　　　　　　ヘレンは美しい。
3）数詞：Apat sina Pedro.　　　　　　　　ペドロたちは4人である。
4）所有表現：May asawa si Roland.　　　　ローランドには妻がいる。
　　　　　　（Sa）akin ang lapis.　　　　　その鉛筆は僕のだ。
5）所在：Nasa Amerika sina Mina.　　　　ミナたちはアメリカにいる。
6）時：Bukas ang laro.　　　　　　　　　その試合は明日だ。
7）疑似動詞：Dapat mag-abroad si Mike.　マイクは海外に行くべきだ。
8）動詞：Naglalaba si Pia ngayon.　　　　ピアは今洗濯中である。

（4）　疑問詞疑問文と応答文

　Ano（何）や Tagasaan（どこの出身）などの疑問詞を使って尋ねる。応答文の語順は変わらない。
1）A：Ano ang sampagita?　　　　　　　サンパギータというのは何ですか？
　　B：Bulaklak iyon.　　　　　　　　　それは花です。
2）A：Tagasaan si Fe?　　　　　　　　　フェはどこの出身ですか。
　　B：Taga-Bulacan si Fe.　　　　　　　フェはブラカン出身です。

3.4　「こちらは田中博樹です」（人の紹介）

　人の紹介や自己紹介の場合，基本的に人称代名詞や指示代名詞などが氏名に先行する形をとることが多い。文法的には，文の語順を変える役割をする倒置詞 ay（この場合は述部と主部の倒置）が以前は人称代名詞や指示代名詞などの後に出現していたが，脱落してこのような形になったものと思われる。
1）Ako si Tomoko Kato.（○）
　　Ako ay si Tomoko Kato（△）　　　　私は加藤智子です。
2）Siya si Naoki Goto.（○）
　　Siya ay si Naoki Goto.（△）　　　　彼は後藤直樹君です。
3）Ito si Norma.（○）
　　Ito ay si Norma.（△）　　　　　　　こちらはノルマさんです。

3.5 「やあ，どうだい，はじめまして」Kumusta ka? / Kumusta?（人と出会ったときの挨拶）

kumusta は，スペイン語の ¿Cómo está 〜？から借用した表現で，「やあ，どう？」「どう元気？」という意味である。初対面の人に対しては「はじめまして」的なニュアンスを込めて na（☞ 6.3）をつけない Kumusta ka? を使えば十分である。ただ，その場合でも年上や社会的に地位の高い人に対しては，Kumusta po kayo? と言わねば失礼になる。一方，本文の Kumusta ka na? のように小辞 na（もう）が追加されているような表現は「最近，近頃」というような意味で，通常面識のある人に使う。

高頻度コロケーション（連語関係）　　kumusta + 【　】+ 【　】

(1) **Kumusta** na +（kayo/ang/po）:「この頃・最近どうだい？」
  （小辞 na がついているので前回のやり取りからある程度の時間を経ている場合など）

  Kumusta na kayo?:　　　（君たちは）最近どう？

(2) **Kumusta** ka na:「この頃・最近どうだい？」
  （小辞 na がついているので前回のやり取りからある程度の時間が経過している場合など）

  Kumusta ka na riyan?　　最近そちらでどうしてる？

(3) **Kumusta** naman ang:「〜の方はどうだい？」
  （小辞 naman〈☞ 6.3 主要な小辞のまとめ〉がついているので話題の変更や，複数のものの対比を表す）

  Kumusta naman ang pamilya mo?　　君の家族の方はどうだい？

なお，これらの返事としては以下の表現などがよく使われる。

1) Mabuti naman.　　　　大丈夫だ。調子はいいよ。
2) Okey lang.　　　　　　大丈夫だ。調子はいいよ。

3.6 「さようなら，それじゃあ」Sige（別れるときの挨拶）

通常，相手の言うことに対し承諾・同意する場面でよく使うが，本文のように相手と別れる場合にも使用する。別れるときの表現として，ほかにも以下の例の

ようなものがあるが，表現が少し固すぎて，若者の間では，このsigeや英語のbyeの方が一般的である。なお，一般的にある場所を去る場合，そこに残される人にDiyan ka na.（そこにいなさい）といった意味で別れを告げることもある。

1) Paalam. さようなら。
2) Hanggang sa muli. さようなら（また会う時まで）。
3) Aalis na ako. それじゃ（失礼します）。
4) Mauuna na ako. お先に。

4 Mano Po!（年配の手を自分の額につけて敬意を込めて行う挨拶の仕方）

練習問題

1. 空所に適当な語句を補充してフィリピン語で自己紹介文を作りなさい。
   ① 私は○○です。
   ② 私は日本人です。
   ③ 私は○○の学生です。
   ④ 私の専攻は○○です。（○○のところは英語でもいい）

2. 空所に適当な語句を補充してフィリピン語で友達を紹介してみよう。
   ① こちらは○○です。
   ② 彼・彼女は○○人です。
   ③ 彼・彼女は○○の学生です。
   ④ 彼・彼女の専攻は○○です。（○○のところは英語でもいい）

3. 下線部をそれぞれの単語に置き換えて疑問文を作り，肯定文か否定文で答えなさい。
   例：Estudyante ka ba?　（あなたは学生ですか？）
   　　Oo, estudyante ako.　（はい，私は学生です。）
   　　Hindi. Titser ako.　（いいえ，私は教師です。）
   ① フィリピン人
   ② 警察官
   ③ 日本人（いいえ，韓国人）
   ④ 医者　（いいえ，歯医者）

4. 空所に適切な標識辞（ang, ang mga, si, sina）を入れて文を完成させなさい。
   ① Amerikano ＿＿＿＿＿ titser.（その先生はアメリカ人です。）
   ② Mga Hapones ＿＿＿＿＿ Hiroki at Mika.（博樹と美香は日本人です。）
   ③ Nars ＿＿＿＿＿ babae.（その女性は看護師です。）
   ④ Maganda ＿＿＿＿＿ Pilipina.（フィリピン人女性（複数）はきれいです。）
   ⑤ Doktor ＿＿＿＿＿ Jose Rizal.（ホセ・リサールは医者です。）

コラム3　フィリピン人気質

　フィリピン国民の性格は様々な文化の影響を受けたものといわれている。アジア人ではあるが、ラテン民族と思えるほど感情的で情熱的だ。そして「フィリピーノ・ホスピタリティー」というおもてなしの心がフィリピン国民に共通する大きな特徴である。

　フィリピン人といえば多くの人が「明るくて陽気」と、このラテン的な性格を挙げるであろう。おしゃべりが大好きで、とくにこれといった用事がなくてもいつまでも長々と話し続け、冗談を言い合っている。初めて知り合った人でも出会って10分後には相手の人生についてほとんど知っているといわれるくらいだ。その相手がフィリピン人であろうが、日本人であろうが見知らぬ国の人であろうがかまうことなく、彼らの持ち前の明るさで周囲を巻き込んでしまう。日本人の旅行者がフィリピンを訪れ、口をそろえて言うのが「フィリピン人はみんなフレンドリーで優しい」だ。もともとフィリピン人が英語を話すことができ、コミュニケーションをとりやすいというのも大きな理由の一つだが、日本人旅行者を見つければ知っている日本語の単語を使って話しかけ、ニコニコと人懐っこい笑顔を振りまく。それはホテルやレストランに限らず、空港、ショッピングセンター、スーパー、タクシーなどどこへ行っても同じだ。これまで何度もこういった状況に遭遇してきたが、"Japanese ka ba?"「日本人？」と確認するや否や"May girlfriend / boyfriend ka na ba?"「彼氏・彼女いるの？」もしくは"May asawa ka na ba?"「結婚してるの？」とお決まりのように聞いてくるのだ。久しぶりに会った知り合いにいたっては、"Long time no see."「久しぶりー！」そして次にくるのが"Tumaba / Pumayat ka yata."「太った・痩せたみたいね」だ。日本人からすると、とてもプライベートなことや失礼とみなされる言葉だが、フィリピンではあたかも挨拶の一つのようになっているから驚きだ。

　フィリピンでは各地で1年中フィエスタと呼ばれるお祭りが開催されているが、特に地方ではそのフィエスタの最中は知らない人の家に訪問し、用意された料理を食べることができる。フィエスタだけではない。初めて訪問した知り合いの家では、あっという間に家族に囲まれ質問攻撃。そして次から次へと食べ物や飲み物でもてなされ、帰るころにはすでに家族の一員といった具合だ。これらは「フィリピーノ・ホスピタリティー」の一番わかりやすい例といえる。そして嬉しい

ときや何かいいことがあったときはまさに絵に描いたようなニコニコ顔をする。特に女性は面白いほどわかりやすい。そんなもてなしの気持ちが強く明るい反面，嫌なことや腹立たしいことがあり機嫌が悪いときにはあからさまにムッとした表情をする。

　真面目なタイプの日本人だと，上記のようなフィリピン人の言動に少しとまどいを感じるかもしれない。しかしこれこそが，フィリピン人があなたを受け入れてくれている証拠であり，ためらいを捨てて思いっきり飛び込んでみれば意外に心地よく，きっとフィリピン人のことがさらに好きになるだろう。

（木村恭子）

5 ジープニーでフィールドワークに向かうフィリピン大学生

4課 今日の昼食は？
Ano'ng tanghalian natin?

（Umuwi si Roberto kasama si Hiroki.）
Hiroki: Magandang tanghali po.
Mrs. Reyes: Magandang tanghali naman, Hiroki. Pasok ka. Kumusta ang lakad ninyo?
Hiroki: Maayos naman po.
Roberto: Ano'ng tanghalian natin?
Mrs. Reyes: Adobo at sinigang. Sandali lang, ha?
（Maghahanda ng tanghalian）
　　　　　　Halina kayo sa mesa.
Roberto: Hiroki, kumain tayo.
Hiroki: Ano ito?
Roberto: Adobong manok iyan.
Mrs. Reyes: Huwag kang mahihiya, kain ka lang.
Hiroki: Salamat po.

語句

Pások ka	中に入って	Anó'ng = Anó ang	～は何？
Kumustá ang ～？	～はどう？		
lákad	用事	anó	何
ninyó	あなたたちの（人称代名詞☞4.1）	tanghalían	昼食
		nátin	私たちの（相手を含む）（☞4.1）
maáyos	うまく行く，整然とした	adóbo	アドボ（フィリピン料理）（☞写真6）

at	〜と〜	kumáin	食べる（行焦，不定）(☞ 13.2)
sinigáng	シニガン（スープ）(☞ 写真 8)	táyo	私たちは(相手を含む)(☞ 3.2)
káin	食べること	Kumáin táyo	食べよう
Sandalí láng 〜, ha?	ちょっと待って〜ね	manók	鶏，鶏肉
magháhandâ ng	用意する(行焦，未然)〜を (☞ 4.1)	Huwag káng mahíhiyâ	遠慮しないで
Halína kayó sa	どうぞ，おいで〜へ，に (☞ 4.1)	Káin ka láng	（あなたは）どんどん食べて
mésa	食卓，テーブル	Salámat	ありがとう

4.1　NG（ナン）形標識辞（属格）と SA（サ）形標識辞（斜格）

　文の属格となる名詞句（人名以外，人名）は，NG（ナン）形で標示し，人称代名詞および指示代名詞も，格標識辞は付かないが，次の表のとおり NG 形のものを用いる。

　一方，文の斜格となる名詞句（人名以外，人名）は，SA（サ）形で標示し，人称代名詞および指示代名詞も，格標識辞は付かないが，次の表のとおり SA 形のものを用いる。

	人称	単数／複数	NG 形	SA 形
人名以外		単数	ng + 名詞（句）	sa + 名詞（句）
		複数	ng mga + 名詞（句）	sa mga + 名詞（句）
人名		単数	ni + 人名[1]	kay + 人名[1]
		複数	nina + 人名[1]	kina + 人名[1]
人称代名詞	1 人称	単数	ko　私の	(sa) akin[2]　私に
		複数	natin　私たちの（包含形） namin　私たちの（排除形）	(sa) atin[2]　私たちに（包含形） (sa) amin[2]　私たちに（排除形）

人称代名詞	2人称	単数	mo　あなたの		(sa) iyo[2)]　あなたに
		複数	ninyo[3)]　あなたたちの		(sa) inyo[3)]　あなたたちに
	3人称	単数	niya　彼・彼女の		(sa) kanya　彼・彼女に
		複数	nila　彼ら・彼女らの		(sa) kanila　彼ら・彼女らに
指示代名詞	近称	単数	nito　これの		dito[4)]　これに，ここ
		複数	ng mga ito　これらの		sa mga ito　これらに
	中称	単数	niyan　それの		diyan[4)]　それに，そこ
		複数	ng mga iyan　それらの		sa mga iyan　それらに
	遠称	単数	niyon　あれの noon		doon[4)]　あれに，あそこ
		複数	ng mga iyon　あれら・それらの		sa mga iyon　あれら・それらに

※表の注
1) 通常は単なる普通名詞でも，親族呼称や公職等は，親近感を表示すべく ni/kay Tatay（おとうさん），ni/kay Presidente（大統領）のようにして固有名詞（人名）同様に扱うことも可能。
2) 実際の会話では，以下のようにいずれも語頭音の a が落ちることが多いが，本書ではつけたまま表記している。sa akin → sa 'kin, sa iyo → sa 'yo, sa amin → sa 'min, sa atin → sa 'tin
3) NG 形の ninyo や SA 形の inyo も ANG 形の kayo と同様に，丁寧さ・敬意を込めて言う場合に，2人称単数の代わりとして使用される。その場合，po/ ho を伴うことがよくある。
　　1) Sumbrero po ba ninyo ito?　　これはあなた様の帽子ですか？
　　2) Mabait po ba siya sa inyo?　　彼はあなた様に優しいですか？
また，実際の会話では，以下のようにいずれも第1音節 ni が落ちたまま使われることが多いが，本書ではつけたまま表記している。ninyo →'nyo/n'yo
4) 母音で終わる単語の後ろにくる場合には，/d/ は，基本的に /r/ に音声変化する。ただ，実際の日常会話では原則にとらわれることなく使われている。
　　Mura ang mga isda rito/dito. ここは，魚が安い。

4.2　「〜と〜」at（接続詞）

日本語の「と」や英語の and に相当する接続詞である。前にくる単語が母音文字で終わる場合には，以下の2番目の例のように母音の a が省略され 't というふうになることが多い。

1) saging at papaya　　　　バナナとパパイヤ
 2) aso't pusa　　　　　　　犬と猫

　なお，標識辞が付いた人名を at で結ぶ場合は，以下のように複数を表す標識辞を使う方がより一般的である。
 3) si Fe at si Maria → sina Fe at Maria　　フェとマリアは
 4) ni Fe at ni Maria → nina Fe at Maria　　フェとマリアの
 5) kay Fe at kay Maria → kina Fe at Maria　フェとマリアに

4.3　「さあ食べよう」Kumain/Kain tayo（食事を促すときの表現）

　語根 kain「食べること」に接中辞 -um- が挿入された不定相（基本形，辞書形）の動詞（☞ 13.2）。本文のように -UM- 動詞は，「～しよう」という勧誘表現や命令文の場合に，接中辞が省略されることがよくある。

(1)　勧誘表現

 1) Kumain（na）tayo. → Kain（na）tayo.　　　（さあ）食べよう。
 2) Pumunta（na）tayo sa aklatan. → Punta（na）tayo sa aklatan.
　　　　　　　　　　　　　　　　　　　　　（さあ）図書館に行こう。

(2)　命令表現

 1) Kumain ka lang. → Kain ka lang.　　　どんどん食べてね。
 2) Pumunta ka sa amin. → Punta ka sa amin.　うちにいらっしゃい。

4.4　「～だけ，単なる・ちょうど・ちょっと～だ」lang（小辞：程度や語気をやわらげる表現）

　「～だけ」「単なる・ちょうど・ちょっと～だ」という意味をもつが，語気を和らげたり注意を促したりする機能のほかに，依頼・要求などで丁寧な態度を表す（☞ 6.3）。
 1) Tatlo lang sila.　　　　　　　　彼らは3人だけです。

2) Empleyado lang ako.　　　　　私は単なる職員・社員です。
3) Sandali lang, magbibihis lang ako.　　ちょっと待って，着替えるから。

6 Adobong Manok at Baboy
（鶏肉と豚肉のアドボ：代表的な家庭料理）

7 Lumpiang Ubod
（ルンピアン・ウーボッド：椰子木の髄入り生春巻き）

練 習 問 題

1. 意味に合うように空所に適切な標識辞（ng, ng mga, ni, nina）を入れなさい。
   ① kláse _____ Inglés　　　　　　英語の授業
   ② bólpen _____ Rosie　　　　　　ロシーのボールペン
   ③ aklát _____ bátâ　　　　　　　子どもたちの本
   ④ pamburá _____ pisára　　　　　黒板消し
   ⑤ meryénda _____ Roberto at Hiroki　　ロベルトと博樹のおやつ
   ⑥ sabáw _____ isdâ　　　　　　　魚のスープ
   ⑦ gúrô _____ Fe　　　　　　　　フェたちの先生
   ⑧ ságing _____ Pilipínas　　　　フィリピンのバナナ
   ⑨ súlat _____ Sir Cruz　　　　　クルス先生の手紙
   ⑩ trabáho _____ laláki　　　　　男たちの仕事

2. 意味に合うように空所に適切な標識辞（sa, sa mga, kay, kina）を入れなさい。
   ① レイエス夫人宛の手紙　　　　　súlat _____ Mrs. Réyes
   ② 病院での仕事　　　　　　　　　trabáho _____ ospitál
   ③ アロヨたちへの怒り　　　　　　gálit _____ Arróyo
   ④ 質問への答え　　　　　　　　　sagót _____ tanóng
   ⑤ 美香へのプレゼント　　　　　　regálo _____ Mika
   ⑥ 国への愛　　　　　　　　　　　pag-íbig _____ báyan
   ⑦ イメルダ・マルコスに関するニュース
   　　　　　　　　　　　　　　　　balíta _____ Imélda Márcos
   ⑧ 神様への感謝　　　　　　　　　salámat _____ Diyós
   ⑨ 学生たちに対するアドバイス　　páyo _____ estudyánte
   ⑩ ロベルトとダニロ宛のメール　　email _____ Robérto at Danílo

3. 接続詞 at を用いてフィリピン語に訳しなさい。
   ① 日本人とフィリピン人
   ② 先生と学生
   ③ 質問と回答
   ④ 英語とフィリピン語
   ⑤ 医者と看護師

4．例にならってそれぞれの名詞句を作りなさい。

　　　　　　　　　　　　　　　NG 形　　　　　　SA 形
　　例：あなたの辞書　　　*diksyunáryo mo*　　*iyóng diksyunáryo*

　　① 私たちの（包含形）先生
　　② 彼の友人（kaibígan）
　　③ あなたたちの仕事
　　④ 私の本
　　⑤ 彼らのテーブル

5．次の疑問文とその応答文をフィリピン語に訳しなさい。
　　① 問：私たちの先生は誰（síno）ですか？
　　　 答：私たちの先生は彼です。
　　② 問：彼の友人はどこの出身ですか？
　　　 答：彼の友人は東京出身です。
　　③ 問：あなたたちの仕事は何ですか？
　　　 答：私たちは（排除形）学生です。
　　④ 問：私の本はどれ（alín）ですか？
　　　 答：あなたの本はこれです。
　　⑤ 問：彼らのテーブルはどこ（saán）ですか？
　　　 答：彼らのテーブルはあそこです。

コラム4

私の留学生活

　今振り返っても私の留学生活は濃いものだったなぁと思います。大学の授業以外で，新しく始めてみたことや日本では経験できないようなことをたくさん経験することができました。例えば，私はアルバイトの一環として日本語教師をしていました。相手は日本で研修生として働くために日本語を勉強しだした初心者。そして私も今まで教える系のバイトをしたことのない初心者。カリキュラム組みから任され，しかも一度に20人くらいに教えるので準備が本当に大変でした。教えながら私も彼らに教わることや助けられることが多く，毎回授業が終わるたびにまだまだだと思ったものです。今まで教師という職業は自分には向いていないと思っていて，今もそれは同じですが，人材育成の大切さ，おもしろさは肌で感じることができました。

　また帰国直前の3ヶ月間はマカティにある社会的企業でインターンシップも経験させてもらいました。そこはレストランで，スタッフが皆フィリピン人でパヤタスのようなごみ山で育った元NGO被益者なのです。ここで一番印象に残ったのは彼らフィリピン人の才能の豊かさです。フィリピン人は歌，踊り，演技力，プレゼンテーション力，語学習得の早さ，どれを取っても日本人をはるかにしのぎます。それは裕福か否かに関係ありません。しかし財政難，家庭の事情等で教育を十分に受けることができず，開花できたであろう才能や描けたであろう明るい将来は日の目を見ることができないのが現状です。いずれにしても，フィリピン人には素質があるということをこのインターン中に学べたこと，また社会的企業という今まで知らなかった分野に少しでしたが足を踏み入れることができ，これは私の将来の方向性を決めそうな経験でした。

　もちろん，国内旅行にも行きました。行き先はほぼ大学の友達の実家のある島や同じボーディングハウスに住んでいた人の田舎でした。いわゆる観光地もいいけれど観光ガイドに載っているような所はいつでも行けるので，どうせならツテを頼って地元の人しか行かないような場所に行くことをオススメします。フィリピンはマニラ以外の島や田舎が本当に自然豊かで食べ物も新鮮な野菜や果物が多く，時間がゆっくり流れている感じがしてフィリピノタイムはこのようにして出来上がったのかと納得させられるのどかさです。

　日本人留学生の友人も日本語チューターのアルバイトやNGOでのボランティ

ア,インターンシップ,各地に旅行に行く,フィリピン大学(University of the Philippines. 通称:UP)内の部活に加わるなどして何かしら活動している人は多かったように思います。その国でしかできないことをすることは最初は勇気がいりますが(私はそうでした),後々人生経験として生きてくるので,是非飛び込んでみてほしいです。一度踏み出せれば後は流れに乗るのみです。

(中沢彩乃)

8 Sinigang na Sugpo(エビ入りシニガン・スープ)

5課 それがニックネームだから

Iyan ang palayaw ko, e

（Itinuturo ang larawang nasa *photo album*.）

Hiroki: Ikaw ba ito, Roberto?
Roberto: "Berto" na lang ang itawag mo sa akin. Iyan ang palayaw ko, e.
Hiroki: O sige. Ikaw nga ba ito?
Roberto: Oo, ako iyan noong maliit pa ako. Ito naman ang kuya ko at ang tatay ko.
Hiroki: Guwapo ang kuya mo, 'no?
Roberto: Hindi naman.
Hiroki: Guwapo talaga siya. Parang artista sa pelikula. Sino naman ito?
Roberto: Lolo at lola ko. Sa Cebu sila nakatira.
Hiroki: Kamukha mo ang lolo mo.
Roberto: Sabi rin nga ng iba naming kamag-anak.

語句

itinutúrô	指差している（対焦, 未完）(☞ 23.3)	iyán	それ（☞ 3.2）
laráwan（g）	写真	paláyaw	あだ名, ニックネーム
nása	〜にある	〜, e	〜だから
ikáw	あなた（☞ 3.2）	O síge	わかった
〜 na lang ang itáwag mo sa ákin	私を〜と呼んでいいよ	ngâ	確かに（☞ 6.3）
		noóng 〜	〜の頃（過去）
		maliít	小さい

pa	まだ（☞6.3）	síno	誰
kúya	兄（☞家族関係図1）	lólo	祖父（☞家族関係図1）
tátay	父（☞家族関係図1）	lóla	祖母（☞家族関係図1）
guwápo	かっこいい，ハンサム	Cebú	セブ（地名）
～, 'no? = anó?	～ね？	silá	彼らは（☞3.2）
Hindí namán	そんなことない（いやいや）	nakatirá	住んでいる（☞17.2）
		kamukhâ	（顔が）似ている
talagá	本当に	sábi	言うこと
párang ～	～のようだ，～みたい	rin	も（☞6.3）
artísta	俳優	ibá	ほかの
pelíkulá	映画	kamag-ának	親戚

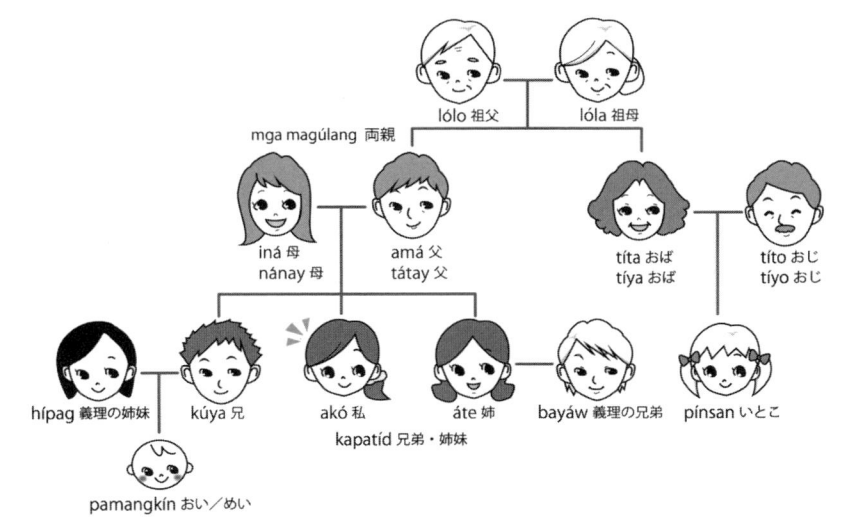

家族関係図1

5.1　「AがBだ，BがAだ」基本構文（2）：特定文（A＋B）

　この文は，同定文や等位文などとも呼ばれる。Sino（誰）や Alin（どれ）で始まる疑問詞疑問文に対する応答文のような文型をとることが多く，特定の人やもの等を特定・同定・選択するときなどに使う文である。ちなみに，答えの部分には特定の人やものなどがくる。

1) A：Sino ang guro? 　　　　　　　その先生は誰ですか。
   B：Si Ben ang guro. 　　　　　　その先生はベンです。
2) A：Sino ang Pilipino? 　　　　　そのフィリピン人は誰ですか。
   B：Si Cesar ang Pilipino. 　　　 そのフィリピン人はセサールです。
3) A：Sino ang pulis? 　　　　　　　その警察官は誰ですか。
   B：Si Roni ang pulis. 　　　　　 その警察官はロニです。
4) A：Alin ang kotse mo? 　　　　　あなたの車はどれですか。
   B：Iyon ang kotse ko. 　　　　　 私の車はあれです。

5.2 「〜だから」 e（終助詞：理由などを表す）

終助詞 e には，主に以下のような用法がある。
（1） 理由，言い訳などの説明。
　　1) Matrapik sa daan, e. 　　　　道が渋滞してたんで。
　　2) Umuulan ngayon, e. 　　　　今雨が降ってるんで。
（2） 遺憾や同情の念を表す。
　　1) May lagnat siya, e. 　　　　彼は熱があるんだよ。
　　2) Wala pang tubig, e. 　　　　まだ断水のままなんだよ。
（3） 相手の発言とは逆・反対のことを述べる。
　　1) Ako nga ang nahihiya sa iyo, e. 　逆に僕の方こそ君に申し訳ないよ。
　　2) Siya nga ang dapat pumunta rito, e.
　　　　　　　　　　　　　　　　　反対に彼の方がここに来るべきなんだよ。

5.3 「〜だよね，〜ですね」（付加疑問文）

「〜ですね」など相手に念を押すための表現は，文末に hindi ba あるいは疑問詞の ano を付ける。会話では hindi ba は di ba に，一方 ano は 'no にそれぞれよく縮約される。
　　1) Guwapo siya, hindi ba? 　　　彼，ハンサムでしょ。
　　2) Mabait ang asawa mo, ano? 　あなたの旦那って，優しいのね。

5.4 「〜のようだ，〜みたい，〜という感じ，〜と似ている」parang/kamukha（類似性などの表現）

(1) parang

類似や比況（比喩）などを表す。

文型 【para + リンカー（☞7.2 リンカー）+ ANG 句（主題）】

1) Parang busog pa ako, e.　　まだお腹がいっぱいみたいなんです。
2) Parang aso't pusa silang dalawa.
　　彼ら二人は犬と猫みたいだ（よく喧嘩をする）。

(2) kamukha

人や物などの外見がよく似ている様子を表す。

文型 【kamukha + NG 句 + ANG 句（主題）】

Kamukha ng nanay ko ang titser namin.　私の母は私たちの先生に似ている。

5.5 「確かに，本当に，〜なんか〜だ」nga（小辞：肯定・確認・例示・提案など）

小辞の一つ。「確かに，本当に」（あいづち，同意の表現），「〜なんか」（例示），「〜してはどうか」と提案し，同意などを引き出すなどの機能をもつ。（☞6.3）

1) Oo, mainit nga.　　はい，（確かに）暑いですね。
2) Kahapon nga, malamig dito.　　昨日なんかここは寒かったんだけどね。

9 ホセ・リサールの肖像画

練 習 問 題

1．所有表現を用いて次の文をフィリピン語に訳しなさい。
　　① あなたのお父さんは背が高い（matangkád）ですか？
　　② 私の姉は太っている（matabâ）。
　　③ 彼のおじいさんはアメリカ人です。
　　④ 私の両親は小さい（maliít）です。
　　⑤ 彼女はお母さんに似ています。

2．次の人定事項を踏まえてフィリピン語で簡単な自己紹介をしてみよう。
　　① 名前　　　　　Ako si ＿＿＿＿＿＿＿＿＿＿＿＿＿＿＿＿．
　　② ニックネーム　＿＿＿＿＿＿＿＿ na lang ang itawag mo/ninyo sa akin.
　　③ 職業　　　　　＿＿＿＿＿＿＿＿＿＿＿＿＿＿ ako.
　　④ 住所　　　　　Nakatira ako sa ＿＿＿＿＿＿＿＿＿＿＿＿＿＿．

3．次の人たちを上記2．と同様に紹介してみよう。
　　（※ ako → ito/siya に変える）
　　① 日本の総理大臣（Púnong Minístro）
　　② フィリピンの大統領（Pangúlo）
　　③ 好きな俳優

コラム5　フィリピンの国のシンボルや伝統的な○○は何？

（※以下は国の象徴として法律で定められているもの，フィリピン人が尋ねられてすぐに思い出すものなどが含まれている）

1. **国旗**：（左が白地の三角形。右の上半分が青で，下半分が赤。白地は平等，その中の太陽は自由，周りの8つの光線がスペインからの独立に向け敢然と立ち上がった8州，黄色の3つの星は，ルソン，ビサヤおよびミンダナオをそれぞれ象徴。青は平和，真実，正義，赤は勇気や愛国心をそれぞれ示す）
2. **国歌**：Lúpang Hinírang（ルーパン・ヒニーラン。「選ばれし地」。作曲はフリアン・フェリペ。行進曲調。作詞はホセ・パルマ。オリジナルはスペイン語。英語版や他のフィリピン諸語版もあるが，現在はフィリピン語のものが歌われている）
3. **国鳥**：Philippine Eagle（フィリピン・イーグル。樹木の乱伐などにより絶滅の危機に瀕しているワシ）
4. **国木**：Nára（ナラ。家具用の材料として適しているが，現在は勝手に切ることが禁止されている）
5. **国花**：Sampagíta（サンパギータ。モクセイ科のジャスミンの仲間。白い花を咲かせる（☞ 写真10）。街中で子供がネックレスになったのを売っているので，買って首にかけてみるとよい。芳香が辺り一面に漂う）
6. **国技**：Arnís（アルニス。フェンシングのような武道。最も人気のスポーツは，バスケットボールやボクシング）
7. **国民的英雄**：Jose Rizal（ホセ・リサール。☞ 29課）
8. **魚**：Bangús（バグス。和名：サバヒー。養魚場などでの養殖が多い。どのような調理法でもおいしく味わえる。骨が多いので注意を要するが，最近は骨抜きも登場！）
9. **動物**：Kalabáw（カラバオ。水牛。エンジン付き農機具に代わる水田の力持ち）
10. **葉**：Anáhaw（アナーハウ。ヤシの一種。多目的であるが，うちわなどとしてもよく使われる）
11. **果物**：Manggá（マンゴー。果汁たっぷりの生がおいしいが，乾燥させた，いわゆるドライマンゴーも一切れ食べると止められない。バナナ，パイナップ

ルと並んで，日本にも多く輸出）
12. **民族衣装**：Bárong Tagálog（バロン・タガログ。男性用の正装。）Baro't Saya（バロットサヤ。女性用の正装。上半身ブラウス，下半身はスカート）
13. **家**：Báhay Kúbo（バーハイ・クボ）農村を旅すると必ず見かける高床式の伝統的な家。床の下から風が通るようになっており結構涼しい。屋根はNípa（ヤシの一種）製，他の部分は竹製が主（150頁の童謡参照）。
14. **乗り物**：Kalésa（カレーサ。馬車。現在最も利用されている庶民の足はジープニーとトライシクル）
15. **食べ物**：Litsón（レチョン。子豚などの丸焼き）

（大上正直）

10 Sampagita（サンパギータ：芳香を放つジャスミンの一種。フィリピン国花）

11 Barong Tagalog（バロン・タガログ：男性の民族衣装）

6課 兄弟はいるの？
May kapatid ka ba?

Roberto: May kapatid ka ba?
Hiroki: Oo, may ate ako.
Roberto: Dalawa lang kayong magkapatid?
Hiroki: Oo.
Roberto: Ano'ng trabaho niya?
Hiroki: Empleyado siya sa bangko.
Roberto: Ilang taon na siya?
Hiroki: Dalawampu't apat yata.
Roberto: Pareho sila ng kuya ko. May litrato ka ba ng ate mo?
Hiroki: Wala, pero baka mayroon sa kompyuter ko.
Roberto: Patingin naman minsan.
Hiroki: O sige.

語句

may	〜がある・いる	taón	年，歳
dalawá	2（2人）	iláng taón	何歳
lang	だけ，のみ (☞6.3)	dalawampu't ápat	24
magkapatíd	兄弟(姉妹)同士(2人)	parého	同じ
trabáho	仕事	litráto	写真
niyá	彼・彼女の (☞4.1)	walâ	ない・いない
empleyádo	社員，従業員，職員	péro	しかし，でも
bángko	銀行	bakâ	〜かもしれない
ilán	いくつ	mayroón	ある・いる

kompyúter	パソコン	mínsan	一度
patingín	見せて		

家族関係図 2

- biyénan 義理の父／母
- akó 私
- asáwa 夫／妻
- anák 息子／娘
- pangánay 一番上の子
- bunsô 末っ子
- apó 孫

6.1 「～は～を持っている」(所有表現)

　不特定の人・ものなどの所有の有無を表す表現である。「～を持っている」は may または mayroon，一方，「～をもっていない」は wala で表す。7.1 の存在表現とよく似た表現であるが，以下のとおり，所有表現の場合は，通常，所有者と被所有物が現れるので，違いがわかる。そのほかに，「～をたくさんもっている」という場合は，marami を使う。ただ，may の場合，mayroon，marami，wala と異なり，小辞や人称代名詞が前接語（☞ 7.4）として文の 2 番目の位置をとらないので，注意したい（以下，「±人名」は，人名とそれ以外の名詞（普通名詞）を指す）。

文型

(1) May

〈ANG 形人称代名詞なし〉
【May + 名詞（＝被所有物）+（「小辞群」）+ ANG 句（所有者＝±人名），など】
　　May relo na si Jim.　　　　　　ジムは腕時計をもう持っている。
　　※「小辞群」（☞ 7.4）

〈ANG 形人称代名詞あり〉
【May + 名詞（＝被所有物）+ ANG 形人称代名詞＝所有者，を含む前接語群，など】
　　May relo ka na ba?　　　　　　君は腕時計をもう持っている？
　　※「前接語群」（☞ 7.4）

(2) Mayroon/Wala/Marami

〈ANG 形人称代名詞なし〉
① 【Mayroon/Wala/Marami + リンカー + 名詞（被所有物）+ ANG 句（所有者＝±人名），など】
　　Mayroong/Walang/Maraming relo si Jim.
　　　　ジムは腕時計を持っている・持っていない・たくさん持っている。
　　※「リンカー」（☞ 7.2）
② 【Mayroon/Wala/Marami + 小辞群＋リンカー + 名詞（被所有物）+ ANG 句（所有者＝±人名），など】
　　Mayroon/Wala/Marami na palang relo si Jim.
　　　　なんだジムは腕時計をもう持ってたんだ・持ってなかったんだ・たくさん持ってたんだ。

〈ANG 形人称代名詞あり〉
【Mayroon/Wala/Marami + ANG 形人称代名詞＝所有者，を含む前接語群＋リンカー + 名詞（被所有物），など】
　　Mayroon/Wala/Marami na ba siyang relo?
　　　　彼は腕時計をもう持ってるの・持っていないの・たくさん持ってるの？

なお，疑問文に肯定で答える場合は，mayroon を，一方，否定の場合は wala をそれぞれ使う。初学者の間には肯定の場合には may で，否定の場合には hindi で答える人がいるが，そうならないよう注意したい。

A1：May kompyuter ka ba?
　　　あなたはコンピューターを持っていますか？
A2：Mayroon ka bang kompyuter?
　　　あなたはコンピューターを持っていますか？
B1：Mayroon.　　　はい。
B2：Wala.　　　　いいえ。

---

may は，所有者が ANG 形の人称代名詞で，かつ被所有物が単語ではなく，bagong kotse「新しい車」【形容詞＋リンカー＋名詞】，や tatlong kotse「3台の車」【数詞＋リンカー＋名詞】のようなリンカー（☞7.2）で繋いだ名詞句の場合には，以下の例のように，その人称代名詞を含む塊となった前接語群（☞7.4）が一つの単位として集団で一斉に前に移動し，文の2番目に位置しているリンカーを伴った単語（名詞句の一部）に割り込み，塊の最後の前接語がそのリンカーを背負うこともよくある。ただし，これら前接語群が名詞句に割り込むことによって，名詞句のもともとの意味が曖昧になったり，表現として不自然になる場合などは，前に移動しないこともある。

文型　【May ＋前置の名詞句の一部＋所有者（人称代名詞）を含めた前接語群＋リンカー＋後置の名詞句の一部，など】

A：May bagong kotse ka na ba? → May bago ka na bang kotse?（自然さ低下）
　　新しい車，もう手に入れた？
B1：Oo, may bagong kotse na ako. → Oo, may bago na akong kotse.（自然さほぼ維持）
　　うん，僕は新しい車を手に入れた。
B2：Wala. May lumang kotse pa kasi ako. → Wala. May luma pa kasi akong kotse.（自然さ低下）
　　いいや。だって僕には古い車がまだあるんだもん。

6.2 「〜のようだ，〜そうだ」yata
（小辞：不確実性，確信の欠如，推量）

yata は，「〜だと思う」，「〜のようだ」，「〜そうだ」，「〜という感じ」，「〜みたいだ」，「多分」といった，不確実性，確信の欠如，推量の表現である（☞ 6.3）。

1) Bukas yata ang laro nila.
    彼らの試合は明日だと思う。／彼らの試合は多分明日だ。
2) Dalaga pa yata si Maria.
    マリアはまだ独身だと思う。／マリアは多分まだ独身だ。

6.3　主要な小辞のまとめ

　小辞は，短い単語であるが，文の意味やニュアンスに微妙な変化をもたらす。いわゆる「会話の調味料」的な役割を果たすため，とくにフィリピン語会話を習得するうえでは極めて重要な要素である。3課からすでに随所に出てきているが，復習もかねてここでまとめて学習しておきたい。なお，それぞれの小辞には単独であれ，他の1つのあるいはそれ以上の複数の小辞と組み合わさって出てくる場合（☞ 7.4「小辞群」）であれ，日本語に訳すことが難しいものが多々あるので，まずは基本的なことを覚えて，あとはフィリピン人との会話を通じてそれぞれの用法についての感覚を身に付けるようにしよう。そうすると自然に口から出てくるようになるであろう。

---

na　「もう」，「すでに」
  1) Matanda na siya.　　　　　　彼はもう年を取っている。
  2) Tanghali na.　　　　　　　　もう昼だ。
    ※ Hindi が前にくると「もはや〜でない」となる。
  3) Hindi na importante iyon ngayon.
    　　　　　　　　　　　　今となってはそれはもう重要ではない。

pa　「まだ」，「むしろ」，「ほかにも」，「〜以外にも」
  1) Binata pa yata si John.　　　ジョンはまだ独身だと思う。
  2) Kyut na, mabait pa si Sharon.　シャロンは可愛い上に，優しくもある。

nga 「確かに，本当に，〜なんか〜だ」（肯定，確認，例示，提案など）
 1）Oo, mainit nga.   はい，（確かに）暑いですね。
 2）Kahapon nga, malamig dito.   昨日なんかここは寒かったんだけどね。

din/rin 「〜もまた」（前の単語が子音で終わる場合は din, 母音の場合は rin）
 1）Pagod din ako.   私も疲れている。
 2）Bata rin siya.   彼も若い。

lamang/lang 「〜だけ」,「単に〜だ」,「たった〜だ」（謙遜の機能，語気を和ら
     げたり，注意を促す機能，依頼・要求などで丁寧な態度を表す）
 1）Apat lang sila.   彼らは4人だけだ。
 2）Titser lang kami, e.   私たちは一介の教師だ。
 3）Madali lang ito.   これは簡単だよ。

daw/raw 「〜だそうだ」,「〜らしい」（伝聞表現。前の単語が子音で終わる
     場合は daw, 母音の場合は raw）
 1）Masarap daw ang ramen doon.   あそこのラーメンはおいしいらしい。
 2）Matalino raw siya.   彼女は頭がいいらしい。

ho/po 「〜です」,「〜ます」（敬意・丁寧の表現）
 1）Maraming salamat po.   どうもありがとうございます。
 2）Wala pong anuman.   どういたしまして。

ba 「〜ですか」（疑問の表現）
 1）Taga-Negros ba si Alice?   アリスはネグロス出身ですか。
 2）Abogado ba siya?   彼は弁護士ですか。

muna 「まず」,「とりあえず」
 1）Kumain muna kayo.   君たち，まず食べなさい。
 2）Ako muna.   僕が先だ。
 3）Teka muna.   ちょっと待って。

naman 「一方〜である」（話題を変更したり，複数のことを対比する場合），
     語気を和らげ，やんわりとした非難・依頼などを表す。

1) Ikaw naman? 君の方は？
2) Masipag si Al, pero tamad naman si Ben.
　　　　　　　　　　　　アルは勤勉だが，ベンの方は怠惰だ。
3) Hindi naman. そうでもないよ。/ 別に。

kasi 「だって～だから」（理由，言い訳などの表現）
　小辞であるため，文の2番目をとるのが基本であるが，文頭や文末にも現れる。なお，日常会話では2）の例文のように，終助詞eなどもよく一緒に現れる。
1) Umulan kasi kahapon. だって昨日雨が降ったんだもん。
2) Umulan kasi kahapon, e. 同上
3) Kasi, umulan kahapon. 同上

kaya 「～かしら」,「～かな」,「～だろうか」（疑問の表現）
1) Masarap kaya iyon? それはおいしいのかしら。
2) Dalaga pa kaya siya? 彼女はまだ独身なんだろうか。

pala 「そうか～か」（発見，おどろき，意外性など）
1) Maganda pala ang boses mo. 君はいい声してるんだね。
2) Siyanga pala. / Oo nga pala. ところで（決まり文句）

yata 「～だと思う」,「～のようだ」,「～そうだ」,「～という感じ」,「～みたいだ」（不確実性，確信の欠如，推量など）
1) Espesyal ka yata sa akin. 君は僕にとって特別な存在みたいだ。
2) Mahirap yata iyon. あれは難しそうだ。

sana 「～であったらいいのに」,「～であっただろうに」（願望，反実仮想など）
　文の2番目グループだけでなく，以下の3）4）のように文頭にくることもしばしばある。
1) Huwag naman sana. そうでなければいいが。
2) Hindi ko sana gustong gawin iyon. そうしたくはないんだけど。
3) Sana, mayaman ang nobyo ko. 私の恋人が金持ちであったらいいのに。
4) Sana'y umaraw bukas. 明日晴れたらいいなぁ。

6.4 「～は～ですか？」（一般疑問文）

既に学習したとおり，小辞 ba と疑問符を用いて表す。「はい・いいえ」は，それぞれ Oo と Hindi である。ただ，フィリピン語では，打消しにあたる「～ではない」という場合も文頭で Hindi を使うので，注意したい。

文型　【述語＋ ba ＋主部など？】
1) Estudyante ka ba sa UP?　　　　君はフィリピン大学の学生？
2) Oo,（estudyante ako sa UP）.　　はい，私はフィリピン大学の学生です。
3) Hindi,（hindi ako estudyante sa UP）.
　　　　　　　　　　　　いいえ（私はフィリピン大学の学生ではありません）。

6.5 「～は何・誰・どこ？」（疑問詞疑問文）

ano（何），sino（誰），alin（どれ），saan（どこ），kailan（いつ），kanino（誰の），ilan（いくつ），bakit（なぜ）などの疑問詞を用いる文を疑問詞疑問文と呼ぶ。このタイプの文では，特に口語で小辞の ba がよく省かれる。強調したいときや一度尋ねたのに，答えてもらえなくて，再度尋ねる場合などに使われることが多い。いずれにせよ，ba を伴うと語気が強くなる感じがあるので，文脈に応じて使う必要があろう。たとえば，相手に名前を尋ねる時には，通常 Ano ang pangalan mo? を使うが，これに対して，Ano ba ang pangalan mo? とすると，特別な背景があっての発話であることを意味することが多い。

文型　【疑問詞＋（ba）＋ ANG 句（主題）など？】
1) A：Ano iyan?　　　　　　　　それは何ですか？
　 B：Kendi ito.　　　　　　　　これはキャンディーです。
2) A：Sino ang titser mo?　　　　君の先生は誰？
　 B：Si Mr. Cruz ang titser ko.　クルス氏です。
3) A：Kailan ang kasal ninyo?　　結婚式はいつ？
　 B：Sa Hunyo 10 ang kasal namin.　結婚式は，6月10日です。
4) A：Kanino ito?　　　　　　　これは誰のですか？
　 B：Sa akin iyan.　　　　　　それは私のです。
5) A：Bakit kaya mahal ito?　　　これなんで高いんだろう？
　 B：Hindi ko alam, e.　　　　　知らないよ。

●··●
　　　　　　　　　　　　練　習　問　題
●··●

1．a　次の May の文を Mayroon を用いて書き換えなさい。
　　① 　May kapatid ka ba?
　　② 　May asáwa ang gobernadór.　　（知事は結婚しています。）
　　③ 　May probléma ba siya?　　　　（彼は〈何か〉問題を抱えていますか？）
　　④ 　May tanóng ako.
　　⑤ 　May anák si Kris.　　　　　　 （クリスは子どもがいます。）

1．b　次の Mayroon の文を May を用いて書き換えなさい。
　　① 　Mayroón ka bang kailángan?　　　（何か）必要ですか？
　　② 　Mayroong pagkáin si Lito sa bag niya.
　　　　　　　　　　　　　　　　　　リトはかばんに食べ物を持っています。
　　③ 　Mayroon siyang kótse.
　　④ 　Mayroon ba táyong kláse búkas?
　　⑤ 　Mayroong bahay si Jun sa Tagaytay.　　タガイタイ（地名）

2．次の各単語を用いて May（　）ka ba? という所有表現の疑問文を作り，Mayroon を用いた肯定文（答A）と Wala を用いた否定文（答B）で答えなさい。
　　① 　péra　　　（お金）
　　② 　reló
　　③ 　páyong　　（傘）
　　④ 　trabáho
　　⑤ 　báon　　　（弁当）

3．意味に合うように空所に適切な小辞（na, pa, nga, lamang/lang, ho/po, ba, muna, naman, kasi, kaya, pala, yata, sana）を入れなさい。
　　① 　Binata / Dalaga（　）ako.　　私はまだ独身だ。
　　② 　Bumili（　）siya ng tiket.　　彼はまずチケットを買った。
　　③ 　Hindi（　）tama ang ginawa mo.
　　　　　　　　　　　　あなたのしたことはダメだ（正しくない）と思う。
　　④ 　Ikaw（　）ang mahal ko.　　私が愛しているのはあなただけだ。
　　⑤ 　Ito（　）ang gusto ko.　　　私が欲しいのはまさにこれだ。

⑥　Kumain ka (　) ba?　　　　　　もう食べた？
⑦　Mabait (　) ang titser natin?　　私たちの先生は優しいですか？
⑧　Mabait (　) ang titser natin.　　私たちの先生が優しかったらいいなあ。
⑨　Hindi (　) ako handa.　　　　　私はまだ準備できていない。
⑩　Magmeryenda (　) tayo.　　　　まず，おやつを食べよう。
⑪　Mura (　) iyan?　　　　　　　それは安いかな？
⑫　Nandito ka (　).　　　　　　　あなたはここにいたんだ。
⑬　Pumunta (　) si Danilo sa kapeterya.
　　　　　　　　　　　　　　　　ダニロは食堂に行ったかもしれない。
⑭　Sampung piso (　) ito.　　　　これはたったの10ペソだ。
⑮　Sino (　) sila?　　　　　　　　どちら様ですか？
⑯　Totoo (　) ang balita?　　　　　あのニュースは本当なの？
⑰　Totoo (　) ang balita.　　　　　あのニュースは確かに本当だ。
⑱　Uulan (　) bukas?　　　　　　明日は雨が降るかな？
⑲　Maganda (　) ang Japan, pero mahal (　) ang bilihin.
　　　　　　　　　　　　　　　　日本は確かにきれいだが，物（商品）が高い。
⑳　Wala (　) akong pera (　) bumili ako ng bagong kotse.
　　　　　　　　　　　　　　　　新しい車を買ったから，もうお金がない。

コラム6　フィリピン大学キャンパスライフ

　私が留学していたフィリピン大学（通称 UP）はフィリピンの縮図だとよく言われます。まず UP 内の風景。構内にはフィリピン人の足であるジープニーが走っていて，道端ではサリサリストアや露店，時には海賊版 DVD を売っている屋台を見ることができ，そしてなぜかキャンパスの敷地内に不法滞在者エリアが大きな顔をして広がっています。学部ごとの建物も，経済学部，経営学部，法学部などの花形は全教室エアコン完備なのに対し，私が勉強していた社会福祉・地域開発学部は扇風機しかなく学校側の力の入れ具合，OB の力が如実に現れています。学生も然りで，花形学部の学生などのように見た目も垢抜けていて車で通学という学生がいるかと思えば，一方で割と地味で素朴な学生も多かったりするのです。まさに格差ですね。

次に手続き関連ですが，とにかく非効率的で遅い！私は私費留学生だったので，授業登録から授業料の支払いまで自分一人でやらなければならなかったのですが，授業登録期間も１週間あるし，どんなにかかっても２，３日で終わるだろうと思っていました。しかし，それはとんでもない誤解でした。まず，日本と違い，授業登録は全てマニュアルなのです。つまり，取りたい授業をシラバスで探し，その授業が開講されている学部の建物へ行き，アドバイザー又は教授の受講許可をもらい，各学部の事務所で登録をし，メインの授業登録オフィスへ行き（これがまた離れた場所にある…）書類を提出。驚くなかれ，ここまでが仮登録です。後日，本登録の書類をもらい，もう一度各学部を回りサインをもらい，メインオフィスへ戻り提出。これで登録は完了です。次の難関は授業料の支払いです。「授業料？振り込めばええやん」と思ったあなた！これもマニュアルなんです。つまり，半期授業料（現金）を握り締め，支払いにオフィスへ向かうのです。そしてその待ち時間，実に４時間…。もはやアトラクションです。しかも新年度の始まる６月は一番暑い時期。一人で汗だくになりながら並んでいる途中にもらった「今日38度らしいね」というメールを見た時は，熱中症で倒れたらどうしようという心配と苛立ちを覚えました。そのくらい，日本とは何もかもが違います。逆にここまでして払った授業料を無駄にするまいと勉強に対するモチベーションが上がって良いかもしれません。

　授業は，ほぼフィリピン語を使っている授業を取ったせいもあり最初はまるでついていけず苦戦しましたが，クラスメートのおかげで何とか乗り越えることができました。課外活動で農村に一泊したり，ラリーに参加したり，バランガイオフィスにインタビューに行くなど日本ではなかなか経験できないこともでき，色々なことを考えさせられとても充実していたと思います。最初の授業登録からつまづき一抹の不安を感じたりもしましたが，UPに留学できたこと，授業内外で学んだことはまさに私の財産です。　　　　　　　　　　　　　（中沢彩乃）

12　フィリピン大学の表玄関，ケソン・ホール

13　フィリピン大学ケソン・ホール（クリスマス・バージョン）

7課 ほかにも日本人はいる？
May ibang Hapones din ba?

Roberto: Kumusta ang dormitoryo?
Hiroki: Okey naman. Malinis pero medyo maingay.
Roberto: May ibang Hapones din ba?
Hiroki: Wala, ako lang yata.
Roberto: Talaga?
Hiroki: Oo, medyo maraming Koreano, at siyempre, mga Pilipino.
Roberto: Panlalaki ba ang dormitoryo ninyo?
Hiroki: Hindi. May palapag na panlalaki at may palapag na pambabae.
Roberto: Ilan ang nakatira sa isang kuwarto?
Hiroki: May kuwartong pandalawang tao at may pantatlo rin. Mag-isa ako ngayon, pero pandalawa ang kuwarto ko.
Roberto: Magkano ang bayad sa isang buwan?
Hiroki: Walong daang piso ang upa, hindi kasama ang pagkain.

語句

dormitóryo	寮	yatâ	たぶん，〜みたい (☞6.3)
ókey	大丈夫		
malínis	きれい	marámi	多い
médyo	ちょっと	at	そして
maíngay	うるさい	siyémpre	もちろん
din	rinと同じ (☞6.3)	mga	名詞の複数標識辞

panlaláki	男子用	báyad	部屋代，代金
palapág	階	isá	1，一つ
pambabáe	女子用	buwán	月
kuwárto	部屋	isáng buwán	1ヶ月
pandalawá	2（人）用	walóng daán	800
táo	人	píso	ペソ
pantatló	3（人）用	úpa	家賃，賃貸料金
mag-isá	ひとり（でいる）	kasáma	含む
ngayón	今	pagkáin	食事
magkáno	いくら		

7.1　「～に～があります」（存在表現）

不特定な人・ものなどの存在の有無を表す。「～がある・いる」という場合は，may や mayroon を使う。一方，「～がない・いない」という場合は，Wala で表す。以下のように，may を除き，リンカー（☞ 7.2）を必要とする。

文型

（1）【May ＋名詞（句）＋前接語群，など】
　　May tubig dito.　　　　　　　　ここには水がある。
　　May tubig na ba dito?　　　　　ここにはもう水がある？
　　May tubig pala dito.　　　　　　なんだここには水があった。
（2）【Mayroon, Wala, Marami ＋リンカー＋名詞（句），など】
　　【Mayroon, Wala, Marami ＋前接語群＋リンカー＋名詞（句），など】
　　Mayroong tubig dito.　　　　　　ここには水がある。
　　Mayroon na bang tubig dito?　　ここにはもう水がある？
　　Walang tubig dito.　　　　　　　ここには水がない。
　　Wala pang tubig dito.　　　　　　ここにはまだ水がない。

> may は，単語ではなく，bagong tubig「新しい水」【形容詞＋リンカー＋名詞】や tatlong kotse「3台の車」【数詞＋リンカー＋名詞】のようなリンカー（☞ 7.2）で繋いだ名詞句の場合には，以下の例のように，その人称代名詞を含む塊となった前接語群（☞ 7.4）が一つの単位として集団で一

斉に前に移動し，文の2番目に位置しているリンカーを伴った単語（名詞句の一部）に割り込み，塊の最後の前接語がそのリンカーを背負うこともよくある。ただし，これら前接語群が名詞句に割り込むことによって，名詞句のもともとの意味が曖昧になったり，表現として不自然になる場合などは，前に移動しないこともある。

文型　【May ＋ 前置の名詞句の一部 ＋ 前接語群＋リンカー ＋ 後置の名詞句の一部，など】

A：May bagong tubig na ba sa tangke? → May bago na ba ng tubig sa tangke?　　　　　　　　　　　　　　　　　　　　　（自然さやや低下）
　　タンクにはもう新しい水が入っている？

B1：Oo, may bagong tubig na sa tangke. → Oo, may bago nang tubig sa tangke.　　　　　　　　　　　　　　　　　　　　（自然さほぼ維持）
　　うん，（タンクには新しい水が）もう入っている。
　　※ nang ＝小辞 na ＋リンカー（ng）

B2：Wala. Wala pa ring bagong tubig sa tangke.
　　いいや，まだ入っていないんだ。

7.2　リンカー

　リンカーとは，修飾語と被修飾語を繋ぐ役割をするものである。修飾語が前にくるか（前置），後にくるか（後置）などの語順にも注意を向けると面白い。これらの語順は，慣用的になっていて決まっている場合と，どっちになるかは文脈などで決まる場合がある。いずれの場合でも，前の単語が母音文字で終わっている場合には，前の単語の語尾にそのまま-ng を付け（例：batang babae「女の子」），一方，子音文字で終わっている場合は，前の単語とは独立させて（離して），na を付ける（例：mais na ito「このトウモロコシ」）。また，n で終わっている単語の後は語尾にそのまま g を付けるだけでよい（例：aking libro「私の本」）。以下はリンカーの使い方を前置と後置の場合に分けて示した例である。

（1）　前置

〈SA 形の人称代名詞による所有格表現〉

この場合，【人称代名詞＋リンカー＋名詞（句），など】の語順をとる。この表現の形は，4.1 で学習した NG 形の所有表現により以下のとおり言い換えが可能である。ただし，その場合，語順が，【名詞＋ NG 形の人称代名詞】となり SA 形の場合の逆になることに加え，通常リンカーをとらない。双方とも，意味は同じであるが，前者（SA 形を用いる）の方が NG 形の場合よりフォーマルな感じになる。

```
         SA 形        NG 形
1）aking kotse   =  kotse ko          私の車
2）iyong kapatid =  kapatid mo        あなたの兄弟（姉妹）
3）kanyang nobya =  nobya niya        彼の恋人（フィアンセ）
4）aming bansa   =  bansa namin       私たちの国
5）ating anak    =  anak natin        私たちの子供
6）inyong litrato =  litrato ninyo    あなたたちの写真
7）kanilang bahay =  bahay nila       彼らの家
```
　※ただし，「僕の新しい車」のように被修飾語が単語ではなく名詞句の場合の語順は，おおむね以下のようになる。NG 形の場合，人称代名詞である ko は前置の名詞句（bagong kotse/ kotseng bago）の後ろにくることもあるが，名詞句の中に割り込むことも可能である。

SA 形	NG 形
aking bagong kotse（aking kotseng bago）	bagong kotse ko/ bago kong kotse/ kotse kong bago

〈数詞＋名詞（含む度量衡），10 以上の数詞〉
1）limang piso　　　　5 ペソ
2）apat na araw　　　 4 日
3）10 の位（1 の位＋リンカー＋ pu）[1]
　　10 sampu[2]　20 dalawampu　30 tatlumpu[3]　40 apatnapu[1]　50 limampu
　　60 animnapu　70 pitumpu[3]　80 walumpu[3]　90 siyamnapu
4）100 の位（1 の位＋リンカー＋ daan/raan）
　　100 isang daan/sandaan　200 dalawandaan　300 tatlundaan　400 apatnaraan
　　500 limandaan　600 animnaraan　700 pitundaan　800 walundaan

900 siyamnaraan

5）中間の数字及び大きな数字

11 labing-isa[4]　12 labindalawa　13 labintatlo　14 labing-apat　15 labinlima
16 labing-anim　17 labimpito　18 labingwalo　19 labinsiyam
79 pitumpu't siyam[5]　101 sandaan at isa　4,003 apatnalibo't tatlo
100,000 sandaanlibo　1,000,000 isang milyon/sang-milyon

※注

1）リンカーの na は，離すのではなくそのまま付ける。
2）sampu は isang + pu（10 を示す）から i が脱落し，ng が p と同化し，m に変化。ちなみに，数詞の語末のリンカーの ng とその他の子音との同化のルールは次のとおり。（☞ 29.2）

> ng + b, p → ng は m に変化。
> ng + d, l, s, t → ng は n に変化。

3）tatlo, pito, walo のそれぞれの語末の o が u に音声変化。
4）labing は「10 を幾つ超えている」との意味。
5）1 の位とそれ以外の位を接続する場合には，接続詞 at を使う。ただし，先行する単語が母音文字で終わっている場合には，よく 't になる。

〈形容詞＋名詞〉

1）matandang lalaki　　　　　　　年老いた男
2）payat na pusa　　　　　　　　痩せた猫

〈名詞＋名詞〉

1）Pilipinong doktor　　　　　　　フィリピン人の医者
2）Amerikanong dentista　　　　　アメリカ人の歯医者

〈人称代名詞＋名詞〉

1）kaming mga Hapones　　　　　私たち日本人
2）(Magandang hapon po) sa inyong lahat　みなさんこんにちは

〈指示代名詞＋名詞〉

1）itong mga mesa　　　これらの机
2）iyong mga puno　　　あれらの木

(2) 後置

〈名詞＋形容詞〉
1) kotseng maliit　　　　　小さな車
2) lapis na mahaba　　　　長い鉛筆

〈名詞＋名詞〉
　estudyanteng Hapon　　　日本人学生

〈名詞＋指示代名詞〉
1) bahay na ito　　　　　この家
2) bansang iyon　　　　　あの国

〈出身など〉
1) propesor na taga-Nagoya　名古屋出身の教授
2) mga gurong taga-Negros　ネグロス出身の教師たち

〈場所の表現〉
1) mesang nasa labas　　　外にある机
2) mga taong nasa likod　　後ろにいる人たち

7.3　「いくら？」magkano（疑問詞：値段を問う）

買い物などをする時の定番の疑問詞である。

文型　【Magkano + ANG 句（主題）など？】
A：Magkano ito?　　　　　　　　これはいくらですか？
B：Limang piso lang.　　　　　　5 ペソです。
A：Magkano lahat iyan?　　　　　それ全部でいくらですか？
B：Isang daan po lahat.　　　　　全部で 100 ペソです。

7.4　前接語群の基本的な語順

文頭に位置する語句の次（2番目）にくる単語を前接語と呼ぶ。前接語は，ANG 形および NG 形の人称代名詞と 6.3 でまとめて学習した小辞からなる。ちなみに，本書では小辞の複数の集まり（塊）だけのことを「小辞群」，一方，前接語が文に同時に複数現れる場合をいわゆる「前接語群」とそれぞれ呼ぶことにする。前接語群の語順は，基本的に単音節のものが 2 音節のものに先行する（ただし，例外もあるので要注意）。以下は，これらの語順を表にしたものである（①＝単音節の人称代名詞，②〜⑤＝小辞，⑥と⑦＝2 音節の人称代名詞）。

①	②	③	④-1	④-2	⑤	⑥	⑦
ka	na	man	nga	daw/raw	pala	NG 形	ANG 形
ko	pa		din/rin	muna	kaya	niya	ako
mo			lamang/lang	naman	yata	namin	siya
n'yo[1)			ho/po	kasi[2)	tuloy	natin	kami
			ba	sana[2)		ninyo	tayo
						nila	kayo
							sila
						kita[3)	

※表の注
1) n'yo や 'nyo は⑥の ninyo の縮約形で，会話で濫用される。mo などと同じように，単音節の人称代名詞として扱うため，語順は①に含まれる。
2) 6.3 で学習したとおり，小辞の kasi や sana は，倒置詞 ay（'y）などを伴って文頭によく現れるが，このような場合は文の 2 番目ではないので，上記の語順考察の対象から除外。
　　　Sana'y umaraw bukas.　　　明日晴れたらいいなぁ。
3) mo + ako（私は君の〜）の組み合わせは存在しても，ko + ka（君は私の〜）は存在しないので，その代わりに⑥の kita を用いる。
　　　Kaibigan kita.　　　君はおれの友達だ。

上の表のとおり，基本的な語順は，①〜⑦というふうになる。（④-1）と（④-2）の間の破線は 9 つの小辞の語順が壁を越えて多少前後することがあるという意味である。

次に，⑤に属するものは，場合によって（④-2）に属するものに先行することがあるが，（④-1）に属するものに先行することはほとんどない。

ちなみに，特定文で述部が人称代名詞で始まる場合には，ANG 形の人称代名詞は，⑥および⑦に属するものでも②〜⑤のいかなる小辞にも先行する（例：Siya lang ang kaibigan ko.「僕の友達は彼だけだ」）。以下は前接語群が現れる例である。
　　1）Doktor ka na pala.　　　　　　そうか君はもう医者になったんだね。
　　2）Doktor din po/ho ba siya?　　　彼も医者ですか？

7.5　形容詞の分類

　形容詞には，語根だけで表せるいわゆる「単純形容詞」と maliit（小さい）のように語根の liit に接頭辞の MA- を必要とするような「接辞付形容詞」がある。（巻末付録 3「分野別重要単語集」の形容詞類を参照）

　（1）単純形容詞
　　1）bago　　　　　　　　　　　新しい
　　2）luma　　　　　　　　　　　古い
　　3）guwapo　　　　　　　　　　ハンサム
　　4）pangit　　　　　　　　　　　醜い
　　5）gutom　　　　　　　　　　　お腹がすいた

　（2）接辞付形容詞
　　接辞（接頭辞，接尾辞等）を使うもの。接辞は，MA- のように単独で付加されるものが多いが，MA-IN のように，混合型のものもある（なお，以下単語の語根は㊹で示す）。
　　1）maganda　㊹ganda　　　　　美しい，綺麗な，素晴らしい
　　2）masarap　㊹sarap　　　　　　おいしい
　　3）sipunin　㊹sipon　　　　　　風邪をひきがちな
　　4）mahiyain　㊹hiya　　　　　　恥ずかしがり屋の
　　5）palabiro　㊹biro　　　　　　冗談好きな

練 習 問 題

1．指示に従って以下のアラビア数字をフィリピン語に直しなさい。
　（1）　11〜19　　　LABING + 1〜9
　　　① isá → 11　　　　　　　⑥ ánim → 16
　　　② dalawá → 12　　　　　⑦ pitó → 17
　　　③ tatló → 13　　　　　　⑧ waló → 18
　　　④ ápat → 14　　　　　　⑨ siyám → 19
　　　⑤ limá → 15
　（2）　20〜90　　　2〜9 + PU
　　　① isa → 10　isang pu → sampú　⑥ anim → 60
　　　② dalawa → 20　　　　　⑦ pito → 70
　　　③ tatlo → 30　　　　　　⑧ walo → 80
　　　④ apat → 40　　　　　　⑨ siyam → 90
　　　⑤ lima → 50
　（3）　100〜900　　1〜9 + DAAN
　　　　　　　　+ linker（space）DAAN/RAAN　+ linker + DAAN/RAAN
　　　① isa → 100　　　isang daan　　　　　　sandaan
　　　② dalawa → 200
　　　③ tatlo → 300
　　　④ apat → 400
　　　⑤ lima → 500
　　　⑥ anim → 600
　　　⑦ pito → 700
　　　⑧ walo → 800
　　　⑨ siyam → 900

2．a　次の単語同士をリンカーでつなげて名詞句を作りなさい。
　　① kapatid　babae
　　② malinis　kuwarto
　　③ marami　Pilipino
　　④ mayaman（金持ちの）abogado（弁護士）
　　⑤ kaklase（クラスメート）Koreano

⑥　maingay　dormitoryo
⑦　marumi（汚い）damit（衣類，服）
⑧　sinigang　isda
⑨　kaibigan　Hapones
⑩　kaunti（少しの）pagkain

b　リンカーを用いて後置（NG形）を前置（SA形）の語順に書き換えなさい。
① tatay niya　　　　　　　④ bahay nila
② libro ninyo　　　　　　 ⑤ asawa ko
③ pagkain natin

3．次の語根に接頭辞 MA- をつけて形容詞を作り，意味を調べてみよう。
① taás　　　　　　⑥ lamíg
② bábâ　　　　　　⑦ sayá
③ láyô　　　　　　⑧ lungkót
④ lápit　　　　　　⑨ hírap
⑤ ínit　　　　　　 ⑩ dalî

4．例にならって上記 3.で作った形容詞と右列の語句を用いて疑問文を作り，肯定文（答 A）と否定文（答 B）で答えなさい。
　　例　laki（liit）　bahay mo
　　　　Malaki ba ang bahay mo?
　　　　Oo, malaki ang bahay ko.
　　　　Hindi, hindi malaki ang bahay ko. Maliit ang bahay ko.
① taas（baba）　gusali ng ospital（病院の建物）
② layo（lapit）　eskuwelahan（学校）
③ init（lamig）　kape（コーヒー）
④ saya（lungkot）　palabas（番組）
⑤ hirap（dali）　Ingles

5．次のフィリピン語の数字はアラビア数字に，アラビア数字はフィリピン語の数字にそれぞれ書き換えなさい。
① walumpu't siyam　　　　⑥ 64
② dalawandaan at labimpito　⑦ 102

③　limampu't isa ⑧　75
④　animnaraan apatnapu't tatlo ⑨　38
⑤　dalawampu't anim ⑩　499

コラム7　フィリピン大学の寮（IC）での生活

　UPの中にはたくさんの寮が点在しています。その中で留学生のために設けられているのがInternational Center（通称：IC）です。UP内を走るジープニーは全てこのICの前を通るので，どこに行くにもとても便利です。2011年8月現在，ICに住んでいる留学生の国籍の割合は日本人約20％，韓国人20％，フィリピン人20％，その他の国々から40％となっています。留学生のための寮のわりにフィリピン人の割合は高めです！男女の比率はおおよそ6：4です。UPの寮は日本の寮のような個室とは違い，全て相部屋となっています。多くの場合は国籍が同じになるように自然と部屋割りされているような気がします。が，私は今，ミャンマー人の院生と相部屋ですので，必ずしも同じ国籍の人同士ではありません！本当に様々な国籍，様々な専攻の人がたくさん住んでいます。IC自体の雰囲気はというと，とても和やかで，住んでいる留学生も皆すごくフレンドリーで，ロビーにいると色んな人が集まってきて話したりと，すごく楽しいです。年間を通じて日本人主催のイベント（ジャパニーズナイト）や韓国人主催のイベント（コリアンナイト），その他にもICに住んでいる人たちで各国の料理を作るクッキングショーなどがあり，親睦を深めています。フィリピンにいながらにして様々な国の人と友達になれる素敵な寮です。　　　　　　　（武副万智）

14 International Center（IC）（フィリピン大学構内寮）

8課 パルマホールはどこ？
Saan ang Palma Hall?

Roberto: Hiroki, halika na. Baka ma-*late* tayo.
Hiroki: Sandali lang, Berto. Saan ang Palma Hall?
Roberto: 'Yung pulang gusali roon.
Hiroki: Alam mo ba kung saan ang silid-aralan ng *general linguistics*?
Roberto: Naku, hindi ko alam.
Hiroki: Alam mo kung saan ang PH-401?
Roberto: A, sa *4ᵗʰ (fourth) floor* iyan. May karatula naman sa bawat silid-aralan. Magkita tayo sa *1ˢᵗ (first) floor lobby* pagkatapos ng klase mo. Sabay tayong magtanghalian.
Hiroki: Saan tayo kakain?
Roberto: Sa kapeterya na lang.
Hiroki: Sige, mamaya na lang.
Roberto: *Good luck* sa una mong klase.
Hiroki: Salamat.

語句

halíka	行こう，おいで	'yung	あの（iyon の縮約形）
ma-*láte*	遅刻する（行焦，不定）（☞ 28.1）	pulá	赤い
		gusálî	建物
saán	どこ	roón	あそこ
Palma Hall	フィリピン大学にある建物	alám	知っている
		kung saán	どこか

silíd-aralán	教室	pagkatápos	～の後
general linguistics	一般言語学	kláse	クラス，授業
nakú	えっ！しまった！	sabáy	一緒に，同時に
hindí ko alám	知らない	magtanghalían	昼食を食べる（行焦，不定）
A	あー，えっと		
4th floor	4階	kakáin	食べる（行焦，未然）
karátulá	表示（板）	kapeteryá	（学内）食堂
báwat	各～，それぞれの	na láng	～にしよう
magkíta	会う（行焦，不定）(☞ 14.1)	síge	それでは
		mámayâ	あとで
magkíta táyo	会おう	Good luck	幸運を祈る，頑張って
1st floor	1階		
lobby	ロビー	úna	最初（の）

8.1　「～はどこ」saan（疑問詞）

　副詞として「どこに・どこで～する？」という使い方が多いが，名詞句を導いて「～はどこですか？」というふうに使うことも可能である。

文型　【Saan ＋動詞など＋ ANG 句（主題）など？】
　　　　【Saan ＋ ANG 句（主題）など？】

1）A：Saan ka pupunta?　　　　　どこへ行くの？
　　B：Diyan lang.　　　　　　　　ちょっとそこまで。
2）Saan ang punta mo?　　　　　　どこへ行くの？
　　Saan ang *entrance*?　　　　　　入口はどこ？

8.2　「どこか」kung saan（関接疑問文など）

　「何なのか」，「誰なのか」，「どこに（で）～なのか」，「いつ～なのか」，「～かどうか」などの疑問詞疑問文を名詞節として伴う間接疑問文や，関係副詞のような機能をもつ場合には，このように疑問詞（saan「どこ」，kailan「いつ」，bakit「なぜ」，paano「どのように」など）の前に接続詞の kung が必須である。

文型　【kung＋疑問詞＋ANG 句（主題）など？】
　　　　【kung＋疑問詞＋動詞など＋ANG 句（主題）など？】

（1）間接疑問文
　　1） Alam mo ba kung saan siya nakatira?
　　　　　彼がどこに住んでるか知ってる？
　　2） Alam mo ba kung sino ang dumating sa bahay kahapon?
　　　　　昨日誰が家に来たか知ってる？
　　3） Alam mo ba kung ano ang plano niya?
　　　　　彼の計画が何なのか知ってる？
　　4） Alam mo ba kung kailan sila pupunta sa Cebu?
　　　　　彼らがいつセブに行くのか知ってる？
　　5） Alam mo ba kung paano niya ginawa iyon?
　　　　　彼がそれをどうやってしたか知ってる？
　　6） Alam mo ba kung ngayon o bukas ang miting natin?
　　　　　会合が今日なのか明日なのか知ってる？
　　※疑問詞を使う場合，人称代名詞（ANG 形と NG 形のみ）や小辞などの前接語は，上記 1）4）5）の例文のように疑問詞疑問文の中の 2 番目をとるので，注意したい。

（2）英語などに見られる関係副詞的用法
　　1） Ito ang eskuwelahan kung saan si Jim ang prinsipal.
　　　　　　　　　　　　　　　　これがジムが校長を務めている学校だ。
　　2） mga araw kung kailan ako nag-eehersisyo　　僕が運動をする曜日・日
　　3） mga dahilan kung bakit sila mayaman　　彼らが裕福な理由
　　4） mga paraan kung paano kumita ng pera　　金儲けの方法
　　※疑問詞 bakit の場合は，人称代名詞（ANG 形と NG 形のみ）や小辞などの前接語は，疑問詞疑問文の中の 2 番目でもその後でも「任意」である。つまり，上記 3）の文は kung bakit sila mayaman と kung bakit mayaman sila のいずれでも可能である。

8.3 「私は知らない」 hindi ko alam
(「擬似動詞：知識など」の否定文)

　Alam は擬似動詞の一つ。人ではなく事物などを知っているというときに使う。擬似動詞は，動詞のような意味をもつが，動詞のようには活用しないので，このような名称がつけられている。文法的には形容詞類に分類されるものであり，「願望・好み」「必要性」，「可能性」なども示す。助動詞と呼ばれることがあるのは，動詞（本動詞）を頻繁に伴うためであるが，文法的な機能は「助動詞」に限らない。

文型　【Alam + NG 句（行為者・経験者など）+ ANG 句（主題：対象）】

　　Alam mo ba ito?　　　　　　　　君これ知ってる？

　このような質問に対し否定（「知らない」）で答えるときには，Hindi ko alam を使う。
　1) Hindi ko alam kung sino ang dumating sa bahay kahapon.
　　　昨日誰が家に来たのか知らない。
　2) Hindi niya alam kung saan nakatira si Jose.
　　　彼はホセがどこに住んでいるのか知らない。

　なお，同じ意味であるが，より口語的で頻繁に使われる表現として aywan/ewan がある。ちなみに，aywan/ewan の後に出現する人称代名詞としては ko の頻度が圧倒的に高く，mo, namin, natin, ninyo, nila などの頻度は ko に比べるとずっと低い。なお，まれではあるが，ni + 人名の形も現れることがある。
　3) Aywan/Ewan ko.　　　　　　　知らない。
　4) Aywan/Ewan ko sa iyo.
　　　あなたのことは知らない・わからない。（直訳）
　　　自分のことは自分で責任を持て・勝手にしたらどうなの。（意訳）

4) の類義表現
　5) Bahala ka sa buhay mo.
　　　自分の人生は自分で責任を持て。（直訳）
　　　勝手にしろ。（意訳）

※ bahala については 9.5 参照。

8.4 「了解だ，わかった，いいよ」sige
（間投詞：了承・同意の表現）

Sige は別れるときの挨拶（☞ 3.6）以外に，以下のような用法もある。

高頻度コロケーション（連語関係）　【　】+ **Sige** +【　】+【　】

（1）**Sige** na +（nga/po/ho）：「はい，じゃあもうわかったわ」（相手から要求などを突きつけられてある程度時間が経過してしぶしぶ承諾するときなど）

"**Sige na nga**," sabi niya.
「はい，じゃあもうわかったわ」と彼女は言った。

（2）**O, sige**：「いいよ」（比較的すぐに承諾・同意する場合）

O, sige. Sasama na lang ako.
うん，いいよ。ついて行くことにするよ。

（3）**Sige nga**：「はい，どうぞ，さあ」（相手の行動などを促す場合など）

Sige nga. Kumanta ka.
さあ歌ってみて。

8.5 「〜ということにする，もう〜だけだ」na lang
（組み合わせの小辞）

組み合わせで出現し，決断「〜ということにする」，計画の変更，代替選択，「もう〜だけだ」などを表す以外に，語気を和らげたり，軽い気持ちで行う様などを表す機能がある。また，否定辞 hindi などと共起し，「もはや〜でない」という意味にもなる。

1) Dito na lang tayo kumain.　　　　ここで食べることにしようよ。
2) Tatawag na lang ako sa ospital.
　　　　　　　　（それなら）病院に電話をかけることにするよ。
3) Hindi na lang ako pumunta sa Tokyo.
　　　　　　　　　　　　　もう東京には行かないことにする。

これ以外にも組み合わせて用いる小辞には以下の通り，na naman（「また・再び〜である」），pa rin（「依然として」，「相変わらず」，「ずっと」，「やっぱり」），din/rin lang（「どうせ〜なら」）など多数ある。

1）Nag-aaway na naman sila.　　　彼らはまた喧嘩している。
2）Mahal ko pa rin siya.　　　　　僕は彼女のことをずっと愛している。
3）Kung ganito rin lang　　　　　 どうせこういうことなら

15 フィリピン大学パルマ・ホール正面

16 Halo-halo
（ハロハロ：フィリピンの代表的なデザート）

練 習 問 題

1．次の各語句を用いて疑問文を作り，その答えを下記の語句から選びなさい。

　　　Anong kulay ang ＿＿＿＿＿＿＿＿＿＿＿？

- ① labanós（大根）
- ② ságing
- ③ mansánas（りんご）
- ④ repólyo（キャベツ）
- ⑤ talóng（なす）
- ⑥ úling（炭）
- ⑦ maís（とうもろこし）
- ⑧ pipíno（きゅうり）
- ⑨ bandílâ（国旗）ng Japan
- ⑩ bandílâ ng Pilipínas

itim 黒	pula 赤	berde 緑	kulay ube 紫
puti 白	asul 青	dilaw 黄色	kulay abo 灰色

2．疑問詞 Saan と次の各単語・地名を用いて「～はどこ？」という疑問文とその応答文を作りなさい。

- ① restawrán（レストラン）　　Cubao（クバオ〈地名〉）
- ② ospitál　　　　　　　　　　Maynila（マニラ）
- ③ sinehán　　　　　　　　　　Makati（マカティ〈地名〉）
- ④ simbáhan（教会）　　　　　 Quiapo（キアポ〈地名〉）
- ⑤ paléngke（市場）　　　　　 Divisoria（ディビソリャ〈地名〉）

3．a．次の文をフィリピン語に訳しなさい。
- ① Manny Pacquiao というのは誰？
- ② 彼の誕生日（kaarawán）はいつ？
- ③ これは何？
- ④ 寮はどこ？
- ⑤ どうして彼女は悲しいの？

　b．上記 a．で作った疑問文を「～か知ってる？」という間接疑問文に書き換えなさい。
- ① Manny Pacquiao が誰か知ってる？
- ② 彼の誕生日（kaarawán）がいつか知ってる？

③ これが何か知ってる？
④ 寮がどこか知ってる？
⑤ どうして彼女が悲しいのか知ってる？

4．小辞 na lang を用いて次の文をフィリピン語に訳しなさい。
① 一つにする。
② 彼でいい。
③ この青のにする。
④ もういい。（やめた）
⑤ コーヒーでいい。

コラム 8　フィリピン大学の授業

　私がフィリピン大学に留学していて，面白かった（好きだった？）（興味深かった？）授業ベスト3を紹介します。

ベスト1：Japanese society「日本の社会」（global 科目）
　なぜフィリピンでわざわざ日本についての授業を取るのか，と疑問に思うかもしれません。しかし，この授業，ほとんどがフィリピン語で行われるんです。それだけでなく，自分が日本人である為に，授業中に多くの意見や説明を求められます。例えば「日本の官僚政治についてどう思う？」「なぜ日本ではいじめが問題になっているの？」という質問に，フィリピン語で答えられますか？こんな質問を毎回されるので，どんどん精神的に強くなっていきました。もちろん精神面だけでなく，時間が経つにつれ，フィリピン語での説明もだんだんできるようになっていきました。また，日本大使館見学や日本料理を食べにいくスタディーツアーもとても楽しかったです。クラスメイトは日本が好きで受講している人たちばかりなので，たくさん友達を作りたい！という人にはお勧めの授業です。

ベスト2：Pagtuturo ng Wikang Filipino「フィリピン語教授法」（教育学部）
　私はこの授業で読み書きの力が本当に身に付いたと感じました。また，自分を追い込みたい人にもピッタリな授業です。宿題の量，難しさ，先生の厳しさ，す

べてを兼ね備えています。ひたすら，長〜い文学や意味の分からない詩を読み，それに対する問題を解いたり，感想を書いたりします。フィリピン人のクラスメイトでさえ「全くわからない」と言う程，難しい単語がたくさん出てきます。しかし，分からない単語があっても，それを飛ばして全体の意味を把握する練習をしました。この練習はとても大事で，フィリピン語の新聞やニュースを速く読み，把握できるようになる練習にもなります。また感想文は，先生が添削してくれたので，書く力も身につけることができました。

ベスト3：Teaching English as a Second Language「第二言語としての英語教授法」（教育学部）

　フィリピン人が何故あれほど英語に長けているのか気になりませんか？この授業は，フィリピンでどのように英語を教えているか，実際に幼稚園や小学校へ授業見学に行き，学ぶことができます。また，実際に教育実習のように教える体験までさせてもらえるんです！フィリピン人は人前で話すのがとても上手です。彼らの良い所をどんどんマネすれば，きっと彼らのように堂々と話せるようになります。

　以上が私のベスト3の授業です。どうでしたか？受けてみたいと思う授業はありましたか？どんな授業を選択しても，まずはクラスメイトに話しかけ，たくさん友達を作りましょう！それが，フィリピン語を習得する一番の方法じゃないでしょうか。

　ちなみに，フィリピン大学の授業はいずれも，課題の量が非常に多い。2日後までに100ページ程を読みこなす，といったことはよくあります。また課題は先生が配布してくれるのではなく自分でコピーを手に入れなくてはいけません。ただでさえ現地学生よりも課題をこなすのに何倍も時間がかかるのに，課題がなかなか手に入らないときは，本当に困り，苛立つことさえあります。しかし，そんな大変な状況でも，多くの友人たちのお蔭で，なんとかやっていけました。特に「トモカイ」"Tomokai"という日本人留学生をサポートしてくれるサークルの皆さんは，本当に親切で優しく，私たちの強い味方です！フィリピン人はホスピタリティに溢れているので，授業以外のことでも何か困ったことがあったら助けてくれます。そういうのが，フィリピン留学の良いところのひとつとも言えます。

（永田梨紗）

9課 お腹がぺこぺこだ
Gutom na gutom na ako

Hiroki: Gutom na gutom na ako.
Roberto: Halika na sa kapeterya.
（Sa kapeterya）
Hiroki: Ano ang masarap dito?
Roberto: Lahat naman masarap. Ano ba ang gusto mong pagkain?
Hiroki: Mahilig ako sa isda, pero gusto kong subukan ang iba't ibang pagkaing Pilipino.
Roberto: Gusto mo ba ng kanin at ulam, o pansit?
Hiroki: Paano ba 'yan... Pareho kong gusto, e.
Roberto: Alam ko na. Bumili tayo ng tig-iisang kanin, dalawang ulam at isang pansit at hati na lang tayo para marami kang masubukan.
Hiroki: O sige. Ikaw na ang bahala.
（Sa tindera）
Roberto: Isa hong piniritong bangus, menudo, pansit canton at dalawang kanin.
Tindera: Inumin po nila?
Roberto: Tubig lang.
Tindera: Bayad（Magbayad）na lang po kayo sa kahera.

語句

gutóm	お腹が空いた	masubúkan	試すことができる（対焦〈可・偶〉，不定）
masaráp	おいしい		
díto	ここ	bahálâ	任せる，責任ある
lahát	全部	Ikáw（na）ang bahálâ	君に任せる
gustó	好きな，〜したい，欲しい		
		tindéra	店員
mahílig	好き	hô	pôと同じ（丁寧・敬意）
subúkan	試す（対焦，不定）（☞ 28.5）		
		piniríto	揚げた
ibá't ibá	色々な	bangús	バグス（淡水魚。和名：サバヒー。☞コラム 5）
úlam	おかず		
pansít	麺類	menúdo	メヌード（豚肉と豚肝の煮込み）
Paáno ba 'yán	どうしよう		
parého	両方	pansít cantón	八宝菜風の麺類
Alam ko ná	分かった（ひらめき）	inúmin	飲み物
bumilí	買う（行焦，不定）（☞ 13.2）	nilá	彼・彼女たちの（☞ 4.1）
tig-iisá	一つずつ	túbig	水
hátî	分ける㊙	magbáyad	支払う（行焦，不定）（☞ 14.1）
pára	〜ために		
		kahéra	レジ

9.1　「とても〜だ」（形容詞の強意表現）

これは形容詞の語根の意味を強める表現である。表現方法には以下のとおり多数ある。

（1）形容詞の繰り返し（リンカーを使用）

1) Gutom na gutom ako.　　　　　　　　私は大変お腹が空いている。
2) Basang basa na ang damit ko.　　　　私の洋服はもう随分濡れている。
3) Matabang mataba na ang aso ni Ruby.　ルビーの犬はもう大変太っている。
4) Mabait na mabait ang nobyo niya.　　彼女の恋人は大変優しい。

（2）【NAPAKA-＋形容詞語根＋NG句，など】
　　　【NAPAKA-＋形容詞語根＋リンカー，など】
　　　　Napakaganda ng damit niya.　　　彼女の服は大変奇麗だ。
　　　　Napakaraming tao dito.　　　　　ここにはとても大勢の人がいる。
　　　※注意
　　　　【NAPAKA-＋形容詞の語根，など】の時は，通常NG句などを伴い，ANG句（主題）のない，いわゆる「無題文」となることが多い。

（3）【Masyadong「あまりに，〜すぎる」/Totoong/Tunay na/Talagang「本当に」＋形容詞】
　これらの単語はそもそも形容詞であるが，上記のようにリンカーをとり副詞的に用いられ，次にくる形容詞を修飾する。
　　　1）Masyadong malamig sa Japan ngayon.　　日本は今あまりにも寒い。
　　　2）Masyado kasi siyang mabait kaya naloko siya.
　　　　　　　　　　　　　　　　　　彼は優しすぎるから騙されたんだ。
　　　3）Totoong mabait si Miriam.　　　　ミリアムは本当に優しい。
　　　4）Tunay na maganda ang Mt. Mayon.　マヨン山は本当に美しい。

高頻度コロケーション（連語関係）

　Napaka-語根 ＋ NG など／リンカー＋【　】＋【　】
　　（1）Napakaganda ng　　　　「大変きれいな」
　　　　　Napakaganda ng boses mo.　　君はとてもいい声をしている。
　　（2）Napakaraming　　　　　「大変多くの」
　　　　　Napakaraming tao sa mundo.　世界には非常に多くの人がいる。
　　（3）Napakalaking　　　　　「大変大きな」
　　　　　Napakalaking problema nito para sa akin.
　　　　　　　　　　　　　　これは私にとって非常に大きな問題だ。

9.2　「〜が好き，〜に関心・興味がある，〜の傾向がある」mahilig sa〜（興味，関心，嗜好など）

　一般的に「〜が好き，〜に関心・興味がある，〜の傾向がある」という場合は，mahilig sa〜を使うとよい。動詞が後置する場合は，18.2を参照しよう。

1) Mahilig ako sa komiks.　　　　　僕は漫画が好きだ。
2) Mahilig siya sa musika.　　　　　彼女は音楽が好きだ。

9.3　「～したい」gusto
（擬似動詞：好み，欲求，願望などの表現①）

意味は本項目に記したとおりである。

文型　【擬似動詞 Gusto ＋ NG 句（行為者・経験者など）＋リンカー＋動詞の不定相】

1) Gusto kong lumayo sa asong iyon.　　私はあの犬から離れたい。
2) Gusto ni Pat na yumaman. / Gustong yumaman ni Pat.
　　　　　　　　　　　　　　　　パットは金持ちになりたいと思っている。

9.4　「～ずつ」tig-（配分数詞）

「いくつずつ」という均等に配分する時の表現で，接頭辞 TIG-を用いる。以下のとおり3種類の使い方が可能である。左側の形は，接頭辞 TIG-に基数詞をつけたものである（dalawa の d や tatlo の t のように子音が脱落するものもある。母音で始まるものは，基数詞の前にハイフンが入る）。真ん中の形は，基数詞（語根）の第1音節を繰り返したものである。さらに，一番右側の形は，最初の2音節を繰り返したものである。ちなみに，疑問文は，Ilan?「いくつ？」か Tig-iilan?「いくつずつ？」を使って尋ねる。使用頻度は，基本的に左＞真ん中＞右の順である。

1) tig-isa/tig-iisa/tigi-tigisa　　　　　1つずつ
2) tigalawa/tigdadalawa/tiga-tigalawa　　2つずつ
3) tigatlo/tigtatatlo/tiga-tigatlo　　　3つずつ
4) tig-apat/tig-aapat/tiga-tig-apat　　　4つずつ
5) tiglima/tiglilima/tigli-tiglima　　　5つずつ
6) tig-anim/tig-aanim/tiga-tig-anim　　　6つずつ
7) tigpito/tigpipito/tigpi-tigpito　　　7つずつ
8) tigwalo/tigwawalo/tigwa-tigwalo　　　8つずつ

9）tigsiyam/tigsisiyam/tigsi-tigsiyam　　　9つずつ
10）tigsampu/tigsasampu/tigsa-tigsampu　　10ずつ
11）tigsandaan/tigsasandaan/tigsa-tigsandaan　　100ずつ
12）tigsanlibo/tigsasanlibo/tigsa-tigsanlibo　　1,000ずつ
13）A：Tig-iilang tao sa isang bus?　　一台のバスに何人ずつ乗るの？
　　B：Tig-sasampu sa isang bus.　　10人ずつ乗る。
14）A：Tig-iilang mangga ang mga bata?
　　　　　　　　　　　　　　　　子供らはマンゴーを何個ずつもらうの？
　　B：Tigtatatlong mangga sila.　　彼らはマンゴーを3個ずつもらう。
15）A：Tig-iilang piso tayo?　　私たちは何ペソずつ分けるの？
　　B：Tiglilimang piso tayo.　　私たちは5ペソずつ分ける。

9.5　「～に任せる」～ bahala（責任の所在など）

原意は「責任がある」「責任を負うべき」である。

1）Ikaw ang bahala.　　　　君に任せた。
2）Ako ang bahala.　　　　僕に任せて。

類似表現　Bahala ka. / Bahala ka sa buhay mo.

3）Bahala ka（na）.　　　君次第だ（好きなように・勝手にしなさい）。

※1）の例文と意味はよく似ているように思われるが，1）が責任の所在が誰にあるのか定めているのに対し，3）は，ただ相手に責任のある行動をとるように勧奨あるいは放任している。

練　習　問　題

1．a．次の各形容詞と右列の語句を用いて「とても〜（リンカー＋繰り返し）」という強意表現を作りなさい。
　　① uháw（喉が渇いている）　　　Hiroki
　　② masaráp　　　　　　　　　　adóbo
　　③ magandá　　　　　　　　　　mga bulaklák
　　④ pagód（疲れている）　　　　 nánay ko
　　⑤ maínit　　　　　　　　　　　kapé

　b．次の文を「とても〜（NAPAKA＋形容詞の語根）」という強意表現に書き換えなさい。
　　（※ ANG（形）→ NG（形）に変換）
　　① Malálim ang dagat（海）
　　② Múra ang saging dito.
　　③ Mabaít si Sir Cruz.
　　④ Maínit itong sabaw.
　　⑤ Maiksî / Maigsî（短い） ang buhok（髪） niya.

2．次の例文の空所に各語句を入れて「○○は何が好き？」という文を作り，答える練習をしなさい。
　　　Ano ang gusto mong ＿＿＿＿＿＿＿？
　　① pagkáing Pilipíno（フィリピン料理）
　　② 飲み物
　　③ 色
　　④ prútas（果物）
　　⑤ sport（スポーツ）

3．次の例文の空所に各単語を入れて「〜は好き？/〜に興味がある？」という疑問文を作り，肯定文（答A）と否定文（答B）で答えなさい。
　　　Mahílig ka ba sa ＿＿＿＿＿＿＿？
　　① matamís（甘いもの）
　　② álak（お酒）

③ kapé
④ bóksing（ボクシング）
⑤ karné（肉）

コラム 9　ハロハロ

　ハロハロ（halo-halo）の意味は，もともと「いろいろなものが混合した」という形容詞や「混合物」という名詞である（☞写真 16）。
　フィリピンの代表的なデザートで，日本のかき氷がその始まりとも言われている。あずき，ガルバンソ（ヒヨコマメ）などの甘煮，カオン（サトウヤシ：kaong），マカプノ（ココナッツの一種で分厚く，やわらかい食感），ジャックフルーツ（フィリピンでは langka［ランカ］と呼ばれる），バナナなどのシロップ漬け，ナタ・デ・ココ，サゴ（サゴヤシからつくられた球状の具で，各種デザートに使用される），ウベ（紫イモ）あん，ゼリーなどの具に砂糖，ミルクを混ぜる。当然ながらそれらの中には細かく砕いた氷が高く，細長い容器（グラス）に必ず入っているが，ときに上のほうにアイス・クリームがのっていることもある。ただ，これらの具については，一度にすべてのものが入っているわけではない。レストランなどで注文して食べる場合には，たいてい中身は決まっていることが多いが，フードコートなどでは，好みの具だけを選択して作ってもらうこともできる。
　食べ方は，上から順番に少しずつスプーンで取りながらではなく，最初に十分かき混ぜてからというのがフィリピン人の間で一般的に見られる方法である。この辺は，われわれが夏に食べるかき氷と違うところかもしれない。いずれにせよ，一年中暑いフィリピンにおいては，疲れた体をリフレッシュさせてくれるデザートであることにかわりはあるまい。
　なお，ハロハロは，店によって多少異なるので，いろんなタイプのものを食べ歩き，自分のお気に入りのものを発見するのも楽しい。　　　　　（大上正直）

10課 トライノーマの方がもっといいなぁ
Mas gusto ko sa TriNoma

Hiroki:	Malayo ba ang UP Shopping Center?
Roberto:	Hindi, malapit lang. Doon mo ba gustong mag-*shopping*?
Hiroki:	Hindi ba tayo doon pupunta?
Roberto:	Puwede rin doon, pero gusto kong pumunta sa *TriNoma*.
Hiroki:	Saan?
Roberto:	Sa TriNoma, malaking *mall* iyon. Isang sakay lang naman mula rito.
Hiroki:	Saan iyon banda?
Roberto:	Sa kanto ng EDSA at North Avenue. Malapit din doon ang SM City North EDSA.
Hiroki:	Alam ko ang SM. Nasa mga *guidebook* kasi.
Roberto:	Okey din doon, pero mas gusto ko sa TriNoma.
Hiroki:	Ano ang kailangan mo doon?
Roberto:	Gusto kong bumili ng sapatos. Luma na kasi ang sapatos ko.

語句

maláyô	遠い
UP Shopping Center	UP学内ショッピングセンター
malápit	近い
gustóng mag-shópping	買い物したい
púpuntá	行く（行焦，未然）(☞ 13.2)
puwéde	できる，大丈夫
TriNoma	トライノーマ（ショッピングモール）
mall	モール

sakáy	乗ること	kasí	〜から（だから）(☞ 6.3)
mulâ	から		
ríto	dito と同じ (☞ 4.1)	doón	あそこ (☞ 4.1)
bandá	辺	mas	もっと，より
kánto	角	mas gustó	もっと好き
EDSA	エドサ通り	kailángan	必要，要る
North Avenue	ノース・アベニュー	sapátos	靴
SM（City）	シューマート	lúmâ	古い
guidebook	ガイドブック		

10.1 「〜が好きだ・欲しい」gusto
（擬似動詞：好み，欲求，願望などの表現②）

意味は本項目に記したとおりであるが，「〜はどう？」という意味で使うこともある。

文型 【Gusto + NG 句（行為者・経験者など）+ NG/ANG 句（対象〈補語・主題〉）】

1) Gusto mo ba ng Coke?   コーラが欲しい？／コーラはどう？
2) Gusto yata niya ito.   彼はこれが欲しいようだ／好きなようだ。

10.2 「〜ができる，〜してもよい」puwede（擬似動詞：可能，許可，蓋然性などの表現①）

擬似動詞の一つで，「できる，可能である，大丈夫，あり得る」（可能・許可・蓋然性など）などの意味をもつ。

文型 【Puwede +（リンカー）+ ANG 句（主題）+ SA 句（方向補語），など】

1) Puwede yata ito.   これは（で）大丈夫だと思う。
2) Puwedeng diyan na lang sa bahay mo.   あなたのうちでいいよ。
3) Magkaibigan na tayo, puwede ba?   私たちはもう友達だ，いいかい？

10.3 「しかし」pero（接続詞）

「しかし」「でも」「だけど」などの意味を表す。ほかにも ngunit, subalit などがあるが，会話での使用頻度は圧倒的に pero が高い。

1) Pero hindi lang iyon.　　　　　だけどそれだけではないよ。
2) Pero bago pa ito.　　　　　　　でもこれ，まだ新しいんだけど。

10.4 「AはBより～だ」（形容詞比較級）

「～は～と比較してより～だ」という比較の構文。スペイン語からの借用語である mas（より～だ）を用いて表す。この構文は 19 課の会話文にたくさん見られるので，そちらも参照しよう。

文型　【Mas ＋形容詞＋ ANG 句（主題）kaysa ＋ SA 句（比較の対象)】

1) Mas malayo ang bahay ko kaysa sa bahay niya.
　　　　　　　　　　　　　　　　私のうちは彼のうちより遠い。
2) Mas guwapo ka yata kaysa sa kanya.　　君は彼よりハンサムだと思う。
3) Mas maganda ito kaysa riyan.　　　　この方がそれより綺麗だ。

　※一方，本文の「私は～がより好きだ・いい・欲しい」という場合は，以下のような文型になる。

文型　【Mas ＋ gusto ＋ NG 句＋（リンカー＋動詞不定相）＋ NG/ANG/SA 句，など】

本文の会話では，TriNoma という「場所」「方向」がよりいいと主張しているので，SA 句が出現している。

1) Mas gusto ko na ito.　　　　　私はもうこっちの方がいいな。
2) Mas gusto ni Rudy na tumira sa Maynila.
　　　　　　　　　　　　　　　ルディーはむしろマニラに住みたがっている。

10.5 「〜が必要だ」kailangan（擬似動詞：必要性など）

Kailangan は，擬似動詞の1つである。

文型 【Kailangan + NG 句（行為者・経験者など）+ NG/ANG 句（対象〈補語・主題〉），など】

Kailangan nila ng tubig. 彼らは水が必要だ。
Kailangan ko ng pera. 僕はお金が必要だ。

⑰　トライノーマ（SM North Edsa 店のすぐそば）

⑱　バナウェ（北部ルソン）の棚田（世界文化遺産）

練 習 問 題

1．擬似動詞 Gusto を用いて次の文をフィリピン語に訳しなさい。
   ① お母さんは買い物がしたいんだ。
   ② ロベルトは新しい靴が欲しいんだ。
   ③ コーヒーはどう（欲しい）？
   ④ 彼はパソコンを買いたいんだ。
   ⑤ 私はバナウェの棚田（Banaue Rice Terraces）に行きたい。

2．次の文を日本語に訳しなさい。
   ① Marami pang pagkain, pero busog na ako.
   ② Gusto niya ng bagong kompyuter, pero wala siyang pera.
   ③ Masarap ang pagkain dito, pero medyo mahal.
   ④ May pera ako, pero kaunti lang.
   ⑤ Mahirap ang Filipino, pero gusto ko ito.

3．a．例にならって名詞 A と名詞 B を比較する文を作りなさい。
   例：malaki　Luzon　Mindanao
   　　Mas malaki ang Luzon kaysa sa Mindanao.

	形容詞	名詞 A	名詞 B
①	mahaba（長い）	Ilog Cagayan	Ilog Pasig
②	matanda（年上の）	Fe	Lita
③	mababa	Bundok Taal	Bundok Mayon
④	masipag（勤勉な）	siya	ako（SA 形を使って）
⑤	malayo	Davao	Cebu

b．上記 a．の各形容詞の反意語を用いて比較文を作りなさい。
　（※ A と B を逆にする）
　例：malaki → maliit
　　　Mas maliit ang <u>Mindanao</u> kaysa sa <u>Luzon</u>.
   ① mahaba →
   ② matanda → 　bata（若い）
   ③ mababa →

④ masipag → tamad（怠惰な）
⑤ malayo →

4．意味に合うように「～が必要だ」という文を作りなさい。
① （私は）飲み物が必要だ。
② ロベルトは腕時計が必要だ。
③ 博樹は地図が必要だ。
④ 彼は車が必要だ。
⑤ 私たち（包含形）は運動（exercise）が必要だ。

5．本課の会話の内容に関する以下の設問にフィリピン語で答えなさい。
① Saan gustong pumunta ni Roberto?
② Ano ang TriNoma?
③ Bakit alam ni Hiroki ang SM?
④ Bakit gustong pumunta ni Roberto sa TriNoma?

コラム10 サリサリストア

　Sari-sari store. サリサリとは、フィリピン語で「多種多様の」「雑多の」「いろいろな」という意味。その意味の示すとおり、品数は限られてはいるが、この店では小さなものなら大体何でも売っている。売られている商品としては、パン、米、卵、缶詰、調味料、果物、菓子類、清涼飲料水、酒、氷、シャンプー、石鹸、歯磨き、タバコ、簡単な薬、携帯電話のプリペードカードなどがある。

　街中ではよく見かけるが、住宅街にも意外にたくさん存在する。小さなものなら、わざわざ買出しに行かなくても手に入るので、とくに住宅街に居住している住民には非常に便利が良い。したがって、店の客は、見知らぬ人よりむしろ隣近所の知り合いがほとんどである。常連客（フィリピン語で suki ［スーキ］）になると付け（借金）で買うことも可能であるが、中にはなかなか借金を払わない困った客もいるようである。

　このような小規模の店は、あまり資本がかからないので、ちょっとお金のたまった低所得者層が、家計の足しに始めるのに適当なビジネスともいわれている。

　なお、マニラ等、大都市にはコンビニエンスストアもあるが、日本のようには普及していない。

（大上正直）

19　Sari-sari Store（サリサリストア。雑貨商）

11課 もう着いたの？
Nandito na tayo?

Roberto: Nakasakay ka na ba ng dyip?
Hiroki: Oo, pero lagi akong may kasama.
Roberto: Bakit naman?
Hiroki: Kasi hindi ko alam kung saan dadaan ang dyip.
Roberto: Masasanay ka rin.
Hiroki: Sana nga. Dito ba tayo sasakay?
Roberto: Oo.
(Sasakay sina Roberto at Hiroki sa dyip.)
(Sa drayber) Bayad ho, dalawa, hanggang North EDSA.
Pasahero: Para ho.
Drayber: Sandali lang. Bawal dito e.
(Pagkaabante ng dyip nang kaunti, huminto ito. Bumaba ang pasahero. Bababa na rin sina Roberto at Hiroki.)
Roberto: Sa tabi lang ho.
Hiroki: Nandito na tayo?
Roberto: Oo.
Hiroki: Malapit lang pala talaga.
Roberto: Mabuti't walang trapik.

語句

nakasakáy	乗ったことがある（☞ 18.3）	pasahéro	乗客
dyip	ジープニー	pára	止まって
lágî	いつも	báwal	禁止の
kasáma	連れ，同行者	pagkaabánte	前に進んだあと
bákit	どうして	kauntî	少し
dádaán	通る（行焦，未然）（☞ 13.2）	humintô	止まった（行焦，完了）（☞ 13.2）
masasánay	慣れる（行焦，未然）（☞ 28.1）	bumabâ	降りた（行焦，完了）（☞ 13.2）
sána	〜ならいいな（願望）（☞ 6.3）	bábabâ	降りる（行焦，未然）
sásakáy	乗る（行焦，未然）（☞ 13.2）	siná	〜たち（☞ 3.2）
dráyber	運転手	tabí	端，脇，横，傍
báyad	料金	nandíto	ここにある・いる
hanggáng	〜まで	palá	〜だったんだ（☞ 6.3）
		mabúti't	〜でよかった
		trápik	交通渋滞

11.1　「〜するべからず，〜してはいけない」bawal（禁止）

　原意は「禁止された」という意味である。街中の看板や壁の貼り紙などでよく目にする単語である。動詞を伴えば，英語でいう「No 〜 ing」に相当する。もちろん会話などでも頻繁に使用される。

1) Bawal bumusina.　　　　　　　　クラクション禁止。
2) Bawal tumawid dito.　　　　　　横断禁止。
3) Bawal pumasok dito.　　　　　　立ち入り禁止。
4) Bawal umihi dito.　　　　　　　　立小便禁止。
5) Bawal magtapon ng basura dito.　ゴミ捨て禁止。
6) Bawal manigarilyo.　　　　　　　禁煙。
7) Bawal iyan!　　　　　　　　　　それは禁止・だめだよ！

高頻度コロケーション（連語関係） bawal +【 】+【 】

（1）**bawal** na + gamot 禁止薬物
　　　Gumagamit siya ng mga bawal na gamot.
　　　彼は禁止薬物を使用している。
（2）**bawal** ang +「～は・～することは禁止」
　　　Bawal ang mga lalaki dito.　　　男性禁止。
（3）**bawal**（pumitas/bumusina/manigarilyo）「～することは禁止」
　　　上記1）～7）の例文参照。
　　　Bawal pumitas.　　　　　　　もぎ取り・摘み取り禁止

11.2　「ここにいる」nandito（所在・位置の表現）

　nasa ～は特定の人・ものなどが「～にある・いる」という所在や位置を示す表現である。基本的な文型は【Nasa + 場所 + ANG 句（主題）】。この場合，may（☞7.1）と同様に前接語が文の2番目にくることはない。「ここに・そこに・あそこにある」という場合は, Nandito/Nandiyan/Nandoon のグループか Narito/Nariyan/Naroon のグループの中から対応するものを使って答えればよい。一方，「ここに・そこに・あそこには～ない」という場合は Wala dito/diyan/doon などで応答すればよい。疑問文は Nasaan という疑問詞からはじまり，基本的な文型は，【Nasaan + ANG 句（主題）など？】となる。

1）Nasaan ang baso?　　　　　　　そのコップはどこにあるの？
　　Nasa mesa iyon.　　　　　　　　机にある。
2）Nasaan si Gary ngayon?　　　　　ガーリーは今どこにいるの？
　　Nasa Baguio yata siya ngayon.　　彼は今バギオにいると思う。
3）Nasaan kaya ang salamin ko?　　　僕のメガネはどこにやったっけ？
　　Nasa akin iyon.　　　　　　　　私のところにある。
4）Nasaan ang aso mo?　　　　　　　君の犬はどこにいるの？
　　Nandito/Nandiyan/Nandoon iyon.　ここに / そこに / あそこにいる。
5）Nasaan sila?　　　　　　　　　　彼らはどこにいるの？
　　Nandoon sila sa Amerika.　　　　アメリカにいるよ。
6）Nasa iyo ba ang bag ko?　　　　　私のカバン，君のところにある？
　　Oo, nandito.　　　　　　　　　　うん，ここにあるよ。
　　Wala rito.　　　　　　　　　　　ここにはない。

Wala sa akin. 私の所にはない。

11.3 「～してよかった」mabuti't（mabuti at）（状況説明文①）

フィリピン語には，このように「～して～だ」という構文が以下1）のmabuti'tや17.1で改めて学習する2）salamat at 以外にも20種類くらいある。

文型 【説明（形容詞，動詞，決まり文句など）+ at +状況】

1) Mabuti't dumating ka. 来てくれてよかった。
2) Salamat at nariyan ka na. 君がそこに来て・いてくれてありがたい。
3) Masuwerte at nakakuha ako ng *visa*. 幸いにもビザが取れた。
4) Magaling at mataba na ang tuta.
   素晴らしいことにその子犬が太った（大きくなった）。

類義表現 上記関連語 + na lang

Mabuti/Buti na lang at maganda ka. 君は美人でいいね。
Masuwerte/Suwerte na lang at hindi talaga umulan kahapon.
昨日は雨が降らなくて幸いだったね。

練　習　問　題

1．次の文がそれぞれ何を禁止しているか答えなさい。
　① Bawal lumangoy dito.
　② Bawal gumamit ng cellphone sa ospital.
　③ Bawal kumuha ng litrato sa museo.
　④ Bawal uminom sa computer lab.
　⑤ Bawal mag-ingay sa aklátan.

2．次の文をNasaanで始まる疑問文にした上で，括弧内の語句を用いて応答文を書きなさい。
　① 先生はどこにいる？（教室）
　② 私の本はここにある？（ない。あそこ）
　③ お母さんはどこにいる？（kusínâ 台所）
　④ 犬は彼らのところにいる？（いない。あなたたちのところ）
　⑤ 辞書はどこにある？（図書館）

3．次の文を日本語に訳しなさい。
　① Mabuti't kasáma kita.
　② Mabuti't gumalíng（体調が良くなった）ka.
　③ Salamat at maganda ang panahón（天気）.
　④ Mabuti't may pera ako.
　⑤ Salamat at walang problema.

4．本課の会話の内容に関する以下の設問にフィリピン語で答えなさい。
　① Bakit laging may kasama si Hiroki kapag sumasakay ng dyip?
　② Ano ang sinasabi kapag bababa na sa dyip?
　③ Sina Roberto at Hiroki lang ba ang mga pasahero sa dyip?

コラム11 ジープニーとトライシクルの乗り方

　フィリピンにはバスやタクシー，ジープニー，トライシクル（バイクにサイドカーがついている乗り物）やペディキャブ（自転車にサイドカーがついた乗り物）など，たくさんの公共交通機関が存在します。その中でも代表的なのが，ジープニーとトライシクルかと思います。

　まずは，ジープニー。様々な行先のジープニーがあって，フィリピンの道には必ずと言っていいほどジープニーが走っています。どこで乗ってもいいし，どこで降りてもかまわない安くて便利な乗り物です。ジープニーの車体やフロントガラスに行先が記載されているので，行先を間違えないように気を付けて！乗りたいときにはやって来るジープニーに手をあげたりして運転手さんに気付いてもらいましょう！きっと止まってくれるはず！ジープニーの運転手さんはお勘定から，運転，乗客の乗り降ろしまで全部1人でやってしまいます。でもお金の受け渡しは乗客の手渡しで。あなたも体験してみては？

　次はトライシクル。トライシクルは基本的に決められた地域内を走っていて，あえて言うなら，バイク版タクシーです。こちらは色んなタイプがあります。1人からでも乗せてくれるトライシクル（空席分の負担をすることも…）。定員になるまで発進しないトライシクル。定額のトライシクル。距離毎に値段の変わるトライシクル。本当にたくさんの種類があります。乗る前に運転手さんと料金についての確認をしてから乗り込みましょう。

　運転手さんとのやりとりは楽しい時もあれば，大変な時もあります。しかしながら，1つ確実に言えることはフィリピン語をひと言でも話せると，フィリピンの人々との距離はぐっと縮まります。フィリピンの人は外国人がフィリピン語を使うとすごく喜んでくれます。躊躇せずにまずはひとこと話してみましょう！！！！！！

〈ジープニーであなたが使うフレーズ〉

Magkano ho hanggang sa～？	～までいくらですか？
Bayad ho.	運賃です。
Pakiabot.	お金を運転手さんに渡してください。
Para ho.	止めてください。

〈運転手さんが聞いてくることがあるフレーズ〉

Ilan?	何人？
Saan bababa?	どこで降りる？
Saan sumakay?	どこから乗った？

（武副万智）

20 Jeepney
（ジープニー：フィリピン庶民の足）

21 Tricycle
（トライシクル：サイドカーつき3輪車。庶民の足）

12課 このモールは大きいなぁ
Ang laki pala nitong mall

Hiroki: *Wow!* Ang laki pala nitong mall.
Roberto: Oo, pero dapat pumunta ka rin sa Mall of Asia. Iyon ang pinakamalaking mall dito sa Pilipinas.
Hiroki: Saan iyon?
Roberto: Malayo iyon dito, pero medyo malapit naman sa *airport*.
Hiroki: Gusto kong pumunta roon kapag walang pasok.
Roberto: Siyanga pala, may kailangan ka ba?
Hiroki: Gusto kong bumili ng *cellphone*.
Roberto: Oo nga, dapat may cellphone ka.
Hiroki: Pero pumunta muna tayo sa tindahan ng sapatos. Mamaya na lang ako titingin sa mga cellphone.

(Sa tindahan ng sapatos)

Roberto: *Excuse me.* May *size 8*（*eight*）o *8½*（*eight and a half*）ba kayo nito?
Tindero: Sandali lang po, titingnan ko. Eto po ang size 8.
Roberto: Medyo maliit. Pasubok ng 8 ½. Tama lang ito.
Tindero: Kukunin 'nyo po?
Roberto: Oo.
Tindero: *Cash* po ba?
Roberto: Oo.

語句

ang lakí	とても大きい	tindáhan	店，売り場
dápat	〜方がいい，〜するべき	títingín	見る（行焦，未然）（☞ 13.2）
pumuntá	行く（行焦，不定）		
pinakamalakí	一番大きい	títingnán	見る（方焦，未然）（☞ 21.3）
Pilípinas	フィリピン		
airport	空港	éto	こちら
kapág	〜のとき	pasúbok	試させて
waláng pások	〜授業がない	támâ	ちょうどいい，合っている
siyangá palá	ところで		
cellphone	携帯電話	kukúnin	買う，取る（対焦，未然）
oo ngâ	確かにそうだ		
múna	先に，まず，一旦（☞ 6.3）	*cash*	現金

12.1 「なんと大きいんだろう！」 Ang laki!（感嘆文）

何かに感動したときの「なんと〜だ」という表現である。口語では，通常【ANG + 形容詞の語根】が用いられる。

文型　【ANG/Kay + 形容詞の語根 + NG 句など】

1) Ang sarap ng keyk na 'to, a!　　このケーキはなんとおいしいんだろう！
2) Ang ganda ni Melody!　　メロディーはなんと美人なんだろう！
3) Ang kyut niya!　　彼女はなんと可愛いんだろう！

12.2 「〜べきである」 dapat
（擬似動詞：適正・義務など）

Dapat「〜であるべきである，〜すべきである」

文型　【Dapat ＋（リンカー）＋動詞・形容詞・名詞など＋ ANG 句（主題）】
　　　 Dapat siyang lider ng grupo.　　　　　彼はグループのリーダーであるべきだ。

12.3　「最も・一番〜だ」（形容詞の最上級）

「最も〜である」という最上級は，接頭辞の pinaka- を形容詞にそのまま付けて表す。

1) Pinakabata siya sa barkada.　　　　　　彼女は仲間たちの中で最も若い。
2) Pinakamatalino siya sa klase niya.　　　彼はクラスで最も聡明だ。
3) Sino sa tatlo ang pinakamatanda?　　　3 人の中で誰が最も年上なの？
4) Si Jimmy（ang pinakamatanda sa tatlo）.　ジミーです。
5) Alin diyan ang pinakamasarap?　　　　その中でも一番おいしいのはどれなの？
6) Ito（ang pinakamasarap）.　　　　　　これだよ。

12.4　「ほらここに」Eto
　　　　（間投詞：注意喚起，呼びかけなど）

heto の異形。注意喚起しながら，自分の近くにある物や情報を相手に指し示すときなどに用いる。英語の Here!/Here it is!（ほら，ここに）に 近い表現である。Ayan（ほら，そこに）/Ayun（ほら，そこに・あそこに）については 25 課（☞ 25.7）で学習するので，これら 3 つをまとめて覚えておくとよい。

1) Eto/Heto ang tinapay, sa iyo na lang.　　ほら，パンだ。君にやるよ。
2) Eto na!　　　　　　　　　　　　　　はい，これ。／来た，来た！

12.5　「まあまあ，やや，ちょっと」medyo ＋形容詞・動詞（副詞：程度緩和表現）

これは，「少し・やや・時々〜である」という形容詞や動詞の意味を緩和する（弱める）表現である。程度緩和表現には medyo で表す方法以外に 2，3 とおりあるが，ここでは割愛する。

文型　【medyo +形容詞・動詞＋ ANG 句（主題)】
1）　Medyo matigas ang karneng ito.　　この肉は少し硬い。
2）　Medyo malayo ang eskuwelahan.　　その学校は少し遠い。

22　Mall of Asia
（モール・オブ・エイシア：アジア最大級の面積をもつモール）

練 習 問 題

1．次の文を感嘆文"Ang 〜"に書き換えた上で，その意味を書きなさい。
   ① Mahal ang gusto niyang kotse.
   ② Mahigpit ang titser natin.
   ③ Pula ang mukha mo.
   ④ Maraming tao sa Jollibee.
   ⑤ Kaunti ang bata sa palaruan（運動場）.
   ⑥ Mahaba ang pila（列）sa LRT.
   ⑦ Matapang siya.
   ⑧ Masakit ang ulo ko.
   ⑨ Malamig sa loob ng sinehan.
   ⑩ Maingay ang mga estudyante.

2．次の文・句を日本語に訳しなさい。
   ① Dapat mag-áral（勉強する）nang mabuti.
   ② Dapat kumain ng gúlay（野菜）.
   ③ Dapat magsábi（言う）ng totoó（本当のこと）.
   ④ Dapat matúlog（寝る）nang maága（早く）.
   ⑤ Dapat magbáyad（払う）ng buwís（税金）.
   ⑥ Hindi dapat mag-ingay sa aklatan.
   ⑦ Hindi dapat lumangoy sa malálim（深いところ）.
   ⑧ Hindi dapat magreklámo（文句を言う）.
   ⑨ Hindi dapat maniwálâ（信じる）sa tsísmis（噂）.
   ⑩ Hindi dapat bumili ng pirated CD（海賊版CD）.

3．例にならって最上級 PINAKA-の形容詞と名詞をつなげた上で，疑問文とその応答文を書きなさい。
   例：大きい　　モール　　フィリピン
   　　問：Ano ang pinakamalaking mall sa Pilipinas?
   　　答：Ang Mall of Asia ang pinakamalaking mall sa Pilipinas.
   ① 高い　　　　山（bundók）　　　　世界中（buóng mundó）
   ② 長い　　　　川　　　　　　　　　日本

③　金持ち　　　　　　人　　　　　　　　　　世界中
④　速い　　　　　　　電車（tren）　　　　　日本
⑤　多い　　　　　　　血液型（*blood type*）　フィリピン

4．次の文をフィリピン語に訳しなさい。
　①　ちょっと頭が痛い。
　②　少しお腹が空いた。
　③　これは少し（値段が）高いな。
　④　試験は少し難しい。
　⑤　私の父はちょっと厳しい。
　⑥　明日は，仕事が少し早い。
　⑦　髪がまだ少し濡れている。
　⑧　ここは少し寒い。
　⑨　その映画は少し悲しい。
　⑩　辛いもの（maangháng）はまあまあ好き。

5．本課の会話の内容に関する以下の設問にフィリピン語で答えなさい。
　①　Ano ang Mall of Asia?
　②　Nagpunta ba sina Hiroki at Roberto sa Mall of Asia?
　③　Ano ang kailangan ni Hiroki sa mall?
　④　Ano ang size ng sapatos na kinuha ni Roberto?

コラム12 テキスト・メッセージ①－よく使う事例－

　フィリピン語を学習している外国人にとってフィリピン人流の携帯メール（テキスト・メッセージ）の書き方は理解しづらい。省略が多かったり，単語を同じ発音のより短い単語に置き換えたりもする。このようなテキスト・メッセージの書き方は，以前1通のメッセージに160字しか入力できないことが原因で始まった。160字以上のメッセージを送りたい場合はメッセージを2回に分けて送信する必要があり，もちろん料金も2倍になったからである。それで，節約するために，長いフィリピン語のかわりに英語の単語を使ったり，さらにそれを省略したりするようになった。

　下記はテキスト・メッセージの形によくでてくる挨拶や日常会話の例である。

1. gud am ── おはよう
（英語のGoodをGudに短くして，a.m.（「午前」の意味）をmorningの代わりに使う）
2. gud pm ── こんにちは / こんばんは
（上記と同じく，nightをpm（午後）に置き換えた）
3. gudnyt ── おやすみ　　　　　（nightの「アイ」という音をyで表す）
4. musta na ── 元気?　　（kumusta/kamusta ka naを短くしたもの）
5. san ka punta ── どこ行くの?　　（saan ka pupuntaを短くしたもの）
6. slmat / tnx ── ありがとう　　（salamat / thanksを短くしたもの）
7. sori l8 aq ── 遅刻してごめん
（sorry late ako.「エイト」の音を数字の8で表す。koはqに置き換える）
8. pde b mkpgtxt sau? ── あなたとテキスト・メッセージのやりとりをしてもいい?
（pwede ba makipagtext sa`yo."yo"を"u"に置き換え，発音は「ユー」である）

　省略する際，よく省略されるのは母音である。母音ははずしても通じるからである。ただしnaminやnamanのように，後ろの音節の母音を取ってしまうとどちらの意味だかわからなくなってしまう単語もあるので，基本的には最初の母音だけを省略する。

テキスト・メッセージの書き方には決まったルールがないので，自分流のテキスト・メッセージを作ることもできる。大事なことは，テキスト・メッセージの内容が相手に伝わるかどうかである。このようなテキスト・メッセージの影響が，子どもの読み書きに悪影響を及ぼすという人も多いが，テキスト・メッセージがフィリピンの文化の一部であることは否定できないだろう。

（Paul Santiago）

23　SM North（フィリピン各地に店舗を展開するSMのNorth Edsa店）

13課 電話とテキストさえできればいいんですが

Basta puwedeng tumawag at mag-text

(Sa tindahan ng cellphone)

Tindera: Ano po ang hinahanap nila?

Hiroki: Gusto ko 'yung simple lang. Kahit walang kamera, basta puwedeng tumawag at mag-text.

Roberto: May brand ka bang gusto?

Hiroki: Wala naman, pero sabi nila, pinakakilala dito ang Nokia.

Roberto: Dati, halos puro Nokia lang. Pero ngayon, marami na rin ang gumagamit ng iPhone, Blackberry at iba pa.

Hiroki: Ako, kahit ano, pero huwag 'yung mahal, kasi isang taon lang naman ako rito.

Tindera: Dito po, mga simple at mura lang. Tingnan 'nyo po ito.

Hiroki: Sige, okey na ito.

Tindera: May SIM card na po ba kayo?

Hiroki: Hindi ba iyon kasama sa cellphone?

Tindera: Hindi po, para puwede kayong pumili kung anong phone company ang gusto ninyo.

Hiroki: Mayroon din ba kayong SIM card?

Tindera: Mayroon po, pati pang-load po na card.

Hiroki: Dito na rin ako bibili pati ng pang-load para puwede ko nang gamitin agad.

語句

hinahánap	探している（対焦，未完）	púro	ばかり
símple	簡単，単純	gumagámit	使っている（行焦，未完）
káhit	～ても，～でも	at iba pá	～など
kámerá	カメラ	huwág	～はダメ
bastá	とにかく	mahál	高い
tumáwag	電話する（行焦，不定）	múra	安い
		síge	うん，わかった
mag-téxt	携帯メールをする（行焦，不定）	*SIM card*	SIMカード
		kasáma	付いている
brand	メーカー	pumílî	選ぶ（行焦，不定）
sábi nilá	聞いたところでは	patí	も
pinakakilalá	一番有名	pang-*load*	ロード用
dáti	前，以前	bíbilí	買う（行焦，未然）
hálos	ほとんど	agád	すぐ

13.1　フィリピン語の動詞の特徴

（1）相（アスペクト）

　フィリピン語の動詞は，「時制」ではなく，動作や状態が「未開始」（不定相または未然相）か「既開始」（完了相または未完了相・継続相）かといういわゆる「相」の概念を持つ。相は，動詞を活用させることによって表す。一方，いわゆる「過去」「現在」「未来」という「時制」の概念は，「昨日」「今」「来月」といった時を表す副詞などを補っていくことによって表す。このことは，行為者焦点を示す-UM-動詞やMAG-動詞に限らず，行為者焦点以外の動詞も同様である。

①　不定相：中立相とも呼ばれ，活用しない基本的な形。
　1）Gusto kong kumain ng saging.　　私はバナナが食べたい。
　2）Mag-aral tayo ng Filipino.　　　　フィリピン語を勉強しよう。

② 完了相：行為がすでに開始され，完了しているもの。
　1）Kumain ako ng saging kahapon.　　　私は昨日バナナを食べた。
　2）Nag-aral ako ng Filipino sa Maynila.　私はマニラでフィリピン語を勉強した。

③ 未完了相：行為がすでに開始されているが，まだ完了していないもの（継続的・習慣的行為）。
　1）Kumakain ako ng saging ngayon.　　　私は今バナナを食べている。
　2）Kumakain ako ng saging araw-araw.　　私は毎日バナナを食べる。
　3）Nag-aaral ako ng Filipino ngayon.　　　私は今フィリピン語を勉強している。
　4）Nag-aaral ako ng Filipino tuwing Linggo.
　　　　　　　　　　　　　　　　　　私は毎週日曜日にフィリピン語を勉強している。

④ 未然相：行為がまだ開始されていないが，予期されるもの。
　1）Kakain ako ng saging bukas.　　　　私は明日バナナを食べる予定だ。
　2）Mag-aaral ako ng Filipino sa Maynila.
　　　　　　　　　　　　　　　　　　私はマニラでフィリピン語を勉強する予定だ。

(2) 焦点（Focus）・ヴォイス（態：Voice）

　タガログ語をはじめとしてフィリピンタイプの諸語（含む台湾の少数民族の諸言語など）は，述部の動詞につく接辞に，焦点接辞があることで注目されており，しかもこれらの接辞は，非常に多様な変化をみせる。これらの現象は焦点（Focus）ともヴォイス（態：Voice）とも呼ばれる。以下の例文1）のように，意味的に見て「行為者」を表す名詞句が話題になれば，その部分が主格（主題）になり，ANG句で表されると同時に，述部にくる動詞にもいわゆる「行為者焦点」の接辞が付加される。また，例文2）のように，行為の「対象」が話題になる場合には，その名詞句が優位性を持ち，主格（ANG句）をとり，「行為者」は（主格ではなく）属格（NG句）で標示され，動詞にも-INやI-といった「対象焦点」の接辞が付加される。焦点となる名詞句には，これ以外にも「方向」，「場所」，「受益者」，「手段・道具」，「原因・理由」，「話題」などがある（以下，紙面の都合上，行為者焦点＝行焦，行為者補語＝行補，行為者＝行，対象焦点＝対焦，対象補語＝対補，対象＝対，方向焦点＝方焦，方向補語＝方補，方向＝方と略す）。

1) Nag-aaral siya sa Maynila.
　　行焦＋勉強する　　主格(主題)＋彼　斜格(方補)＋マニラ
　　彼はマニラで勉強している。
2) Ibinigay ko sa kanya ang kotse.
　　対焦＋与える　属格(行補)＋私　斜格(方補)＋彼　主格(主題：対)＋車
　　私はその車を彼にあげた。
3) Naglalaba pa ako noon.
　　行焦＋洗濯をする　　小辞＋まだ　主格(主題：行)＋私　そのとき
　　そのとき私はまだ洗濯をしていた。
4) Naglalaba ako ngayon.
　　行焦＋洗濯をする　　主格(主題：行)＋私　今
　　私は今洗濯をしているところだ。

　3）の例文は，英語などではいわゆる「過去進行形」で，be動詞も過去形を使うが，フィリピン語の場合は，時制は過去でも行為が継続しているので，完了相ではなく未完了相の動詞を用いなければならない。

(3) ムード (mood)

　通常の中立的な動作であるか話者が言表態度を示して，「可能」「状況」「参加」「使役」「相互行為」などを表すもの。

13.2　-UM-動詞（行為者焦点）

(1) 一般的特徴

　MAG-動詞（☞14.1）と並んで代表的な行為者焦点動詞。構文的に行為者や行為自体に重きが置かれている場合，行為者を表す名詞句に焦点が当たり，その句が主題となり，動詞も自動的に行為者焦点動詞をとる。

> **文型** 【-UM-動詞 + ANG 句（主題：行為者）+ NG 句（対象補語）+ SA 句（方向補語），など】

(2) 活用の仕方

活用の仕方は，以下のとおりである。この動詞のタイプだけは，不定相と完了相の形がまったく同じである。ただ，未然相では-UM-をとらないので注意しよう。他の-UM-動詞の活用例は，巻末付録2「基本動詞活用表」を参照しよう。

① 語根が子音で始まる場合

語根	不定相	完了相	未完了相	未然相	意味
balík	bumalík	bumalík	bumábalík	bábalík	戻る

1) 不定相および完了相
   最初の子音 + -UM- + 最初の母音 + 語根の残り
2) 未完了相
   最初の子音 + -UM- + 最初の母音 + 語根
3) 未然相
   最初の子音と母音 + 語根

② 語根が母音文字で始まる場合

語根	不定相	完了相	未完了相	未然相	意味
inóm	uminóm	uminóm	umíinóm	íinóm	飲む

1) 不定相および完了相
   接辞-UM- + 語根
2) 未完了相
   接辞-UM- + 語根の最初の母音文字 + 語根
3) 未然相
   最初の母音文字 + 語根

母音文字で始まる語根の場合には，表記上（見かけ上）は，UM が接頭辞のように見えるが，2課で学習したとおり，音韻的には，語頭に子音である声門閉鎖音（ʔ）があるため，実際には，inom の場合も，balik のように子音で始まる語根の場合と同様，最初の子音（ʔ）と母音（i）の間に挿入された接中辞 -UM- ということになる。ただし，本書ではよりわかりやすく解説するために，inom など母音文字で始まる語根についても，「最初の子音」とせず，便宜的に「最初の母音文字」と記した。

（3）発音上の注意

① 語根の最初の母音が短母音の場合

　以下のように未完了相と未然相の場合は，語根の最初の子音と母音を繰り返すが，その繰り返した音節の母音は，たとえば，以下の balik の a のように，もともと短母音でも長母音となる。外国人学習者にとってはなかなか習得できない点であるので，日頃から十分に気を配るようにしたい。ちなみに，不定相や完了相のように語根の最初の子音と母音の繰り返しが不要な場合には，長母音に変化することはないので，そのまま発音すればよい。

	子音で始まる語根	母音文字で始まる語根
語　　根	balík［balik］	alís［ʔalis］
意　　味	戻る	出発する，立ち去る
不 定 相	bumalík［bumalik］	umalís［ʔumalis］
完 了 相	bumalík［bumalik］	umalís［ʔumalis］
未完了相	bumábalík［buma:balik］ （×）［bumabalik］	umáalís［ʔuma:ʔalis］ （×）［ʔumaʔalis］
未 然 相	bábalík［ba:balik］ （×）［babalik］	áalís［ʔa:ʔalis］ （×）［ʔaʔalis］

② 語根の最初の母音が長母音の場合

〈子音で始まる語根〉

　kain［ka:in］のように語根に長母音のある場合も，本来なら上記①と同じように未完了相と未然相では，語根の最初の子音と母音を繰り返した音節の母音

は，［kuma:ka:in］［ka:ka:in］のように長母音となるはずであるが，長母音が連続し，発音しにくいためか，最近のフィリピン語話者の多くは伸ばさずに［kumaka:in］［kaka:in］とだけ発音する傾向があるので，それに従えばいいであろう。

〈母音文字で始まる語根〉

この場合も上記子音の例と同じように，未完了相と未然相の場合は，語根の最初の子音と母音を繰り返した音節の母音は，［ʔi:ʔi:kot］のように長母音となるはずであるが，伸ばさずに［ʔiʔi:kot］と発音すればよいであろう。

	子音で始まる語根	母音文字で始まる語根
語　　根	káin［ka:in］	íkot［ʔi:kot］
意　　味	食べる	回る
不 定 相	kumáin［kuma:in］	umíkot［ʔumi:kot］
完 了 相	kumáin［kuma:in］	umíkot［ʔumi:kot］
未完了相	kumakáin［kumaka:in］ (△)［kuma:ka:in］	umiíkot［ʔumiʔi:kot］ (△)［ʔumi:ʔi:kot］
未 然 相	kakáin［kaka:in］ (△)［ka:ka:in］	未然相：iíkot［ʔiʔi:kot］ (△)［ʔi:ʔi:kot］

（4）語根の意味的特徴

① 自然現象
　　1）Uulan yata bukas.　　　　　　　　明日は雨が降ると思う。
　　2）Bumagyo raw doon.　　　　　　　　あそこは台風だったそうだ。
② 形容詞の語根
　　1）Lumaki na ang tiyan ni Jina.　　　ジーナのお腹は大きくなった。
　　2）Gumanda si Fely.　　　　　　　　　フェリーは美人になった。
③ 場所・位置の移動
　　1）Umuwi sa probinsya si Gary.　　　ガリーは田舎に帰った。
　　2）Lilipat ako ng bahay sa Linggo.　私は今度の日曜日に引越しだ。
④ 受け取ったりして行為の対象が行為者に近づくことを示す
　　1）Humiram ako ng libro kay Belinda.　私はベリンダから本を借りた。

2) Bumili ako ng gatas sa palengke.　　　私は市場で牛乳を買った。

13.3 「～できる，～してもよい」puwede
（擬似動詞：可能，許可，蓋然性などの表現②）

puwede については，10.2 でも学習したが，本課では動詞を伴う構文を扱う。「可能」は「状況可能」「能力可能」に大別されるが（☞ 18.3），puwede の場合は，どちらかというと「状況可能」としての用法が一般的である。「能力可能」は kaya などの擬似動詞や MAKA-動詞（☞ 18.3）や MA-動詞（☞ 27.1）などを用いる方が自然である。

文型　【擬似動詞 puwede ＋リンカー ＋動詞不定相＋ ANG 句（主題）】
1) Puwede ka bang pumarito ngayon sa opisina ko?
　　今私のオフィスに来ることはできる？（状況可能）
2) Puwede bang kumain muna tayo?
　　先に食事することはできる・食事してもいい？（状況可能，許可）
3) Puwede ka namang sumama sa akin.
　　僕についてきてもいいよ。（状況可能，許可）
4) Hindi puwedeng wala.
　　ないということはありえない。（状況可能，蓋然性）
5) Puwedeng mangyari iyon sa loob ng sampung taon.
　　それは，10 年以内に起こりうる。（状況可能，蓋然性）

13.4 「何でも，何が～しても」kahit ano（不定表現）

Kahit は，「譲歩」を表す接続詞。「だけれども，でも，ても，さえ」などの意味を持つ。saan, kailan, paano などの疑問詞が共起し，以下のようになる。
1) Kahit ano ang mangyari, hindi ako papayag.
　　　　　　　　　　　　　どうなろうと，私は許可しない。
2) Puwede ako kahit saan.　　　僕はどこでもいいよ。
3) Huwag ka nang lalapit sa nobya ko kahit kailan.
　　いかなる時も，俺の恋人にはもう近づかないでくれ。

13.5 「〜してはいけない，〜はだめだ」huwag
（禁止・否定命令の表現）

「〜するな」という場合，禁止・否定命令を表す huwag を使う。構文的には，本文のように名詞や小辞などがすぐ後にくる場合もあるが，概して 2 人称の単数・複数の人称代名詞（ka/kayo, mo/ninyo）や 1 人称の複数（tayo/natin）がくることが多い。

文型　【Huwag + 2人称代名詞など+リンカー + 動詞，など】
1) Huwag kang mag-alala.　　　　　心配するな。
2) Huwag tayong mag-panic.　　　　パニックにならないようにしよう。

動詞を伴う構文の場合，通常は，【Huwag + kang/kayong + 動詞不定相】の形である。ただ，時に，相手が近い将来に取りそうな行動を制止する場合などには，不定相ではなく，むしろ未然相を使うことが多い。
1) Huwag kang gagalaw.　　　　　　動くな。
2) Huwag kang magagalit sa akin, ha?　怒らないでよ。

また，意味を強めて「絶対に〜するな」という場合は，以下のように繰り返せばよい。
　　Huwag na huwag kang magsasalita.　　絶対にしゃべるなよ。

練習問題

1. 各語根を用いて-UM-動詞の活用表を完成させなさい。

	語　根	不定・完了	未完了	未　然
①	táwag（電話する）			
②	gámit（使う）			
③	píli（選ぶ）			
④	bilí（買う）			
⑤	akyát（登る）			
⑥	hirám（借りる）			
⑦	kantá（歌う）			
⑧	sayáw（踊る）			
⑨	gawâ（作る）			
⑩	uwî（帰る）			

2. 擬似動詞 Puwede を用いて次の文をフィリピン語に訳しなさい。
   ① ここで飲んでもいいですか？
   ② あなたにパーティーで歌って（もらって）もいい？
   ③ ここに座ってはいけないよ。
   ④ 富士山は夏（tag-inít）に登ることができる。
   ⑤ 学生たちは図書館で本を借りることができる。

3. 次の単語を用いて Kahit ～，basta ～で始まる句を作り，その意味を書きなさい。
   ① saán　　tahímik（静かな）
   ② mahál　malínis
   ③ anó　　　masaráp
   ④ lúmâ　　maáyos
   ⑤ pángit　mayáman

4. 否定命令を表す Huwag を用いて次の文をフィリピン語に訳しなさい。
   ① 彼に電話をしないように。

② （私たちは）海賊版 CD を買わないようにしよう。
③ そこで本を借りないように。
④ （私たちは）お酒を飲まないようにしよう。
⑤ フィリピンに帰らないで。

5．次の文を日本語に訳しなさい。
① Umiinom ako ng gatas tuwing umaga.
② Kumakain si Noel ng gulay araw-araw.
③ Tumawag si Nanay kanina.
④ Bumili ako ng pantalon sa mall kahapon.
⑤ Puwede ka bang pumunta sa opisina sa Sabado?

6．本課の会話の内容に関する以下の設問にフィリピン語で答えなさい。
① Ano ang gustong cellphone ni Hiroki?
② Ano-ano ang mga kilalang cellphone sa Pilipinas?
③ Bakit gusto ni Hiroki ng cellphone na mura lang?
④ May SIM card na ba ang cellpone na binibili ni Hiroki? Bakit?

コラム13　フィリピン携帯事情

- フィリピンのメジャーな携帯電話会社はスマート（Smart）とグローブ（Globe）。
- プリペイドが一般的なので旅行者でも携帯を気軽に買うことができる。
- 携帯電話をまず買う場合は通常モールに行き，携帯端末とSIMカードとプリペイドカードを買う。
- 携帯端末は中古と新品があり，価格帯はだいたい1000ペソ〜25000ペソで，機種により異なる。
- プリペイドカードは100ペソ，300ペソ，500ペソの3種類，SIMカードは100ペソ以下で購入可能（モールのLoad Station，コンビニ，サリサリストアで購入可能）。
- 少額もしくは自分の好きな金額だけ購入することも可能。その場合はサリサリストアやモールのLoad stationに行く。

〈携帯電話（新品）を購入するときに役立つ表現〉

Original ba ito?	これは本物ですか？
Ano ang available na kulay?	何色がありますか？
Kumpleto ba ang accessories nito?	この携帯の付属品は全て揃っていますか？
May warranty ba ito?	保証付ですか？
Magkano ito?	これはいくらですか？

〈携帯電話（中古）を購入するときに役立つ表現〉

Saan ito galing?	これはどこから来たものですか？
Gaano katagal ito nagamit ng may-ari?	前の持主はどれくらいこれを使っていましたか？
Bakit ito binenta ng may-ari?	前の持主はなぜこれを売ったのですか？

〈ロードするときに役立つ表現〉

May Smart（Globe）po ba kayo?	スマート（グローブ）はありますか？

Pa-*load* naman po ng 20.　　　20ペソロード，お願いします。

〈プリペイドカードを買うときに役立つ表現〉
May Smart（Globe）prepaid card po ba kayo?
　　　　　　　スマート（グローブ）のプリペイドカードはありますか？

✐（岡本真穂）

24　Sim Card（横2.5センチ，縦1.5センチのサイズ）

14課 テキスト・メッセージの送り方は知ってるよね

Marunong ka namang mag-*text*, di ba?

Roberto:	Ano ang cellphone *number* mo?
Hiroki:	0898-652-1147.
Roberto:	Tatawagan kita ngayon para ma-*save* mo ang number ko, ha?
Hiroki:	O sige.
Roberto:	Marunong ka namang mag-*text*, di ba?
Hiroki:	Oo. Berto, alin ang mas madalas mong gamitin, text o tawag?
Roberto:	Text, ikaw?
Hiroki:	Ako rin, *mail*.
Roberto:	Ano'ng mail?
Hiroki:	Sa Japan, "mail" ang tawag namin sa text.
Roberto:	Ganoon ba? Dito pag sa cellphone, text; sa kompyuter, *email*.

(Pagpapalitan ng text ng dalawa)

(Roberto)	san ka?
(Hiroki)	skul
(Roberto)	gus2 mo nood cne l8r?
(Hiroki)	cge

語句

number	番号	Ganoon bá?	そう？
tátawágan	電話する（方焦，未然）(☞ 21.3)	pag = kapág	〜の場合
		email	電子メール
kitá	私はあなたに	pagpapalítan	交換，やり取り
ma-*save*	保存する（対焦〈可・偶〉，不定）(☞ 27.1)	san = násaán, saán	どこ
		skul = *school*	学校
marúnong	知っている，分かる	gus2 = gustó	欲しい，好きな，〜したい
di bá = hindí bá	よね		
alín	どっち	nood = manoód	観る
madalás	よく，頻繁に	cne = síne	映画
gamítin	使う（対焦，不定）	l8r = láter	あとで
mail	メール	cge = síge	いいよ

（テキスト・メッセージ）

A：sama kau ni grace?
　　Magkasama ba kayo ni Grace?

B：no kc me d8 daw sha. Y?
　　No, kasi may date daw siya. Why?

A：kc d sha sagot sa fon.
　　Kasi hindi siya sumasagot sa phone.

B：shempre d8 e.
　　Siyempre, date, e.

A：w8 4 u @ starbucks?
　　Wait for you at Starbucks?

B：k. b der 10 mins.
　　Okey. Be there in 10 minutes.

（テキスト・メッセージでよく使う略語）

　　d2 = dito　　　　　　am = morning
　　bc = busy（忙しい）　gud am = good morning
　　2 = to, too　　　　　問題：gud pm は？
　　gud = good

14.1　MAG-動詞（行為者焦点）

（1）　一般的特徴

　MAG-動詞は，-UM-動詞（☞ 13.2）と並んで，行為者（動作主）焦点動詞の代表的な動詞。構文的に行為者や行為自体に文の重要性がある場合にこのタイプの動詞を用いる。

> **文型**　【MAG-動詞 + ANG 句（主題：行為者）+ NG 句（対象補語）+ SA 句（方向補語），など】

（2）　活用の仕方

　活用の仕方は，以下のとおりである。他の MAG-動詞の活用例は，巻末付録2「基本動詞活用表」を参照しよう。

① 　語根が子音で始まる場合

語　　根	不定相	完了相	未完了相	未然相	意　　味
bigáy	magbigáy	nagbigáy	nagbíbigáy	magbíbigáy	与える

※ m → n になるのは行為が開始されていることを示す。これは M で始まる動詞の接頭辞に共通に言えることである（☞ 18.3 MAKA-動詞，20.2 MANG-動詞，20.3 M-動詞，25.3 MAGPA-動詞，28.1 MA-動詞，30.3 MA-AN 動詞など）。

1） 不定相
　　　　|接頭辞 MAG-| + |語根|
2） 完了相
　　　　|接頭辞 NAG-| + |語根|
3） 未完了相
　　　　|接頭辞 NAG-| + |最初の子音と母音| + |語根|
4） 未然相
　　　　|接頭辞 MAG-| + |最初の子音と母音| + |語根|

② 語根が母音文字で始まる場合

語　根	不定相	完了相	未完了相	未然相	意　味
áral	mag-áral	nag-áral	nag-aáral	mag-aáral	勉強する

1）不定相
　　接頭辞 MAG- ＋ 語根
2）完了相
　　接頭辞 NAG- ＋ 語根
3）未完了相
　　接頭辞 NAG- ＋ 最初の母音文字 ＋ 語根
4）未然相
　　接頭辞 MAG- ＋ 最初の母音文字 ＋ 語根

（3）発音上の注意

① 語根の最初の母音が短母音の場合

以下のように未完了相と未然相の場合は，語根の最初の子音と母音を繰り返すが，その繰り返した音節の母音は，たとえば，以下の bigay の i のように，もともと短母音でも長母音となる。

	（子音で始まる語根）	（母音文字で始まる語根）
語　根	bigáy ［bigay］	umpisá ［ʔumpisa］
意　味	与える	始まる・始める
不 定 相	magbigáy ［magbigay］	mag-umpisá ［magʔumpisa］
完 了 相	nagbigáy ［nagbigay］	nag-umpisá ［nagʔumpisa］
未完了相	nagbíbigáy ［nagbi:bigay］ （×）［nagbibigay］	nag-úumpisá ［nagʔu:ʔumpisa］ （×）［nagʔuʔumpisa］
	magbíbigáy ［magbi:bigay］ （×）［magbibigay］	mag-úumpisá ［magʔu:ʔumpisa］ （×）［magʔuʔumpisa］

② 語根の最初の母音が長母音の場合
〈子音で始まる語根〉

　lútô［lu:toʔ］のように語根に長母音のある場合も，本来なら上記①と同じように未完了相と未然相では，語根の最初の子音と母音を繰り返した音節の母音は，［lu:lu:toʔ］のように長母音となるはずであるが，最近のフィリピン語話者の多くは伸ばさずに［lulu:toʔ］とだけ発音する傾向があるので，それに従えばいいであろう。

〈母音文字で始まる語根〉

　この場合も lútô［lu:toʔ］の例と同じように，未完了相と未然相の場合は，語根の最初の子音と母音を繰り返した音節の母音は，［ʔa:ʔa:ral］のように長母音となるはずであるが，伸ばさずに［ʔaʔa:ral］と発音すればよい。

	〈子音で始まる語根〉	〈母音文字で始まる語根〉
語　　根	lútô［lu:toʔ］	áral［ʔa:ral］
意　　味	料理する	勉強する
不　定　相	maglútô［maglu:toʔ］	mag-áral［magʔa:ral］
完　了　相	naglútô［naglu:toʔ］	nag-áral［nagʔa:ral］
未完了相	naglulútô［naglulu:toʔ］ （△）［naglu: lu:toʔ］	nag-aáral［nagʔaʔa:ral］ （△）［nagʔa:ʔa:ral］
	maglulútô［maglulu:toʔ］ （△）［maglu: lu:toʔ］	mag-aáral［magʔaʔa:ral］ （△）［magʔa:ʔa:ral］

（4）語根が母音文字で始まったり，英語からの借用語の場合

以下のようにハイフンが必要。

　　mag-aral　勉強する　　　　　　　　mag-shopping　買い物する

(5) 用法

MAG-動詞は，以下のような場合に比較的よく使う。

① 語根の示す行為をする
〈スポーツ〉
Nag-*bowling* kami kanina. 　　私たちはさっきボウリングをした。
〈装身具，食器〉
Nagbarong-Tagalog siya kahapon. 　　彼は昨日バロンタガログを着た。
〈言語〉
Magaling siyang mag-Tagalog. 　　彼はタガログ語が上手だ。
〈乗り物〉
Magtataksi na lang kami. 　　私たちはタクシーで行くことにするよ。
〈飲食〉
Mag-*beer* muna tayo. 　　とりあえずビールでも飲もう。

② 相互行為を示す
1) Nag-usap kami kanina. 　　私たちはさっき話し合った。
2) Magkikita sila sa Linggo. 　　彼らは日曜日に会う予定だ。

③ 相手に授与したりして，行為の対象が行為者から離れて行く行為
Nagbigay ako ng mga damit ko sa kaibigan ko. 　　私は友達に服をあげた。

14.2 「〜ね」「わかった？」ha?
（終助詞：念押し・確認など）

話し手が聞き手に念押し・確認・要求などをするときに使う。
1) Kumain ka nang marami, ha? 　　たくさん食べてね。
2) Diyan ka na, ha? 　　また後でね。

14.3 「～ができる，～する術を知っている」 marunong（基本技能など）

「基本的な技能を身に付けている」という意味で用いる形容詞である。名詞（句）や動詞などを導く。

文型　【Marunong ＋（リンカー）＋動詞など＋ ANG 句（主題）】

1) Marunong mag-Tagalog ang anak niya.
彼の子どもはタガログ語ができる。
2) Marunong ka ba ng Tagalog（Filipino）?
君はタガログ語（フィリピン語）ができるの？
3) Marunong akong lumangoy.　　　僕は泳げる。
   ※ちなみに，「3キロメートル泳げる」という場合は，基本技能ではなく，上級のレベルの「能力」であるので，3）のように疑似動詞 kaya を用いて表現する。
4) Kaya kong lumangoy nang 3 kilometro.　　僕は3キロメートル泳げる。

なお，marunong を使った有名な格言に以下のようなものがある。

Ang di marunong magmahal sa sariling wika ay higit ang amoy sa mabahong isda.
（「自国語を愛する術を知らざる者，悪臭を放つ魚より臭い」―ホセ・リサール）

練 習 問 題

1．各語根を用いて MAG-動詞の活用表を完成させなさい。

	語根	不定	完了	未完了	未然
①	báyad（払う）				
②	súlat（書く）				
③	íngat（注意する）				
④	labá（洗濯する）				
⑤	húgas（洗う）				
⑥	tanóng（質問する）				
⑦	ísip（考える）				
⑧	dasál（祈る）				
⑨	sábi（言う）				
⑩	dalá（運ぶ）				

2．次の文を日本語に訳しなさい。
　① Tatawagan kita mamaya, ha?
　② Mag-email ka sa akin, ha?
　③ Magdala ka ng inumin, ha?
　④ Mag-practice（練習する）tayo bukas, ha?
　⑤ Mag-ingat kayo, ha?

3．Marunong を用いて次の文をフィリピン語に訳しなさい。
　① あなたは英語ができる？
　② ダニロはコンピューターを使うことができる。
　③ 私は料理ができない。
　④ 彼は踊れる。
　⑤ ロベルトのお母さんはピアノができる。

4．本課の会話の内容に関する以下の設問にフィリピン語で答えなさい。
　① Magkaiba ba ang text（sa Pilipinas）at mail（sa Japan）?
　② Gumagamit din ba ng shortcut sa text o mail sa Japan? Magbigay ng mga

halimbawa.

③　Sa palagay mo, bakit gumagamit ng shortcut ang mga nagte-text?

コラム14　テキスト・メッセージ②－実例－

　フィリピン人は、「速い・簡単・安い」を理由に彼ら独自の省略語を造り出しています。テキスト・メッセージの書き方には以下の通りいくつかの特徴があります。

①　文字数削減のために省略文字を使用する（母音を書かない等）
②　母音の交代（o→u, i→e等）
③　一つの単語の中に大文字アルファベットの挿入
④　アルファベットの代わりとして、かつ以下の例（O2）のように繰り返しを示すため数字を使用する
⑤　英語の単語の挿入（若者の間での流行）

以下は、実際にフィリピン人の友人からもらったテキストと通常の文に書き直したものです。

〈テキスト・メッセージ〉

"Sori l8 rPly. O2 nga eh nanay na me. Nd cya grl bby boy cya.
Pakkamusta mu na lan ky Lola jean ha. Pksbi nanganak na me lalake."

〈省略しない文〉

"Sorry late reply. Oo nga eh nanay na ako. Hindi siya girl baby boy siya.
Pakikamusta mo na lang kay Lola jean ha. Pakisabi nanganak na ako lalaki."

〈和訳〉
返事が遅くなってゴメン。そう、私は母親になったの。女の子じゃなくて、男の子。ジーンおばあちゃんによろしく、男の子が生まれたって伝えてください。

　下線部で示した通り、様々な変更が加えられています。
　特に③はなぜ単語の途中で大文字が出てくるのか不思議かもしれませんが、携帯電話でのアルファベットの並び順を見れば納得です。例えば本文"rPly"のrとpは同じボタン上にあり押し回数で変わります。どちらも小文字の場合よりもrを入力後に大文字モードに切り替えてpを入力するほうが押し回数が少なくてすむのでこのような表示になるのです。
　また、本文の冒頭の英語のlate（遅い）は、④の事例です。語頭のlとateと同じ音をもつ数字の8に置き換えて表現されています。（☞ コラム12)
　さらに、⑤は、おそらく若者の間での流行りでakoを英語の1人称代名詞meに置き換えて使っているのです。Akoとmeは文法的には対応しないですが、彼らは全く気にせず使用しているようです。
　実際フィリピン語でテキストを打ってみるとわかりますが、母音や繰り返し音が多いのでこのような省略方法は理にかなっていると感じます。初めてこのようなテキストを受け取ったときは何を言いたいのかわからず驚くかもしれませんが、大事なのは友だちからのテキストを研究して、真似して使ってみることです。打つのが楽なのですぐに適応できるはずです。習うより慣れろですよ！

（中沢彩乃）

25　マニラの小学校6年生（国語の授業）

15課 エドサ通りも水に浸かったらしいよ
Kahit ang EDSA raw binaha

Hiroki:	Grabe 'yung bagyo kahapon, 'no?
Roberto:	*Signal No. 3* (*Number Three*) kasi. Kahit ang EDSA raw binaha.
Hiroki:	Oo nga, nakita ko sa diyaryo. Nag-*brownout* sa dorm.
Roberto:	Talaga?
Hiroki:	Gabi na noon, tapos bigla na lang namatay ang mga ilaw. Nagulat tuloy ako. Panahon ba ng bagyo ngayon?
Roberto:	Oo, mula Hulyo hanggang Oktubre maraming bagyo dahil tag-ulan.
Hiroki:	Ang panahon sa Pilipinas, tag-ulan at tag-araw, di ba?
Roberto:	Oo. Tama ka.
Hiroki:	Alin ang mas maalinsangan?
Roberto:	Mas maalinsangan sa tag-araw. Maalinsangan din minsan sa tag-ulan, lalo na bago umulan o bumagyo.

語句

grábe	ひどい	nakíta	見た（対焦〈可・偶〉, 完了）(☞ 27.1)
bagyó	台風		
kahápon	昨日	diyáryo	新聞
Signal No. 3	警報レベル3	nag-*brównout*	停電になった（行焦, 完了）
raw	〜らしい		
binahâ	水に浸かった（対焦, 完了）(☞ 19.3)	tápos	それから（pagkatapos の縮約形）

biglâ	急な，突然の	tag-ulán	雨季
namatáy	消えた（行焦，完了）	tag-aráw	乾季
ílaw	電気	támâ	正しい，正解
nagúlat	びっくりした（行焦，完了）（☞ 28.1）	maalinsángan	蒸し暑い
		láló na	特に
tulóy	その結果（☞ 6.3）	bágo	〜の前に
panahón	季節，時期，天気，気候	umulán	雨が降る（行焦，不定）
Húlyo	7月	bumagyó	台風が来る（行焦，不定）
Oktúbre	10月		
dáhil	だから		

15.1 「〜の目に遭う，〜される，〜の状態になる」
-IN 動詞（対象焦点）（動作主＝動詞語根型受動文①）
☞ 19.3

15.2 「〜ので，〜だから」dahil
（接続詞：原因・理由など）

　意味は，本項目に記したとおりである。句を伴う場合は，sa の使用が義務的であるが，一方，文が後に続く場合は，sa は用いないのが一般的である。

（1）dahil sa ＋句
　1）Nabasa ako dahil sa malakas na ulan.　私は強い雨で濡れた。
　2）Magulo ang isip ko dahil sa iyo.　私は君のせいで頭が混乱している。

（2）dahil（sa）＋文
　1）Pinatay niya ang ilaw dahil hindi siya makatulog.
　　　　眠れないので，彼は明かりを消した。
　2）Laging bumibili ng tsokolate si Mel dahil paborito niya iyon.
　　　　メルは，好物なので，いつもチョコレートを買う。

15.3 「〜する前に」bago（接続詞）

　bagoを伴う節は，通常（bago＋動詞不定相・完了相）となる傾向がある。以下のように，bagoの節（従属節）は，前置も後置もありうるが，2）の例文のように，後置で，前の節（主節）と同じ主語を指す人称代名詞が出現する場合には，よく省略される。

1）Naghintay siya nang isang oras bago ako dumating.
　　　　　　　　　　　　　　　　　私が到着するまで彼は1時間待った。
2）Dadaan ako diyan bago（ako）umuwi.
　　　　　　　　　　　　　　　　　家に帰る途中にそちらに寄るでしょう。
3）Kumain ako bago naglaba.　　　私は洗濯する前に食事をした。
4）Bago pa dumilim, naghapunan na sila.　暗くなる前に彼らは夕食を済ませた。
5）Yumuko siya bago nagsalita ulit.　彼は再び話す前にお辞儀をした。

26　Quiapo Church（キアポ教会：マニラ下町の代表的な教会）

練習問題

1．接続詞 Dahil を用いて次の文をフィリピン語に訳しなさい。
   ① 台風で今日は学校が休みだ。
   ② 午後は雨が降る（らしい）から，傘を持ってきた。
   ③ 朝ごはんを食べなかったから，お腹が空いている。
   ④ 洪水のため，道にはまだ水がある（浸水している）。
   ⑤ 明日試験（pagsusúlit）があるから私は勉強している。

2．「～は何月？」という疑問文を作り，その答えを下記から選びなさい。
   ① クリスマス（Paskó）
   ② 冬（taglamíg）の始まり
   ③ フィリピンで一番暑いの
   ④ 日本で一番寒いの
   ⑤ あなたの誕生日

Enéro	1月	Abríl	4月	Húlyo	7月	Oktúbre	10月
Pebréro	2月	Máyo	5月	Agósto	8月	Nobyémbre	11月
Márso	3月	Húnyo	6月	Setyémbre	9月	Disyémbre	12月

3．次の文を日本語に訳しなさい。
   ① Kailangang maghugas ng kamay bago kumain.
   ② Naglaba ako bago umulan.
   ③ Mag-isip kang mabuti bago ka sumagot.
   ④ Pumunta siya sa iba't ibang tindahan bago bumili ng kamera.
   ⑤ Nagdarasal ang mga bata bago matulog（寝る）.

4．本課の会話の内容に関する以下の設問にフィリピン語で答えなさい。
   ① Malakas ba ang bagyo kahapon?
   ② Ano-ano ang epekto ng bagyo?
   ③ Pareho ba ang mga buwan ng tag-ulan sa Pilipinas at Japan?

コラム15 「私のフィリピン語学習法」タクシーでの個人レッスン

　みなさんも，フィリピンに行けば必ずタクシーを利用すると思います。実はタクシーって，フィリピン語を練習するにはとっておきな場所なんですよ。フィリピンのタクシーの運転手さんはとても気さくでおしゃべりの人が多い。「うるさいなぁ。しかも何言ってるかわからないよ…」なんて黙っていてはもったいない。積極的に会話してみましょう。また，フィリピン人は「沈黙を嫌う」と言われているので，黙り込んでしまうと悪い印象を与えてしまうかもしれません。何言ってるか分からない時には"Sorry po, hindi ko po maintindihan"（ごめんなさい。わかりません）と言うと，ゆっくり話してくれたり，話題を変えてくれたりします。運転手さんが話し掛けてくれなくても，自分から話し掛ければ，"Wow! Marunong ka palang mag-Tagalog!"（タガログ語〈フィリピン語〉ができるんだね！）と会話を始めてくれます。フィリピン語を勉強している外国人はめずらしいので，例えば"To MRT station, please"ではなく"Sa MRT Station po"（MRTの駅までお願いします）というだけで，とっても好印象になります。その分，ドライバーとのトラブルも少なくなります。

　私はたまに，学校の授業などで分からない単語があった時，タクシーの運転手さんに質問していました。"Kuya, pwede po ba akong magtanong? Ano po ang ibig sabihin ng……? Nag-aaral po ako kasi ng Tagalog, e"（運転手さん。質問してもいいですか？……の意味は何ですか？　フィリピン語を勉強しているんです）などと言えば，喜んで答えてくれます。時には丁寧に例文を挙げてくれたり，赤信号で止まった時にメモに単語と意味を書いてくれる運転手さんさえいます。

　わざわざチューターをつけなくても，マンツーマンの会話レッスンができてしまうなんて経済的だと思いませんか？　ちなみに，私は支払いの際，20パーセント程のチップを渡していました。フィリピン語を練習できたと思えば安いものですし，ドライバーとのトラブルもなくなります。

　みなさんもこの学習法，是非トライしてみてください。フィリピン語に自信がない人でも，知っている単語を並べて話してみましょう。もちろん，その時は笑顔を忘れずに☺　　　　　　　　　　　　　　　　　　　　　（永田梨紗）

27　歴史のあるフィリピン語雑誌 Liwayway（リワイワイ）

15課

16課 カトリーナは知ってる？
Kilala mo ba si Katrina?

Roberto: Hiroki, kilala mo ba si Katrina?

Hiroki: Oo, nagkakilala kami sa klase ni Sir Cruz.

Katrina: May kaibigan akong Haponesa, si Mika Sato. Kilala mo ba siya?

Hiroki: Oo, kaklase ko siya sa Osaka University. Darating siya ngayong buwan dito sa Pilipinas, di ba?

Katrina: Oo. Sa amin siya titira.

Roberto: Kailan siya darating?

Katrina: Sa Sabado. Maghahanda kami nang kaunti pagdating niya.

Roberto: *Welcome party?* Kasama ba kami?

Katrina: Oo. Libre ba kayo sa Linggo?

Hiroki: Anong oras?

Katrina: Mga alas sais ang handaan.

Roberto: Hanggang alas singko y medya ang misa sa amin, kaya hahabol na lang ako. Ite-text kita pag-alis namin sa simbahan.

Hiroki: Ako, libre buong araw. Kailangan ba ninyo ng tulong (sa paghahanda)?

Katrina: Hindi na. Kami na ang bahala.

語句

kilalá	知っている	mga	～頃
nagkákilála	知り合った（行焦，完了）	alas saís	6時
kaibígan	友達	handáan	パーティー，会
kakláse	クラスメート	alas síngko y médya	5時半
dáratíng	来る（行焦，未然）	mísa	ミサ
ngayóng buwán	今月	kayâ	～から，～だから
sa ámin	(☞ 4.1)	hahábol	後から行く（行焦，未然）
títirá	住む（行焦，未然）	ite-téxt	メールする（方焦，完了）
Sábado	土曜日		
magháhandâ	用意する（行焦，未然）	pag-alís	～を出たら
pagdatíng	～が来たら	simbáhan	教会
líbre	空いている	buóng áraw	一日中
Linggó	日曜日	túlong	手伝い，助け
óras	時間	paghahandâ	準備
anóng óras	何時		

16.1 「知っている」kilala（擬似動詞：面識など）

「（人）を知っている」というときの表現である。Alam（☞ 8.3）はこの場合は使えないので注意しよう。

文型　【Kilala + NG句（行為者・経験者など）+ ANG句（主題：対象）】

Kilala mo ba siya?　　　　　　　　彼のこと知ってる？
Kilala ako ni Ben.　　　　　　　　ベンは僕のことを知っている。

16.2 「AとBがお互いに～する」（相互行為動詞）

「会う」「話し合う」「喧嘩する」のように相互行為（AとBがお互いに行う行為）の場合は，MAG-動詞（☞ 14.1）を使う。語根は，接辞がついていないそのままの形の場合もあるが，3）のように派生した-AN（相互行為を表す名詞形成接尾辞）がついている場合もある。

> **文型** 【MAG-動詞 + ANG 句（主題：行為者），など】
> 1）Magkikita kami sa Makati bukas.　　僕ら（2人以上）は明日マカティで会う。
> 2）Nag-usap sila nang matagal.　　彼ら（2人以上）は長い間話し合った。
> 3）Nag-iinuman sila gabi-gabi.
> 　　　　彼ら（2人以上）は毎晩のように一緒に（酒を）飲んでいる。
> ※3人以上の場合は30.1を参照。

16.3 「着いたら，来たら」pagdating （動名詞を使った「時」の表現）

動名詞（☞ 23.1）を用いて，時などを表す副詞句を作ることが可能である。

> **文型** 【動名詞 + NG 句，など】
> 1）Pag-alis ng nanay, umiyak ang anak.　　母親が出かけたとき，子供が泣いた。
> 2）Pag-uwi ko sa bahay, walang tao roon.
> 　　　　家に帰った時，そこには誰もいなかった。
> 3）Pagbaba ko sa bus, sumunod ang mamang iyon.
> 　　　　私がバスを降りると，あの男の人がつけてきた。

16.4 「何時？，何時に？」Anong oras ～ ？ （時刻を問う表現）

会話では，普通スペイン語や英語を使う。「今何時ですか？」と尋ねたい場合は"Anong oras na?"と簡単に言える。答える場合には，1時は ala を数詞の前におくが，それ以外は，alas を使う。また，「～時半」という時は，y medya をつける。それから「～時すぎ」は，時間の前に pasado をつける。さらに，「何時に～する」という場合は，通常，時間の前に sa や nang をつけ副詞句にする。なお，以下のようにタガログ語の序数詞 ika- を用いた表現もあるが，少しフォーマルになる。

ala una	1時	alas diyes	10時
alas dos	2時	alas onse	11時
alas tres	3時	alas dose	12時
alas kuwatro	4時	alas otso y medya	8時半
alas singko	5時	pasado alas onse	11時すぎ
alas sais	6時	ikasiyam ng umaga	午前9時

alas siyete	7時	ikalima ng hapon	午後5時
alas otso	8時	ikasampu ng gabi	午後10時
alas nuwebe	9時		

16.5　「だから〜，したがって〜」kaya
（接続詞：結果など）

接続詞の一つで，「結果」などを表す。小辞の kayâ や「能力」を表す擬似動詞の káya と混同しないように注意したい。

1) Masakit daw ang ulo niya, kaya pumunta siya sa *clinic*.
　　彼は頭が痛いということで，診療所に行った。
2) Napakayabang nila, kaya ganyan sila.
　　彼らは大変高慢な人たちなので，そういうふうなんだ。
3) Nag-iisa lang ako sa bahay namin, kaya tumawag ako sa iyo.
　　私は家にたった一人なので，あなたに電話したの。
4) Gabing-gabi na, kaya umuwi ako kaagad.
　　もう夜遅かったので，すぐに家に帰った。

※ kaya に導かれる文に ANG 形と NG 形の人称代名詞がある場合には，上記の例文をそれぞれ以下のように書き換えても適格文である。

1') Masakit daw ang ulo niya, kaya siya pumunta sa *clinic*.
2') Napakayabang nila, kaya sila ganyan.
3') Nag-iisa lang ako sa bahay namin, kaya ako tumawag sa iyo.
4') Gabing-gabi na, kaya ako umuwi kaagad.

類義表現

1) sa gayon　　　そういうことで，そのようにして
　　Sa gayon, umangat ang buhay ng mga magsasaka.
　　　　　　　そのように農民の生活は向上した。
2) samakatwid　　したがって，よって
　　Samakatwid, hindi siya talaga tumakas.
　　　　　　　したがって，彼は本当に逃げなかった。
3) dahil dito/doon　これ・それゆえに
　　Dahil doon, lalong tumibay ang aming relasyon.

それゆえに，われわれの関係はますます強固になった。

高頻度コロケーション（連語関係）　kaya +【　】+【　】

（1）**kaya** naman「したがって」

　　　　Pagod na pagod siya, kaya naman madali siyang nakatulog.
　　　　彼はとても疲れたので，すぐに寝入った。

（2）**kaya** nga「だから〜だ」「そのとおり〜なんだ」

　　　　Kaya nga uminom ako ng gamot para hindi ito lumala.
　　　　僕はこれが悪化しないようにすぐに薬を飲んだ。

（3）**kaya** lang 「しかし」「ただ」

　　　　Kaya lang, hindi ako marunong mag-*tennis*.
　　　　だけど，私はテニスができないんだ。

（4）**kaya** pala!「道理で〜だ！」

　　　　Hindi maganda ang tunay niyang pangalan, kaya pala gumagamit siya ng *pen name*.
　　　　（そうか）自分の本名がよくないから，彼はペンネームを使っているんだ。

28　Maligayang Kaarawan!
（誕生日おめでとう！：子供の誕生日会の模様）

練習問題

1. "Anong araw 〜?"「〜は何曜日 / 何曜日に〜?」という疑問文を作り，その答えを下記から選びなさい。
    ① ang party kina Katrina
    ② darating si Mika
    ③ walang trabaho ang tatay mo
    ④ tayo kakain sa labas
    ⑤ kayo magkikita

Linggó	日曜日	Huwébes	木曜日
Lúnes	月曜日	Biyérnes	金曜日
Martés	火曜日	Sábado	土曜日
Miyérkules	水曜日		

2. 次の文を日本語に訳しなさい。
    ① Pagsakay ko ng dyip, nagbayad agad ako.
    ② Pagbili mo ng kamera, gusto ko ring bumili.
    ③ Pagtawag ko sa kanya, lalaki ang sumagot.
    ④ Pagkain niya ng maanghang, sumakit ang tiyan niya.
    ⑤ Paglaba ko ng damit, biglang umulan.

3. 「〜は何時?」という疑問文とその応答文を作りなさい。
    ① （会話の中で）パーティーは何時?
    ② あなたのフィリピン語の授業は何時?
    ③ 今日の昼食は何時?
    ④ 映画は何時?
    ⑤ あなたの仕事は何時?

4. 接続詞 Kaya を用いて次の文をフィリピン語に訳しなさい。
    ① 彼はコンピューターを買ったから，もうお金がない。
    ② 博樹はよく勉強しているから，フィリピン語が上手だ。
    ③ 彼女はとても美しいから，求愛する人（manlilígaw）がたくさんいる。

④ お母さんは仕事があるから，疲れているんだ。
⑤ ロベルトとダニロは誕生日が近いから，同時にパーティーをしたんだ。

5．本課の会話の内容に関する以下の設問にフィリピン語で答えなさい。
① Bakit kilala ni Hiroki si Katrina?
② Bakit kilala rin niya si Mika?
③ Saan titira si Mika sa Pilipinas?
④ Bakit maghahanda ng welcome party sina Katrina?
⑤ Saan galing si Roberto bago pumunta sa handaan para kay Mika?

コラム 16　フィリピン人にとっての誕生日

　フィリピン人にとって誕生日は何よりも大切な日である。この日には，家族はもちろんのこと，親しい友人，仕事の関係者などを家に招いて盛大に誕生会をするのが常である。また，彼らはお互いに相手の誕生日をいつまでも非常によく覚えている。それは相手が外国人であっても同様である。たとえうっかり忘れても"Belated Happy Birthday!"（遅ればせながら誕生日おめでとう！）と誠意のあるメッセージを伝えてきてくれたりする。われわれ日本人もフィリピンの友人ができたら，誕生日に誕生日カードを送ったり，贈り物をするように心がけよう。お互いに離れている場合には，メールや，インターネット上のグリーティング・カードなどで簡単なメッセージを送ってもよいであろう。その日から真の友人としてみなしてもらえ，息の長い付き合いができるのではないだろうか。

（大上正直）

17課 今どこに住んでるの？
Saan ka nakatira ngayon?

Katrina: Hiroki, salamat at nakarating ka.
Hiroki: Salamat din sa pag-imbita.
Katrina: Tuloy ka. Nandoon si Mika sa sala.
Hiroki: E, si Berto?
Katrina: Wala pa, pero malapit na sigurong dumating iyon.
(Pumunta si Hiroki sa sala.)
Hiroki: O, Mika, kumusta ka, at kumusta ang biyahe?
Mika: Kumusta? Nandito ka rin pala. Okey naman ako. Saan ka nakatira ngayon?
Hiroki: Sa *dorm* sa loob ng kampus.
Katrina: Magaling nang magsalita ng Filipino si Hiroki.
Hiroki: Hindi naman. Mababait ang mga titser at nakilala ko sa eskuwelahan at tinutulungan nila ako.
(Dumating si Roberto.)
Roberto: Hiroki!
Hiroki: O, Berto. Mika, ito si Berto. Ito naman si Mika.
Mika: Maraming kuwento si Katrina tungkol sa iyo.
Roberto: Talaga? Sana walang masama.
Mika: Sabi niya, ang bait-bait mo raw at masaya kang kasama.

語句

nakaratíng	来ることができた（行焦〈可・偶〉, 完了）(☞18.3)	magsalitâ	話す（行焦, 不定）
pag-imbitá	招待	mababaít	優しい（複数）
nandoón	あちらにいる	nakilála	知り合った（対焦〈可・偶〉, 完了）(☞27.1)
sála	居間	tinútulúngan	助けてくれる（方焦, 未完）
malápit na	もうすぐ		
sigúro	たぶん	kuwénto	話, 物語
dumatíng	到着する（行焦, 完了）	tungkól sa 〜	〜について
pumuntá	行く（行焦, 完了）	talagá	本当
O	やあ, おー	masamâ	悪い
nandíto	ここにいる	sábi	言うこと
dorm	寮	sábi niyá, 〜	彼・彼女が言うには, とても優しい
loób	中	ang baít-baít	
kámpus	キャンパス	raw	〜（だ）そうだ（伝聞）(☞6.3)
magalíng	うまい, 上手		
magaling ná	うまくなった	masayá	楽しい

17.1 「ありがたいことに〜だ」salamat at 〜（状況説明文②）

　フィリピン語には，このように「〜して〜だ」という【説明（形容詞，動詞，決まり文句など）＋ at ＋状況】の構文が以下 1）の salamat at や既習の 2）mabuti't（☞11.3）以外にも 20 種類くらいある。
1）Salamat at nariyan ka na.　　君がそこに来て・いてくれてありがたい。
2）Sayang at hindi makakasama si Kuya.　　兄がついて来れなくて残念だ。
3）Nagsisisi at nagi-*guilty* siya sa ginawa niya kay Maria.
　　　　　　彼は，自分がマリアにしたことを後悔し，罪悪感を感じている。
4）Tuwang-tuwa siya't nakapasa siya sa *bar exam*.
　　　　　　　　　　彼女は司法試験に合格して大変喜んでいる。
　　※ 2）4）☞ 18.3 MAKA-動詞。

類義表現　上記関連語 + na lang「～でよかった・助かった」
Mabuti/Buti na lang at maganda ka.　　　君は美人でよかったね。
Masuwerte/Suwerte na lang at hindi talaga umulan kahapon.
　　　　　　　　　　　　　　　　　　　昨日は雨が降らなくて幸いだったね。

17.2 「～ている」NAKA- 形容詞（結果，状態など）

動作の結果や状態を表す。洋服等を身につけている場合にも使える。
1) nakatira　　住んでいる　　4) nakabarong-Tagalog
2) nakatayo　　立っている　　　　　　バロン・タガログを着ている
3) nakaupo　　座っている　　5) nakasalamin　　メガネをかけている
　　　　　　　　　　　　　　6) nakatsinelas　　スリッパを履いている

17.3 形容詞（複数形）

複数の人やものなどについて叙述するときは，単純形容詞（語根のみのもの）には mga をつけ，接辞付形容詞については，語根の最初の子音と母音を繰り返したりして，複数にする。しかし，この規則は義務的ではなく任意である。
1) Mga pagod/Pagod sila.　　　　　　　彼らは疲れている。
2) Masisipag/Masipag ang mga estudyante.　学生たちは勤勉である。

17.4 「なんととても」感嘆文（強意）

感嘆文で意味をさらに強める場合に用いる。形態的には形容詞の語根を繰り返せばよい。そのきには，通常ハイフンをつける。ただ，以下の4) 5) のように3音節以上からなる場合には，語根の第2音節までを繰り返す。

文型　【Ang/Kay など + 形容詞語根の繰り返し（要ハイフン）+ NG 句，など】
1) Ang sarap-sarap ng keyk na 'to, a!
　　　　　　　このケーキはなんととてもおいしいんだろう！
2) Ang ganda-ganda ni Melody!　メロディーはなんととても美人なんだろう！

3）Ang kyut-kyut niya! 　　　　　彼女はなんととても可愛いんだろう！
4）Ang kuri-kuripot ni Mario! 　　マリオはなんととてもケチなんだろう！
5）Ang tali-talino ni Miki! 　　　　美喜はなんととても頭がいいんだろう！

図29　マニラのスーパーの野菜売り場

練 習 問 題

1. 各語根に接頭辞 NAKA- をつけ単語を完成させ，その意味を書きなさい。
   ① bukás
   ② sará
   ③ pulá
   ④ kurbáta（ネクタイ）
   ⑤ súlat
   ⑥ dikít（貼る）
   ⑦ lagáy（置く）
   ⑧ hintô（止まる）
   ⑨ tágo（隠れる）
   ⑩ ngitî（微笑む）

2. 次の形容詞を複数形に変えなさい。
   ① magalíng
   ② masayá
   ③ matigás
   ④ mahírap
   ⑤ mabágal
   ⑥ malakás
   ⑦ matalíno
   ⑧ makulít
   ⑨ masípag
   ⑩ maínit

3. 次の文を "Ang 〜〜"「なんととても」の形に書き換えなさい。
   (※ ANG 形を NG 形に変換)
   ① Magaling nang magsalita ng Filipino si Hiroki.
   ② Masaya ang party.
   ③ Matigas ang ulo ng bata.
   ④ Mahirap ang pagsusulit sa Ingles.
   ⑤ Mabagal ang takbo ng bus dahil may trapik sa EDSA.
   ⑥ Malakas ang ulan.
   ⑦ Matatalino ang mga estudyante sa UP.
   ⑧ Makulit ang pamangkin ko.
   ⑨ Tamad si Pedro, pero mas tamad pa rin si Juan.
   ⑩ Luma na ang kotse niya at sira pa ang aircon.

4. 次の文を日本語に訳しなさい。
   ① Mabuti na lang at dumating si Fe.
   ② Masuwerte na lang at mahina ang ulan.
   ③ Nakatira kami sa Quezon City.

④ Nakasara ang pinto ng silid-aralan nang dumating ako.
⑤ Nakatsinelas lang ako pagpunta sa eskuwelahan.

5．本課の会話の内容に関する以下の設問にフィリピン語で答えなさい。
① Sa mga bisita ni Katrina, sino ang unang dumating — si Hiroki, si Roberto o si Mika?
② Ayon kay Hiroki, paano siya naging magaling magsalita ng Filipino?
③ Sino ang nagsabi na mabait at masayang kasama si Roberto?

30 Balot
（バロット：フィリピン名物の孵化直前のアヒルのゆで卵）

18課 これ，食べたことある？
Nakakain ka na ba nito?

Mika:	Ang sarap nitong adobo!
Mrs. Santos:	Salamat.
Mika:	Magaling po pala kayong magluto.
Mrs. Santos:	Mahilig lang akong magluto.
Mika:	Puwede po ba ninyo akong turuang magluto?
Mrs. Santos:	Oo, siyempre. Kailan mo gusto?
Mika:	Puwede po ba sa makalawa?
Mrs. Santos:	Sige, magluto tayo ng pinakbet.
Mika:	Naku! *Excited* na ako.
Katrina:	Mika, nakakain ka na ba nito?
Mika:	Ano ba iyan?
Katrina:	Langka.
Mika:	Hindi pa yata.
Katrina:	Tikman mo, o.
Mika:	Ay, nakakain na yata ako nito, sahog sa halo-halo.
Katrina:	Oo, madalas ngang may langka sa halo-halo. E, kumakain ka ba ng durian?
Mika:	Hindi ko gusto ang durian. Matapang kasi ang amoy.
Katrina:	Gustung-gusto ko ang durian.

語句

nitóng 〜	この〜	langkâ	ジャックフルーツ（パラミツ）
maglútô	料理する（行焦, 不定）	tikmán	味見する（対焦, 不定）(☞ 28.5)
puwéde	〜してもよい, 〜できる	Ay	ああ
ninyó	あなた（丁寧）(☞ 4.1)	sahóg	材料
turúan(g)	教える（方焦, 不定）(☞ 21.3)	halo-hálô	ハロハロ
kailán	いつ	kumakáin	食べる（行焦, 未完）
sa makalawá	明後日	durián	ドリアン
pinakbét	ピナクベット（野菜料理）	hindí ko gustó	好きではない
		matápang	きつい
excited	ワクワクしている	amóy	におい
		gustúng-gustó	大好き

BAHAY KUBO（代表的な童謡）

Traditional Folk Song

Ba-hay ku-bo, ka-hit mun-ti, Ang ha-la-man do-on ay sa-ri-sa-ri Sing ka-mas at ta-long, si-ga-ri-lyas at ma-ni, si-taw, ba-taw, pa-ta-ni Kun-dol, pa-to-la, u-po't ka-la-ba-sa at sa-ka may roon pang la-ba-nos, mus-ta-sa Si-bu-yas, ka-ma-tis, ba-wang at lu-ya Sa pa-li-gid-li-gid ay ma-ra-ming lu-nga

語句

singkamás	クズイモ（マメ科）	úpo	夕顔
talóng	なす	kalabása	かぼちゃ
sigarílyas	四角豆	labanós	大根
manî	落花生	mustása	からし菜
sítaw	十六ささげ	sibúyas	たまねぎ
bátaw	藤豆	kamátis	トマト
patánî	あおい豆	báwang	ニンニク
kundól	冬瓜	lúya	しょうが
patóla	糸瓜（へちま）	lingá	ごま

18.1 「～は～するのが～だ」【形容詞＋〈リンカー〉＋動詞不定相＋ ANG 句〈主題〉など】

動作・行為・性質などを形容詞（副詞）と動詞の不定相を使って描写する表現である。

1）Mabilis tumakbo si Jerry.　　　ジェリーは足が速い。
2）Malakas kumain si Cesar.　　　セサールはよく食べる。
3）Magaling siyang kumanta.　　　彼は歌が上手い。

18.2 「～するのが好きだ，～することに興味がある」mahilig（興味，関心，嗜好など②）

10.3で学習した mahilig sa は名詞句を伴う場合の表現であるが，動詞（不定相）を伴う場合は，以下のようにリンカーを用いて表す。

1）Mahilig ka bang kumain ng prutas? / Mahilig ka ba sa prutas?
　　　君は果物が好きですか？
2）Mahilig kumain ng prutas si Nora. / Mahilig sa prutas si Nora.
　　　ノラは果物が好きです。
3）Mahilig akong magbasa ng komiks. / Mahilig ako sa komiks.
　　　僕は漫画を読むのが好きです。

18.3 「～できる，～てしまう，～したことがある」 MAKA-動詞（行為者焦点：可能，偶発，経験など）

(1) 一般的特徴

　MAKA-は，行為者（動作主）のある名詞句に焦点が当たっている場合に用いる接辞で，「～できる，～てしまう，～したことがある」（可能，偶発，経験など）の意味機能をもつ。いずれにせよ，機能的には動作自体より，動作の結果の状態や状況，あるいはその結果についての描写に主眼が置かれている。

　ちなみに，この動詞には makakita「見える」，makarinig「聞こえる」などの「知覚」「感覚」「意識」などに関する語彙もいくつかある。

> **文型**　【MAKA-動詞 + ANG 句（主題：行為者）+ NG 句（対象補語）+ SA 句（方向補語），など】

(2) 活用の仕方

① 語根が子音で始まる場合

語根（puntá）	不定相	完了相	未完了相	未然相	意味
話し言葉	makapuntá	nakapuntá	nakákapuntá	makákapuntá	行ける
書き言葉	makapuntá	nakapuntá	nakapúpuntá	makapúpuntá	同上

　　未完了相および未然相の場合，話し言葉では語根ではなく接辞の ka を繰り返し，一方，書き言葉では，語根の最初の子音と母音（母音文字）を繰り返すのが一般的であるので注意したい。

② 語根が母音で始まる場合

語根（alís）	不定相	完了相	未完了相	未然相	意味
話し言葉	makaalís	nakaalís	nakákaalís	makákaalís	出発できる
書き言葉	makaalís	nakaalís	nakaálís	makaálís	同上

※ MAG-動詞に対応する MAKA-動詞の場合は，MAKAPAG-となり，一方，MANG-動詞（☞ 20.2）に対応する動詞の場合は，MAKAPANG-という形態をとる。以下はそれぞれの活用である。

〈MAG-動詞に対応するもの〉
mag-aral（勉強する）→ makapag-aral（勉強できる）

語根（aral）	不定相	完了相	未完了相	未然相
話し言葉	makapag-áral	nakapag-áral	nakákapag-áral	makákapag-áral
書き言葉	makapag-áral	nakapag-áral	nakapag-aáral	makapag-aáral

〈MANG-動詞に対応するもの〉
mamili（買い物する）→ makapamili（買い物できる）

語根（bili）	不定相	完了相	未完了相	未然相
話し言葉	makapamilí	nakapamilí	nakákapamilí	makákapamilí
書き言葉	makapamilí	nakapamilí	nakapamímilí	makapamímilí

（3） 用法

　MAKA-の最も頻度の高い用法は「可能（状況可能・能力可能）」であるが，そのほかに「偶発」「経験」などがある。以下，「可能」のうち「状況可能」は「状況」，一方「能力可能」は「能力」と示す。ただ，文によっては，「状況」とも「能力」とも解釈できるものがあるので，そのような場合には文脈で判断する必要がある。なお，否定文「〜できない」の場合は，以下の①2）5）6）の例文のように，不定相をとることが可能である。これは，状況的にあるいは能力的に「不能状態」にあり，動作が始まらないからである。

① 可能
1) Nakabalik na ako rito kaagad.　　　　私はすぐにここに戻れた。（状況）
2) Hindi ako makaalis ng bahay dahil sa malakas na ulan.
　　　　　　　　　　　　　　　　　　私は強い雨で家から出られない。（状況）
3) Hindi ako nakatulog kagabi.　　　　　夕べ私は眠れなかった。（状況）
4) Mabuti't nakauwi ka kahapon.　　　　昨日うちに帰れてよかったね。（状況）

5）Hindi ako makakita sa dilim. 　　私は暗くて見えない（状況）
6）Hindi ako makabasa at makasulat ng alpabeto.
　　　　　　　　　　　　　　　私はアルファベットの読み書きができない（能力）
7）Hindi siya nakasagot kaagad. 　　彼は直ぐに答えられなかった。（能力）

② 偶発
1）Nakarinig kami ng boses lalaki. 　　私たちは男の声を聞いた。
2）Nakainom ako ng maruming tubig. 　　私はうっかり汚い水を飲んでしまった。
3）Nakainom ng lason ang aso niya. 　　彼の犬は誤って毒を飲んだ。
4）Nakadama ng kirot sa dibdib si Ben. 　　ベンは胸部に激痛を感じた。

③ 経験
1）Nakarating/Nakapunta ka na ba sa Baguio?
　　　　　　　　　　　　　　　君はバギオに行ったことがある？
2）Nakatikim ka na ba ng adobo? 　　アドボを味見（食べた）ことがあるかい？
3）Nakasakay ka na ba sa MRT? 　　MRT に乗ったことがある？
4）Hindi pa ako nakakapasok sa sinehan. 　　僕は映画館に入ったことがない。

18.4 「～が好きではない」hindi ko gusto（擬似動詞 gusto の否定文）

11.1 で学習した gusto の否定形である。否定形である分、直接的な表現である ayaw（☞ 20.4）より「嫌悪」「欲しくない・気の進まない気持ち」のレベルがより弱い。

文型　【否定辞 Hindi + NG 句（行為者・経験者など）+ 擬似動詞 gusto, など】
1）Hindi ko gusto ang ngisi mo. 　　僕は君のくすくす笑いが好きではない。
2）Iyon ang hindi ko gusto sa iyo.
　　　　　　　　　　　　　　　僕は君のそんなところが好きではない。

練 習 問 題

1. 次の文を日本語に訳しなさい。
   ① Mabagal magsalita ang lola ko.
   ② Medyo maingat magmaneho ang drayber.
   ③ Hindi masipag mag-aral si Juan.
   ④ Mahinang kumain ang anak ni Teresa.
   ⑤ Tamad magluto si Katrina.

2. 例にならって括弧内の動詞を用いて書き換えなさい。
   例：Mahilig sa prutas si Nora.（kumain）→ Mahilig kumain ng prutas si Nora
   ① Mahilig sa keyk ang nanay ni Katrina.（magluto）
   ② Mahilig ka ba sa golf?（mag-golf）
   ③ Hindi mahilig sa chess ang mga Hapones.（maglaro）
   ④ Mahilig sa sine ang mga Pilipino.（manood）
   ⑤ Medyo mahilig siya sa alak.（uminom）

3. 各語根を用いて MAKA-動詞の活用表を完成させなさい。

	語　根	不　定	完　了	未完了	未　然
①	inóm				
②	uwî				
③	túlong（手伝う）				
④	sáli（参加する）				
⑤	dálaw（訪れる）				
⑥	lútô				
⑦	salitâ				
⑧	trabáho				
⑨	báyad				
⑩	maného（運転）				

4. MAKA-動詞を用いて次の文をフィリピン語に訳しなさい。
   ① 博樹はフィリピン語が話せる。（salita）

② ロベルトは時間がなかったから、あまり勉強できなかった。(aral)
③ 美香は私たちを手伝えるかな？ (tulong)
④ 明日，病院へ見舞いに行ける？
⑤ お母さんが授業料を払えなかったから，(bayad)
⑥ 彼女は学校に行けなかった。(pasok)

5．本課の会話の内容に関する以下の設問にフィリピン語で答えなさい。
① Sino ang nagluto ng adobo?
② Ano ang hiling ni Mika kay Mrs. Santos?
③ Bakit ayaw ni Mika ng durian?

31 Durian at Papaya（ドリアンとパパイヤ）

19課 たまねぎを刻んでくれる？
Puwede mo bang tadtarin ang sibuyas?

Mrs. Santos:	Magluluto tayo ngayon ng pinakbet. Nandito ang mga sangkap. Mika, puwede mo bang tadtarin ang sibuyas?
Mika:	Opo.
Mrs. Santos:	Magaling. Mas magaling ka kaysa kay Katrina.

（Pagkatapos magtadtad ng sibuyas ni Mika）

Mika:	Tapos na po ako sa sibuyas.
Mrs. Santos:	Balatan mo naman ang hipon.
Mika:	Opo.

（Nakita ni Mika ang okra.）

	Malaki po ang okrang ito.
Mrs. Santos:	Ganoon ba? Maliit pa nga iyan, e.
Mika:	Mas malaki po ito kaysa sa okra sa Japan. Pati po itong talong mas mahaba. Pero mas maliit itong bawang kaysa sa bawang sa Japan.
Mrs. Santos:	May malaking bawang din dito, pero mas malasa ang maliit na bawang.

語句

maglulútô	調理する（行焦，未然）	kaysá	〜より
sangkáp	材料	kay	人名（単数）SA 形標識辞
tadtarín	刻む（対焦，不定）		

magtadtád	刻む（行焦，不定）	nakíta	見た（対焦〈可・偶〉，完了）（☞ 27.1）
tapós	終わった		
tapos ná	もう終わった	ókra	オクラ
balatán	皮をむく（対焦，不定）（☞ 28.5）	pa ngâ	まだ〜くらいだ
		malása	味が濃い
hípon	エビ		

PARAAN NG PAGLULUTO NG PINAKBET

Mga Sangkap:

- 3 pirasong bawang
- 1 kutsarang luya
- 1 sibuyas
- 3 kamatis（malaki）
- 250 gramong karneng baboy
- 4 kutsarang bagoong（alamang）
- 1 tasang tubig
- 250 gramong kalabasa
- 1 ampalaya
- 1 talong（malaki）
- 6-8 okra
- 1 taling sitaw

Paghahanda:

1. Dikdikin ang bawang at luya. Tadtarin ang sibuyas.
2. Balatan ang hipon.
3. Hiwain sa gitna nang pahaba ang ampalaya at tanggalin ang mga buto.
4. Hiwain ang kamatis at baboy na panggisa.
5. Hiwain ang iba pang sangkap para madaling kainin.

Pagluluto:

1. Maglagay ng mantika sa kawali at painitin ito.
2. Kapag mainit na ang mantika, igisa nang sunud-sunod ang bawang, luya, sibuyas at kamatis.
3. Idagdag ang karneng baboy at lutuin ito nang mabuti.
4. Lagyan ng bagoong at haluin. Kapag naluto na ang bagoong, idagdag ang tubig at takpan ang kawali nang mga 10 hanggang 15 minuto para lumambot ang baboy.
5. Ilagay ang kalabasa at palambutin.
6. Ilagay ang ibang gulay: ampalaya, talong, okra at sitaw. Haluin ang lahat ng gulay at hayaang maluto.

語句

paraán	方法	kawálî	フライパン
paglulútô	調理	painítin	温める（被使焦，不定）(☞ 26.4)
piráso	～個		
kutsára	大さじ	igisá	炒める（対焦，不定）
grámo	グラム	sunúd-sunód	順番に
tása	カップ	idagdág	加える（対焦，不定）
tálî	～束	lutúin	調理する（対焦，不定）
karné	肉	lagyán	入れる（方焦，不定）(☞ 21.3)
karnéng báboy	豚肉		
bagoóng	小エビや小魚で作るペースト状の塩辛	halúin	混ぜる（対焦，不定）
		nalútô	調理できた（対焦〈可・偶〉完了）(☞ 27.1)
ampalayá	ゴーヤ（にがうり）		
dikdikín	潰す（対焦，不定）	takpán	蓋をする（対焦，不定）(☞ 28.5)
hiwáin	薄く切る（対焦，不定）		
gitnâ	真ん中，中央	minúto	分
pahabâ	縦に	lumambót	柔らかくなる（行焦，不定）
tanggalín	取り除く（対焦，不定）		
butó	種	palambutín	柔らかくする（被使焦，不定）(☞ 26.4)
panggisá	炒め用		
madalíng ～	～しやすい	hayáang ～	～にしておく（方焦，不定）
kaínin	食べる（対焦，不定）		
maglagáy	入れる（行焦，不定）	malútô	調理できる（対焦〈可・偶〉，不定）
mantíkâ	油		

19.1 「～も，～を含めて，同様に」pati

以下の1）の例文を見ると小辞 din/rin の用法にも近いが，3）のように文頭にもくるところが異なる。

1） Kawawa pati ang mga magulang mo. あなたのご両親も可哀そうだ。
2） Natuwa ang binata at pati ang dalaga. その独身男性も独身女性も喜んだ。
3） Pati ang nanay ko, sumama sa amin. 私の母も私たちについて来た。

19.2　-IN 動詞（対象焦点）

（1）　一般的特徴

　-IN 動詞は，対象焦点動詞の代表的な接尾辞である。フィリピン語は，行為者よりも対象に焦点が当たりやすく，いわゆる「対象優位性」（対象＞行為者）があると言われている。文の中の行為の対象（目的物）が特定のものであったり，話題になっている場合は，その部分に焦点が当たり，行為の対象が ANG 句（主題）となる。

> **文型**　【-IN 動詞＋NG 句（行為者補語）＋ANG 句（主題：対象）＋SA 句（方向補語），など】

（2）　活用の仕方

　活用の仕方は，以下のとおりである。他の-IN 動詞の活用例は，巻末付録2「基本動詞活用表」を参照しよう。ただ，ここで注意しなければならないいくつかのポイントがある。

- 完了相や未完了相の時に現れる相（アスペクト）を表す接中辞-IN-（イタリック体 *in*）と対象焦点を表す接尾辞-IN/-HIN（太字 **in**）を区別すること。たまたま同じ IN であるため紛らわしいので，要注意。

- また，完了相と未完了相の場合は，以下に φ（ゼロ）示したとおり，対象焦点を表す方の接尾辞-IN/-HIN が脱落する。本来は，ここにも対象焦点を示す-IN/-HIN が存在していたが，同じ IN が一つの単語の中で使われ重複し，紛らわしいため，焦点を表す方の接尾辞-IN が自然に脱落したものと思われる。つまり，非行為者焦点（対象焦点，方向焦点など）の動詞が完了相や未完了相である場合，これらの相を表すときにしか用いない接中辞-IN-さえ残っていれば，その動詞が非行為者焦点であることは明白であるからである。

語　　根：tawag
意　　味：呼ぶ
不 定 相：tawag**in**
完 了 相：ti*n*awagφ → ti*n*awag
未完了相：ti*n*atawagφ → ti*n*atawag
未 然 相：tatawag**in**

① 語根が子音で始まる場合

語根	不定相	完了相	未完了相	未然相	意味
hirám	hiramín	h*in*irám	h*in*íhirám	híhiramín	借りる

1）不定相
　　語根 ＋ 焦点接辞-IN/-HIN
2）完了相
　　最初の子音 ＋ 相を表す-*IN*- ＋ 最初の母音 ＋ 語根の残り
3）未完了相
　　最初の子音 ＋ 相を表す-*IN*- ＋ 最初の母音 ＋ 語根
4）未然相
　　最初の子音と母音 ＋ 語根 ＋ 焦点接辞-IN/-HIN

> 　　語根が l, r, y で始まる場合は，接中辞-IN-をひっくりかえした NI-を接頭辞としてつける。
> （理由：linuto の l と n を発音しやすいように音韻交替が生じた。）
> l*in*uto → *ni*luto, r*in*epaso → *ni*repaso, y*in*ari → *ni*yari
>
> | 語根 | 不定相 | 完了相 | 未完了相 | 未然相 | 意味 |
> |---|---|---|---|---|---|
> | lútô | lutúin | *ni*lútô | *ni*lulútô | lulutúin | 料理する |
> | yáyâ | yayáin | *ni*yáyâ | *ni*yayáyâ | yayayáin | 招待する |

② 語根が母音文字で始まる場合
完了相や未完了相を表す語頭に接中辞-IN-（イタリック体 *in*）をもってくる。

なお、この-IN-は、表記上（見かけ上）は語頭にきているため接頭辞ともいえるが、音韻的には、フィリピン語の場合、語頭に子音である声門閉鎖音（ʔ）が隠れているため、この場合も他の語根と同様に、基本的に最初の子音と母音の間に挿入された接中辞ということになるので、注意したい。

語根	不定相	完了相	未完了相	未然相	意味
alís	alisín	*in*alís	*in*áalís	áalisín	取り除く

1) 不定相
   語根 + 焦点接辞-IN/-HIN
2) 完了相
   相を表示する-*IN*- + 語根
3) 未完了相
   相を表示する-*IN*- + 最初の母音文字 + 語根
4) 未然相
   最初の母音文字 + 語根 + 焦点接辞-IN/-HIN

語　　根：alis（取り除くこと、片付けること）
不 定 相：【ʔalisin】　→ alis**in**
完 了 相：【ʔ*in*alis】　→ *in*alisφ
未完了相：【ʔ*in*aʔalis】　→ *in*aalisφ
未 然 相：【aʔalisin】　→ aalis**in**

③　語根の語頭が「子音＋子音」の場合

以下の prito のように、不定相以外は、語根の最初の母音 i を借りてきて、最初の子音 p と組み合わせ、以下のように活用する。ちなみに、prito（油で揚げる）、luto（料理する）、ihaw（焼く）、gisa（炒める）、など「調理」に関する語彙には、頻度の差は見られるものの（igisa の方が gisahin より高頻度）、I-動詞および-IN 動詞のいずれにもなり、かつ意味も変わらないというものがある。

語根	不定相	完了相	未完了相	未然相	意味
príto	pritúhin	p*in*iríto	p*in*ípríto	pípritúhin	油で揚げる

1）不定相
　　語根 + 焦点接辞-IN/-HIN
2）完了相
　　最初の子音 + 相を表す-IN- + 最初の母音 + 語根の残り
3）未完了相
　　最初の子音 + 相を表す-IN- + 最初の母音 + 語根
4）未然相
　　最初の子音と母音 + 語根 + 焦点接辞-IN/-HIN

Prituhin natin ang mga ito para sa mga bisita. これらをお客に油であげてあげよう。

（3）　活用上の諸注意

①通常，語根が子音文字や声門閉鎖音で終わるものは-INをそのまま付加すればよいが，一方，そうでないものは，Hが顕在化し，結果的に-HINを接尾辞としてつけることになる。なお，gawin（⊕gawa）のように語根の最後の母音が脱落したり，-NINを付加するものもある（☞巻末付録2「基本動詞活用表」）。

alís → alisín	削除する	gawâ → gawín	する，作る
yáyâ → yayáin	招待する	hingî → hingín	求める
bása → basáhin	読む	sunod → sundín	従う
sábi → sabíhin	言う	kúha → kúnin	取る
bilí → bilhín	買う	alaála → alalahánin	思い起こす，覚えておく
dala → dalhín	運ぶ，持ってくる		

②その他：接尾辞-IN/-HINがつくことによる語根部分の様々な変化
　1）語根の /d/ は，/r/ に変化
　　　hubád → hubarín　　　（衣類などを）脱ぐ
　　　patáwad → patawárin　　許す
　2）最後の /o/ は，/u/ に音声変化（綴り字も同様）
　　　inóm → inumín　　　飲む
　　　tápos → tapúsin　　　終える
　3）語根のアクセントの位置が一つ後ろにずれる
　　　áyos → ayúsin　　　直す，整える
　　　hirám → hiramín　　　借りる

（4） 発音上の注意

上記-UM-動詞，MAG-動詞，I-動詞などと同様に，以下のように対応すればよい。

① 語根の最初の母音が短母音の場合
未完了相や未然相の場合には，繰り返された音節の母音を伸ばす。

	子音で始まる語根	母音文字で始まる語根
語　根	hirám［hiram］	alís［ʔalis］
意　味	借りる	取り除く
不定相	hiramín［hiramin］	alisín［ʔalisin］
完了相	hinirám［hiniram］	inalís［ʔinalis］
未完了相	hiníhirám［hini:hiram］ （×）［hinihiram］	ináalís［ʔina:ʔalis］ （×）［ʔinaʔalis］
未然相	híhiramín［hi:hiramin］ （×）［hihiramin］	áalisín［ʔa:ʔalisin］ （×）［ʔaʔalisin］

② 語根の最初の母音が長母音の場合
未完了相の場合は，ginágámit にすると長母音が連続し，発音しにくいので ginagámit のように繰り返された音節の母音を必ずしも伸ばす必要はない。一方，未然相の場合は，語根に接尾辞-IN が付加されることにより，語根の最初の長母音にあるアクセントが一つ後ろに移動し発音しにくい長母音の連続も避けられるので，gágamítin のように繰り返された音節の母音を伸ばして発音すればい。

	子音で始まる語根	母音文字で始まる語根
語　根	gámit［ga:mit］	íkot［ʔi:kot］
意　味	使う	回す
不定相	gamítin［gami:tin］	ikútin［ʔiku:tin］
完了相	ginámit［gina:mit］	iníkot［ʔini:kot］
未完了相	ginagámit［ginaga:mit］ （△）［gina:ga:mit］	iniíkot［ʔiniʔi:kot］ （△）［ʔini:ʔi:kot］
未然相	gágamítin［ga:gami:tin］	íikútin［ʔi:ʔiku:tin］

(5) その他の注意

アクセントの移動（一つ後ろへ）
  alís → alisín　削除する　　　　sábi → sabíhin　言う

(6) 語根の意味的特徴

概ねつぎのような意味や概念をもつ語根につく傾向がある。
① 行為の対象が行為者のほうに近づいてくる傾向のものが多く見られ，それらには，-UM-動詞に対応するものが比較的多い。
　　　Hiniram ko ang libro niya.　　私は彼の本を借りた。
② 創造・破壊したりして，構造の変化を伴うもの
　　　Sinira niya ang kompyuter.
　　　　　　　　　　　　彼は，そのコンピューターを（わざと）壊した。
③ 語根のものを使って何かをする
　　　Suklayin mo ang buhok mo.　　髪を櫛でときなさい。

19.3　「～の目に遭う，～される，～の状態になる」-IN 動詞（対象焦点）（動作主＝動詞語根型受動文②）

意味的に被動作者に対する被害や迷惑，不可避的な出来事，自然の成り行きなどに関するものが比較的多い。以下の例文のとおり，動作主（行為者）は，-IN動詞の語根として組み入れられているため，改めて NG 形の名詞句をとることはない。すなわち，この構文は，動作主より被動作者（経験者）に優位性があるのが特徴である。

文型　【-IN 動詞 + ANG 句（主題：被動作者），など】

動作主（状態，害虫，病気，太陽時間〈朝，昼，夜，真夜中など〉，自然災害など）

　　↓　　（被害や迷惑，不可避的な出来事，自然の成り行きなど）

主題：被動作者（経験者）

（1）例文
　1）Tinatamad akong bumangon tuwing umaga.　　　毎朝起きるのが億劫だ。
　2）Nilalangaw ang basura.　　　　　　　　　　　そのごみは蝿にたかられている。
　3）Muli akong hinika noong Biyernes ng gabi.
　　　　　　　　　　　　　　　　　　私は金曜日の夜，再度ぜんそくが起こった。
　4）Tinanghali ako ng gising.　私は朝寝坊をした（起きたら昼になっていた）。
　5）Baka gabihin ka kung hindi ka magmamadali.
　　　　　　　　　　　　　　　　　　急がないと夜になってしまうかもしれないよ。
　6）Binagyo ang buong bahay namin.　私たちの家全体が台風の被害に遭った。
　7）Nilindol ang Maynila kahapon.　昨日マニラは地震の被害に見舞われた。

（2）活用の仕方や発音の注意点など
　活用の仕方は対象焦点の-IN動詞（☞19.2）とまったく同じであるので，そちらを参照しよう。

練 習 問 題

1. 各語根を用いて-IN 動詞の活用表を完成させなさい。

	語根	不定	完了	未完了	未然
①	tadtád				
②	dálaw				
③	sábi				
④	antók				
⑤	panoód（観る）				
⑥	ámin（認める）				
⑦	bása（読む）				
⑧	áyos（直す，整える）				
⑨	bátî（挨拶する）				
⑩	hintáy（待つ）				

2. -IN 動詞を用いて次の行為者焦点文を対象焦点文に書き換えなさい。
   ① Nagtadtad si Katrina ng sibuyas.
   ② Nagsasabi ang bata ng totoo.
   ③ Magbabasa si Hiroki ng tula sa programa.
   ④ Manood tayo ng laban ni Pacquiao.
   ⑤ Kumain siya ng luto kong pansit.

3. 次の文を日本語に訳しなさい。
   ① Kantahin natin ang "Bahay Kubo."
   ② Ano ang kakainin mo?
   ③ Sandali lang, hintayin ninyo ako!
   ④ Binati ka ba niya?
   ⑤ Ayaw kong umalis kasi inaantok pa ako.

4. 本課の会話の内容に関する以下の設問にフィリピン語で答えなさい。
   ① Ano ang lutong itinuro ni Mrs. Santos kay Mika?
   ② Ano-ano ang mga sangkap ng pinakbet na nabanggit sa diyalogo?
   ③ Ano-ano ang iniutos ni Mrs. Santos kay Mika?

コラム17 レチョン

　主要な饗宴や祝祭などの席には大抵お目見えする子豚の丸焼きのことである。豚のレチョン（lechon baboy［レチョン・バーボイ］），牛（lechon baka［レチョン・バーカ］），鶏（lechon manok［レチョン・マノック］）などがあるが，通常，豚を指すことが多い。スペイン植民地時代から宗教的な祭り（フィエスタ：fiesta）の際に，客にご馳走として振舞われるようになったとされているが，近年においては，宗教的な祝祭のみならず，誕生日，結婚式，各種記念日など，ありとあらゆる機会にご馳走としてなくてはならないメニューとなっている。

　レチョンが食卓に上ってくるまでにはいろいろな過程を経る。まずは，子豚の選択であるが，肉がやわらかく，皮も引き締まってきておいしいのは，生後5ヶ月前後とされている。焼き方としては，豚を突き刺した竹や鉄の棒をくるくる回しながら，皮の表面が満遍なく茶色くパリパリになり，かつ肉がやわらかくなるまで，赤く燃え盛る炭火などで数時間かけてローストする。社交の場に出されるものは，比較的小ぶりのが多いが，マニラの下町あたりで売っているものの中には小さいものから大きいものまでさまざまである。値段は，1キロあたり約600ペソ（2011年現在）である。

　ソースについては，何種類かあり，好みも個人差があるが，一般的にタガログの人びとがレバーソース（liver sauce：レバーをつぶしたペーストに，ニンニク，砂糖，胡椒，酢などを混ぜて作る）を使うのに対し，ビサヤの人々は，酢，醤油および唐辛子で作ったソースを好むようである。いずれにしても，味は絶品で，一度味見してみる価値は十分にある。　　　　　　　　　　　（大上正直）

32 Lechon/Litson
(レチョン：饗宴や祝祭などでお目見えする子豚の丸焼き)

33 炭火でじっくり焼くレチョン

19課

第20課 二人で出かけたりする
Minsan namamasyal kaming dalawa

Mika: Berto, ano'ng ginagawa mo kapag walang pasok?
Roberto: Nag-aaral nang kaunti, nag-i-*internet*, o minsan nagkakaraoke. Ikaw?
Mika: Nagluluto kami ng Mommy ni Katrina, nagkukuwentuhan kami ni Katrina at minsan namamasyal kaming dalawa.
Roberto: Saan kayo pumupunta?
Mika: Kumakain sa labas, nagsha-*shopping* o kaya nanonood ng sine.
Roberto: Anong sine ang gusto mo?
Mika: Pareho naming ayaw ang aksiyon at nakakatakot na pelikula. Gusto namin ang mga *romantic comedy*.
Roberto: Nanonood din ba kayo ng pelikulang Pilipino?
Mika: Minsan, pero hindi ko naiintindihan ang lahat ng sinasabi.
Roberto: Manood naman tayo ng pelikulang Pilipino. Ipapaliwanag ko sa iyo ang kuwento para maintindihan mo.
Mika: Kung wala kaming lakad.

語句

ginágawâ	する（対焦，未完）	nag-í-*internet*	ネットする（行焦，未完）
nag-aáral	勉強する（行焦，未完）	o	または
		mínsan	ときどき

170

nagkákaraóke	カラオケする（行焦，未完）	síne	映画
		áyaw	嫌い，嫌だ
kamí	私たち	aksiyón	アクション
Mommy	お母さん	nakákatákot	怖い（ホラー）
ni	〜の（☞4.1）	romantic comedy	ラブコメディ
nagkúkuwentúhan	おしゃべりする（行焦，未完）	naíintindihán	分かる（対焦〈可・偶〉，未完）（☞27.1）
namámasyál	出かける（行焦，未完）	sinasábi	言う（対焦，未完）
		manoód	観る（行焦，不定）
pumúpuntá	行く（行焦，未完）	ipápaliwánag	説明する（対焦，未然）（☞23.3）
nagsha-shópping	ショッピングする（行焦，未完）	maintindihán	分かる（対焦〈可・偶〉，不定）
o kayâ	あるいは		
nanónoód	観る（行焦，未完）	kung	〜なら

20.1　「私と〜」kami ng/ ni（複数人称代名詞＋NG句）

　人称代名詞（ako, ka, siya など）と普通名詞や人名が，たとえば「僕とジム」のように組み合わさった場合には，接続詞 at（☞4.2）でつなぐのではなく，複数人称代名詞と NG 句を使って表すのが一般的である。下記の 1）〜 4）は，関与している人が 2 人だけであるが，5）6）は 3 人以上が関与している。

文型　【複数人称代名詞＋NG句 (ng /ng mga 普通名詞，ni/nina＋人名），など】

1) ako at si Jim → kami ni Jim 　　　　　　　僕とジム
2) ako at ang pinsan ko → kami ng pinsan ko 　私といとこ
3) siya at si Fe → sila ni Fe 　　　　　　　　彼女とフェ
4) sa iyo at kay Mon → sa inyo ni Mon 　　　君とモンに
5) ako at sina Ben → kami nina Ben 　　　　僕とベンたち
6) kami at si Ben → kami ni/nina Ben 　　　　僕たちとベン

20.2　MANG-動詞（行為者焦点）

（1）　一般的特徴

この接辞は，①習慣的な行為，②専門職・職業・娯楽としての行為，③色などの一時的な変化，④複数の対象を伴う行為などを表す。

> **文型**　【MANG-動詞 + ANG 句（主題：行為者）+ NG 句（対象補語）+ SA 句（方向補語），など】
> 1) Naninigarilyo ka ba?　　　　　　　　タバコは吸いますか？
> 2) Delikadong mangisda kapag may bagyo.　台風の時に漁をするのは危険だ。
> 3) Namula ang mga pisngi niya.　　　　彼女の頬が赤くなった。
> 4) Namili kami ng mga pasalubong kanina.　私たちはさっきお土産を買った。
> 5) Namigay sila ng mga *t-shirt* sa eskuwelahan.
> 　　　　　　　　　　　　　　　　　　　彼らは学校でTシャツを配った。

（2）　活用の仕方

語根	不定相	完了相	未完了相	未然相	意味
bilí	mamilí	namilí	namímilí	mamímilí	買い物をする
lígaw	manlígaw	nanlígaw	nanlilígaw	manlilígaw	求愛する
isdâ	mangisdâ	nangisdâ	nangíngisdâ	mangíngisdâ	漁をする

1）不定相
- MA + NG-が同化した他の鼻音（M, N）+ 語根の最初の母音 + 語根の残り
  （例 mamili）
- MA + NG-が同化した他の鼻音（M, N）+ 語根
  （例 manligaw）
- MA + NG-のまま + 語根の最初の母音 + 語根の残り
  （例 mangisda）
- 接頭辞 MANG- + ハイフン + 語根
  （例 mang-api）

2）完了相：
- NA + NG-が同化した他の鼻音（M, N）+ 語根の最初の母音 + 語根の残り
   （例 namili）
- NA + NG-が同化した他の鼻音（M, N）+ 語根
   （例 nanligaw）
- NA + NG-のまま + 語根の最初の母音文字 + 語根の残り
   （例 nangisda）
- 接頭辞 NANG- + ハイフン + 語根
   （例 nang-api）

3）未完了相
- NA + 不定相の第2音節の繰り返し + 語根の残り
   （例 namimili, nangingisda）
- NA + NG-が同化した他の鼻音（M, N）+ 不定相の第2音節の繰り返し + 語根の残り
   （例 nanliligaw）
- 接頭辞 NANG- + ハイフン + 語根の最初の母音文字 + 語根
   （例 nang-aapi）

4）未然相
- MA + 不定相の第2音節の繰り返し + 語根の残り
   （例 mamimili, mangingisda）
- MA + NG-が同化した他の鼻音（M, N）+ 不定相の第2音節の繰り返し + 語根の残り
   （例 manliligaw）
- 接頭辞 MANG- + ハイフン + 語根の最初の母音文字 + 語根
   （例 mang-aapi）

以上の活用の仕方や以下の囲み解説のように MANG- という接辞の末音の ng ［ŋ］の部分が一部の「無変化」のタイプを除き次のようにおおむね2つのタイプに変化する。1）1つは，語根の形態や初頭音（最初の子音）はそのまま残るが，その初頭音の影響を受け，同じ調音点（☞2.1）の他の鼻音に音韻変化するもの（前鼻音化）で，2）もう1つは，語根の最初の音が消え鼻音化するもの（鼻音代償）である。これらのルールを理解していないと，辞書で単語の意味を調べたりするときなども，語根を引き当てにくいので，よく学習しておこう。

〈MANG- + b, p で始まる語根→ ng は m になり，b や p は通常，脱落。〉
    MANG- + bili   → mamili   買い物をする（鼻音代償）
    MANG- + palengke → mamalengke 市場などに買いに行く（鼻音代償）
    MANG- + manhid → mamanhid 麻痺する（鼻音代償）

〈MANG- + d, l, r, s, t, で始まる語根→ ng は n になるが，s, t のみ脱落〉
    MANG- + daya   → mandaya   ごまかす，欺く（前鼻音化）
    MANG- + ligaw   → manligaw   求愛する（前鼻音化）
    MANG- + raket   → manraket   不正な金儲けをする，人をゆする
                                                   （前鼻音化）
    MANG- + sigarilyo → manigarilyo 喫煙する（鼻音代償）
    MANG- + takot   → manakot   脅かす（鼻音代償）

〈MANG- +その他の音で始まる語根→そのままつける。ただし，k は脱落。〉
  なお，母音の場合は，MANG-とその母音との間にハイフンをとり，そのまま読む場合と，ng とそれぞれの母音が結合して鼻濁音（カ゜，ケ゜，キ゜，コ゜，ク゜）になる場合がある。
    MANG- + api   → mang-api   虐待する（無変化）
    MANG- + isda   → mangisda   魚をとる（鼻音代償。声門閉鎖音の
                                                   脱落）
    MANG- + kahoy   → mangahoy たきぎを集める（鼻音代償。k の脱
                                                   落）
    MANG- + hula   → manghula   占う（無変化）

20.3　M-動詞（行為者焦点）

（1）　一般的特徴

  M-動詞は，以下の例のように基本的に語根ではなく，p で始まる派生語幹（接辞＋語根）の p を m に置き換えるだけで出来上がるものを指す。

文型 【M-動詞 + ANG 句（主題：行為者）+ NG 句（対象補語）+ SA 句（方向補語），など】

paligo → maligo	シャワーなどをあびる		
paniwala → maniwala	信じる	pakinig → makinig	聞く
panganak → manganak	出産する	panood → manood	観る
pangako → mangako	約束する		

（2）活用の仕方

語根	不定相	完了相	未完了相	未然相	意味
palígo	maligo	nalígo	nalilígo	malilígo	シャワーを浴びる
panoód	manoód	nanoód	nanónoód	manónoód	観る

※未完了相および未然相は不定相の第2音節を繰り返す。

1）Maligo ka muna. 　　　　　　　先にシャワーを浴びなさい。
2）Manood tayo ng TV sa kuwarto ko. 　僕の部屋でテレビを観よう。
3）Nakikinig ako ng radyo ngayon. 　　私は，今ラジオを聞いている。

20.4 「〜が嫌いだ・欲しくない」ayaw （擬似動詞：嫌悪など）

ayaw は擬似動詞の一つで，意味は本項目に記したとおりである。

文型 【Ayaw + NG 句（行為者・経験者など）+ NG/ANG 句（対象〈補語・主題〉），など】

1）Ayaw ko ng balot. 　　　　　　　私はバロットは欲しくない。
2）Ayaw ni Fe ang bag na ito. 　　　フェはこのバッグが嫌いだ・欲しくない。

20.5 「〜するため，〜であるように」para （接続詞：目的構文）

目的文を作るための接続詞の用法である。この構文では，以下の1）と2）の

ように「可能」の MAKA-/MA- が比較的よく使われる。

文型　【para ＋動詞不定相＋行為者（ANG/NG 句），など】
1) para makabalik ako nang maaga　　僕が早く戻ってこれるように
2) para malutas ang problema mo　　君の問題が解決できるように
3) para magkakilala kayong mabuti　　君たちがよく知り合うために

高頻度コロケーション（連語関係）　para ＋【　】＋【　】
（1）**para** hindi「〜しないように」
　　　para hindi ka mainip　　君が退屈しないように
（2）**para** may「〜があるように」
　　　para may kasama ka　　君に連れがいるようにすべく
（3）**para** malaman「知るために」
　　　para malaman ko kung nasaan siya
　　　　　　　　彼女がどこにいるのか私が知るために
（4）**para** maging　「〜になるように」
　　　para maging pangulo ng bansa　　一国の大統領になるために

類義表現　upang「〜のために」
　para が話し言葉で多用されるのに対し，upang は書き言葉や公式な話し言葉で濫用される傾向がある。
1) Kailangan nating mag-*exercise* **upang** maging malusog.
　　　　　　　　私たちは健康になるために運動をしなければならない。
2) Pumila ako **upang** magbayad.　　私はお金を払うために並んだ。

20.6　「すべてが〜というわけではない」hindi ＋ lahat（部分否定）

　否定辞 hindi は，lahat だけでなく，頻度を表す副詞などとともに，部分否定を表す。
1) Hindi naman siguro lahat.　　おそらく全部ではないであろう。
2) Hindi naman niya alaga lagi ang katawan niya.
　　　　　　　　彼女は常に体の手入れをしているというわけではない。
3) Hindi siya naghihilamos araw-araw.　　彼は毎日顔を洗うわけではない。

練 習 問 題

1. 各語根を用いて MANG-動詞の活用表を完成させなさい。

	語根	不定	完了	未完了	未然
①	paléngke				
②	tahî（縫う）				
③	gamót（治療する）				
④	sigarílyo				
⑤	isdâ				

2. 各語根を用いて M-動詞の活用表を完成させなさい。

	語根	不定	完了	未完了	未然
①	pakiníg	makinig			
②	paniwálâ	maniwala			
③	pangákô	mangako			
④	panálo（勝つ）				
⑤	pakiúsap（頼む）				

3. 従属接続詞 para を用いて次の文をフィリピン語に訳しなさい。
   ① あなたが勉強できるようにお母さんは海外へ行った。
   ② 車を買うために仕事をしている。
   ③ 私たちが毎日食べられるようにお父さんは頑張っている（nagsisikap）。
   ④ 彼らは勝つために練習してきた。
   ⑤ 漁をするためにはボート（bangka）が必要だ。

4. 空所を適宜補充して，次の日常的な行為をフィリピン語に訳しなさい。
   （※未完了相を使用）
   ① ○○時に起きる（gising -UM-）。
   ② ○○時に寝る（natutulog）。
   ③ ○○時にシャワーを浴びる・入浴する。
   ④ フィリピン語を勉強している。

⑤ 音楽をよく聴く。
⑥ 毎朝新聞を読んでいる。
⑦ 月曜日から金曜日は仕事をしている（学校に行っている）。
⑧ 土曜日は出かけたり，買い物したりする。
⑨ 日曜日は教会に行く。
⑩ 時々テレビやDVDを観る。

5．本課の会話の内容に関する以下の設問にフィリピン語で答えなさい。
① Ano-ano ang ginagawa ni Roberto kapag walang pasok?
② Ano-ano ang ginagawa nina Mika at Katrina kapag namamasyal sila?
③ Nanonood din ba si Mika ng pelikulang Pilipino? Madalas ba?
④ Bakit hindi masyadong nanonood si Mika ng pelikulang Pilipino?
⑤ Anong pelikula ang gusto mong panoorin? Ano ang ayaw mong panoorin?

コラム18　フィリピン映画

　1980年代まで，フィリピンでは映画が多く製作されていた。年間製作本数においては，アメリカ，インドに次ぎ3番目で，庶民からの人気もあったが，近年は勢いを失い，映画館で主に上映されているのはハリウッド映画である。フィリピン映画は，上映されても上映期間が比較的短く，1-2週間で打ち切られることが多い。ただし，Metro Manila Film Festivalに合わせて12月25日から1月1週目までは，フィリピン全土の映画館で，審査委員より認定を受けたフィリピン映画のみ上映されることになっている。

　フィリピン映画は，多くの場合，テレビドラマの人気俳優でキャストが構成されている。人気俳優・女優の組み合わせ（通称：ラブチーム）による恋愛映画，有名コメディアンを使ったコメディ，海外出稼ぎ労働者（OFW）の困難や家族愛を描いた映画，ホラー，アクションとジャンルは様々である。

　2005年，フィリピン人の生き様を描く映画製作促進のためにフィリピン文化センターがCinemalaya Foundationを設立し，毎年インディーズ映画の映画祭を開催している。インディーズ映画は海外で賞を獲っている。以下に受賞作品のいくつかを紹介したい。

「Ang pagdadalaga ni Maximo Olivers（マキシモは花ざかり）」
（2005 年，Auraeus Solito 監督）
　母親の代わりに家事をしながら，おしゃれも楽しむ 12 歳のゲイの男の子の恋と家族の話。ベルリン国際映画祭で Teddy Jury Award の長編最優秀賞を受賞。Teddy Jury Award はゲイ関連の映画の中で最高の賞と言われている。

「Astig（タフガイ）」（2009 年，Giuseppe Sampedro 監督）
　4 人の男性のエピソードが微妙に交錯しながらストーリーが展開される。愛していると気付いた途端に彼女を捨ててしまうアリエル，出産をしたばかりの妻の病院代のために売春をするボーイ，中国人の父を持ち，自分のルーツを探すためにマニラに出てきたロナルド，妹たちに過保護になってしまうバステ。釜山国際映画祭で特別賞を受賞。大阪アジアフィルムフェスティバル，その他スペイン・スイス映画祭出展作品。

「Serbis（サービス）」（2008 年，Brillante Mendoza 監督）
　ポルノ映画館を営む家族の話。過激な性的描写がカンヌ映画祭で話題になった。コンペティション出品作品。Mendoza 監督は翌年のカンヌ映画祭で「Kinatay（殺戮）」という映画を出品し監督賞を受賞している。

（岡本真穂）

34　映画ポスター

21課 彼に日本語を教えることになったんだ
Tuturuan ko nga siya ng Nihongo

Hiroki: Nasaan ka kahapon, Berto? Nag-text ako, pero hindi ka sumagot.

Roberto: Ay, pasensiya na. May *piano recital* ang pinsan ko at nanood kami ni Mama. Pinatay ko ang cellphone ko at nakalimutan kong i-*on* ulit.

Hiroki: Sayang. Gusto ko sanang magpatulong sa *homework,* e.

Roberto: Sori. Ano na lang ang ginawa mo?

Hiroki: Nagpatulong ako kay Danilo. Madali lang naman, pero gusto kong masigurong tama ang mga sagot ko.

Roberto: Pumunta ka ba kina Danilo?

Hiroki: Hindi. Nasa eskuwela siya kahapon, kaya nagkita kami sa kapeterya. 'Nilibre pa nga niya ako ng meryenda.

Roberto: Ganoon talaga iyon.

Hiroki: Nakakahiya nga, e, kasi ako na nga ang nagpatulong, nagpalibre pa ako.

Roberto: Hindi bale. Bumawi ka na lang sa susunod.

Hiroki: Tuturuan ko nga siya ng Nihongo, kasi gusto raw niyang maintindihan ang mga salita sa anime.

Roberto: Hay, naku. Ang hilig talaga sa anime ni Danilo.

語句

násaán	どこにいる	masigúro(ng)	確認できる（対焦〈可・偶〉，不定）(☞ 27.1)
nag-téxt	携帯メールを送った（行焦，完了）	sagót	答え
sumagót	返信・返事する（行焦，完了）	kiná	人名の SA 形複数標識辞
Ay	あっ	eskuwéla	学校
pasénsiya ná	ごめんなさい	nagkíta	会う（行焦，完了）
píano recítal	ピアノ・リサイタル	'nilíbre	ご馳走してもらった（受焦，完了）
pínsan	いとこ		
pinatáy	消した（対焦，完了）	ganoón	そんなやつだ
nakalimútan	忘れた（対焦，完了）	nagpalíbre	ご馳走してもらった・させた（使焦，完了）(☞ 25.3)
i-*on*	オンにする（対焦，不定）		
ulít	また，再び	hindí bále	たいしたことない
sáyang	残念	bumáwî	取り返す（行焦，不定）
magpatúlong	手伝ってもらう（使焦，不定）	súsunód	次の
		túturúan	教える（方焦，未然）
homework	宿題	Nihóngo	日本語
sóri	ごめん	hay, nakú	ああ，もう
ginawâ	した（対焦，完了）	hílig	好き，関心
nagpatúlong	手伝ってもらった（使焦，完了）(☞ 25.3)		

21.1 「ごめんなさい，すみません」 Pasensya ka na（謝罪の表現）

　謝罪をするための決まり文句の一つである。フィリピン語の会話でも英語の sorry や excuse me が濫用されている状況にあって，pasensya ka na は相対的に使用頻度の高い表現であるので，覚えておくようにしたい。pasensya の原意は「忍耐」「我慢」であるが，「許すこと」「容赦」「勘弁」という意味もある。

1）Pasensya ka na, ha? 　　　　　　　ごめんなさいね。
2）Pasensya ka na sa kanila, ha? 　　　彼らのことはごめんなさいね。

21.2　I- 動詞（受益者焦点）

(1) 一般的特徴

動作の受益者に焦点が当たっている場合には受益者焦点の動詞を用いる。接辞は対象焦点の I-動詞（☞ 23.3）と同様である。

> **文型**　【I-動詞 + NG 句（行為者補語）+ ANG 句（主題：受益者）+ NG 句（対象補語）+ SA 句（方向補語），など】

1）Ibibili kita ng bagong damit.
　　お前に新しい服を買ってやるつもりだ。
2）Ikumusta mo na lang ako sa mga magulang mo.
　　君のご両親によろしくね。
3）Ipinagluto ako ng nanay ko ng masarap na hapunan.
　　母においしい夕食を作ってもらった。

(2)　活用の仕方

対象焦点の I-動詞（☞ 23.3）とまったく同じであるので，そちらを参照しよう。

21.3　-AN 動詞（方向焦点）

(1)　一般的特徴

-AN は，対象焦点，方向焦点，場所焦点などで使う接尾辞であるが，ここでは文字どおり動作の方向に焦点が当たっているもののみを取り扱うことにする。「方向」にはいろいろな意味役割が含まれており，細分化すれば，「方向」（起点，着点など）以外に「受領者」「受益者」などのことも指す。

文型 【AN-動詞 + NG 句（行為者補語）+ ANG 句（主題：方向）+ NG 句（対象補語），など】

（2） 活用の仕方

① 語根が子音で始まる場合

語根	不定相	完了相	未完了相	未然相	意味
túrô	turúan	t*in*urúan	t*in*uturúan	tuturúan	教える

1） 不定相
　　語根 + 焦点接辞-AN
2） 完了相
　　最初の子音 + 相を表示する-*IN*- + 最初の母音 + 語根の残り + 焦点接辞-AN
3） 未完了相
　　最初の子音 + 相を表示する-*IN*- + 最初の母音 + 語根 + 焦点接辞-AN
4） 未然相
　　最初の子音 + 最初の母音 + 語根 + 焦点接辞-AN

② 語根が母音文字で始まる場合
　完了相や未完了相を表す接中辞-IN-（イタリック体 *in*）を語頭にもってくる。なお，この-IN-は，表記上（見かけ上）は語頭にきているため接頭辞ともいえるが，音韻的には，フィリピン語の場合，語頭に子音である声門閉鎖音（？）が隠れているため，この場合も他の語根と同様に，基本的に最初の子音と母音の間に挿入された接中辞ということになる。

語根	不定相	完了相	未完了相	未然相	意味
upô	upuán	*in*upuán	*in*úupuán	úupuán	座る

21 課

1）不定相
　　語根 + 焦点接辞-AN
2）完了相
　　相を表示する-IN- + 語根 + 焦点接辞-AN
3）未完了相
　　相を表示する-IN- + 最初の母音 + 語根 + 焦点接辞-AN
4）未然相
　　最初の母音 + 語根 + 焦点接辞-AN

（3）　活用上の諸注意

① 語根の最後の母音が o の場合，u になる。
　　　turo → turuan　　　教える
② 語根が d で終わるものは，r に変わる。
　　　bayad → bayaran　　払う
③ 母音文字で終わる語根のうち，声門閉鎖音で終わらないものは，接尾辞-AN が付加されると h が顕在化し，綴りの上でも最終的に-HAN となる。
　　　punta → puntahan　　行く
④ 語根が短母音のみからなるものに，最後の母音が脱落するものがある。
　　　　tingin → tingnan　　見る　　　　bigay → bigyan　　　与える
　　　　sunod → sundan　　あとに続く　　bili → bilhan　　　　買う
⑤ n を伴って不規則変化をするものがある。
　　　　tawa → tawanan　　笑う　　　　kuha → kunan/kuhanan　取る

（4）　発音上の注意

　上記-UM-動詞，MAG-動詞，-IN 動詞などと同様に，以下のように対応すればよい。

① 語根の最初の母音が短母音の場合

完了相や未完了相の時には，繰り返された音節の母音を伸ばす。
（子音で始まる語根）（母音文字で始まる語根）

語　　根	hirám［hiram］	alís［ʔalisan］
意　　味	借りる	取り除く
不 定 相	hiramán［hiraman］	alisán［ʔalisan］
完 了 相	hiniramán［hiniraman］	inalisán［ʔinalisan］
未完了相	hiníhiramán［hini:hiraman］ （×）［hinihiraman］	ináalisán［ʔina:ʔalisan］ （×）［ʔinaʔalisan］
未 然 相	híhiramán［hi:hiraman］ （×）［hihiraman］	áalisán［ʔa:ʔalisan］ （×）［ʔaʔalisan］

② 語根の最初の母音が長母音の場合

未完了相や未然相の場合は，tinátawágan や tátawágan のように，語根に接辞-ANが付加されることにより，語根の最初の長母音にあるアクセントが1つ後ろに移動し発音しにくい長母音の連続も避けられるので，繰り返された音節の母音を伸ばして発音すればい。

	子音で始まる語根	母音文字で始まる語根
語　　根	táwag［ta:wag］	ábot［ʔa:bot］
意　　味	電話する	追いつく
不 定 相	tawágan［tawa:gan］	abútan［ʔabu:tan］
完 了 相	tinawágan［tinawa:gan］	inabútan［ʔinabu:tan］
未完了相	tinátawágan［tina:tawa:gan］	ináabútan［ʔina:ʔabu:tan］
未 然 相	tátawágan［ta:tawa:gan］	áabútan［ʔa:ʔabu:tan］

（5）その他の注意

アクセントが1つ後ろへ移動する。
　　táwag → tawágan　　　　　　　　電話する

（6） 例文

1）Pupuntahan ko si Malou.
　　　私はマルーのところへ行くつもりだ。（着点）
2）Nilagyan ko ng asukal ang kape.
　　　私はそのコーヒーに砂糖を入れた。（着点）
3）Inalisan ko ng takip ang mga lalagyan.
　　　容器の蓋をはずした。（起点）
4）Kinunan ako ng nars ng dugo.
　　　私は看護師に採血してもらった。（起点）
5）Bibigyan kita ng isa.
　　　1つ君にあげるよ。（受領者）
6）Dinalhan ko siya ng gulay.
　　　私は彼女に野菜を持って行ってあげた。（受領者）
7）Binilhan ko siya ng bagong sapatos.
　　　私は彼女に新しい靴を買ってあげた。（受益者）

21.4　間投詞のまとめ

　間投詞は，感情の高まったときなどに自然に口から発せられる言葉を指す。感情の種類別に，それらの表現を覚えよう。

〈驚き〉
　　Aba! Totoo iyan.　　　　　　　　　あら，本当だよ。
　　Aba, siyempre!　　　　　　　　　　もちろんだとも！
　　Aba! Ang laki naman nito!　　　　　すげー！これ何て大きいんだろう。
〈悲しみ・不快の念，驚きなど〉
　　Ay! Sorry.　　　　　　　　　　　　おっと，ごめん。
　　Ay! Ayoko.　　　　　　　　　　　　えっ，そんなの嫌だ！
　　Ay! Nabasag ang baso.　　　　　　　しまった！コップが割れちゃった。
〈賞賛〉
　　Aba! Ang galing mo palang kumanta!　すごい！君って歌が上手いんだね！

〈非難，ののしりなど〉
   Tse! Loko-loko.　　　　　　　　　　ちぇっ！何を馬鹿なことを。

〈注意喚起など〉
   Hoy! Makinig kayo sa akin.　　　　　おい，君たちは俺の言うことをよく聞け。
   Hoy! Gising.　　　　　　　　　　　おい，起きろ。

〈からかい〉
   Uy! Namula siya.　　　　　　　　　　おーい，彼女は赤くなったぞ。
   Uy! Ang ganda-ganda mo ngayon, a.　　おやー，今日はなんともお綺麗なこと。

〈後悔〉
   Sayang!　　　　　　　　　　　　　残念！

〈痛み〉
   Aray（ko）! Kinagat ako ng langgam.　痛い！蟻に咬まれたよ。

35　セブ島マゼランクロス

練 習 問 題

1．各語根を用いて -AN 動詞の活用表を完成させなさい。

	語　根	不　定	完　了	未完了	未　然
①	túlong				
②	puntá				
③	kuwénto				
④	paniwálâ				
⑤	súlat				
⑥	sábi				
⑦	báyad	*bayaran*			
⑧	bigáy	*bigyan*			
⑨	kúha	*kunan*			
⑩	pakiníg	*pakinggan*			

2．空所を適宜補充して，次の過去の行為をフィリピン語に訳しなさい。
（※完了相を使用）
　① 昨日は○○を食べた。
　② ○○も飲んだ。
　③ ○○へ行った。（どこも行かなかった）
　④ テレビでニュースを観た。
　⑤ 汚れた服を洗濯した。
　⑥ お母さんが料理するのを手伝った。
　⑦ 宿題をやった。
　⑧ 本を読まなかった。
　⑨ 友達に携帯メールを送った。
　⑩ ○○で仕事をした。（学校で勉強した）

3．次の文を日本語に訳しなさい。
　① Binabayaran ng estudyante ang kuwarto nang P1,000 buwan-buwan.
　② Pinuntahan nina Celia at Teresa ang kaklase nila sa ospital.
　③ Tingnan natin ang bagong bisikleta ni Noel.

④ Tawagan mo si Rowel sa cellphone niya.
⑤ Sinusulatan ko ang mga kamag-anak ko tuwing Bagong Taon.
⑥ Tutulungan ng mga doktor ang mga biktima ng lindol.

4．本課の会話の内容に関する以下の設問にフィリピン語で答えなさい。
① Bakit nag-text si Hiroki kay Roberto kahapon?
② Bakit hindi nakasagot si Roberto sa text ni Hiroki?
③ Bakit nahihiya si Hiroki kay Danilo?
④ Paano babawi si Hiroki kay Danilo?

コラム19　フィリピンの音楽・歌

　フィリピンにはプロの歌手はもちろんのこと，一般の人たちにも歌がとても上手な人が非常に多く，しかも歌唱力のレベルが高い。実力のあるシンガーが多数輩出され，国内に限らず世界各国で活躍し，注目を浴びている。また有名ミュージシャンのバンドのメンバーがフィリピン人ということも多いようだ。

　街中ではいたるところで音楽が流れている。生活に強く根付き，日常生活に欠かせないものなのだ。ショッピングセンターやレストランはもちろんのこと，時には公共交通機関などでも音楽が流れているほどで，音楽を耳にしない日はない。特にバーやレストランなどの多くがライブ演奏を毎日のように行っており，どこでも気軽に生の音楽を楽しむことができる。ショッピングセンターなど BGM がかかっているところでは，客はもちろんのこと，店員までが歌を口ずさむ光景が良く見られる。さらにはバスやジープニーでは流れる曲を口ずさみ，合唱状態となっている光景もたまに見られるのだ。これらはとてもフィリピンらしい。

　人気のあるジャンルは，日本でもよく耳にするような洋楽である。アメリカなどの海外有名アーティストがコンサートをするとなると，高額にもかかわらずあっという間にチケットが売り切れるほどだ。その一方で人気のフィリピン人アーティストによる OPM（オリジナル・フィリピーノ・ミュージック）と呼ばれるフィリピン独自の曲も洋楽に負けないくらい人気がある。この OPM，アメリカナイズされたものが多く，英語の曲が多いせいもあり洋楽に慣れ親しんだ日本人でも特に違和感なく受け入れることができる。OPM にはラブソングが多いのが特徴だが，友人曰くこれはフィリピン人にとって「日常生活における恋愛の重要

さ」を表しているという。またフィリピンにはどこにいってもかなり多くのバンドがある。以前はフレディー・アギラールなどのように政治的なフォークロックが多かったが，現在はラップやパンクのような感じの曲が多いようだ。さらに，最近では洋楽やOPMに加え，ドラマやアニメを通じK-popやJ-popなどの音楽の人気も出てきている。フィリピンで活躍する外国人アーティストも多く，実際日本人のアーティストも活躍している。そのうちの一人が私の友人で，日本人ジャズシンガーである（☞写真36）。彼はソロで活躍する一方，フィリピン人シンガーとコラボしたり，日本語の曲をカバーしたりと，音楽を通じて日本とフィリピンの文化交流の一翼を担っている。

　フィリピンに行く機会があれば，歌や音楽も一つのコミュニケーションの手段として使ってみるのも良いかもしれない。　　　　　　　　　　（木村恭子）

36　現地で活躍する日本人シンガー横川愛作さん

22課 明日は何かすることあるの？
May gagawin ka ba bukas?

Roberto: Mika, may gagawin ka ba bukas?
Mika: Wala naman. Bakit?
Hiroki: Pupunta kaming dalawa sa Anilao sa Batangas. Gusto mong sumama?
Mika: Oo, gusto ko. Puwede ko bang yayain si Katrina?
Roberto: Siyempre. Mas marami, mas masaya!
Mika: Sandali lang.
（Tatawag kay Katrina.）
Puwede rin daw si Katrina. Puwede rin bang mag-*scuba diving* doon?
Roberto: Oo, puwede.
Hiroki: Hindi ako marunong mag-scuba diving.
Roberto: Kung scuba diving, mas maganda sa Puerto Galera o El Nido. Kaya bukas, sasakay tayo sa bangka at lalangoy.
Mika: O sige. Paano nga ba tayo pupunta roon?
Roberto: Hihiramin ko ang kotse ni Kuya at ako ang magmamaneho.
Mika: Susunduin mo ba kami, o pupunta kami sa inyo?
Roberto: Susunduin ko kayo. Hiroki, ikaw, alas siyete. Mga alas siyete y medya kayo, Mika.
Hiroki: Puwede mo ba akong tawagan bago ka umalis ng bahay mo?
Roberto: Okey. Kapag nasundo na kita, tatawagan naman natin si Mika.
Mika: Hihintayin namin kayo.

語句

gágawín	する（対焦，未然）	El Nído	エル・ニド（地名）
búkas	明日	lálangóy	泳ぐ（行焦，未然）
Aniláo	アニラオ（地名）	paáno	どう，どのように
Batángas	バタンガス（地名）	híhiramín	借りる（対焦，未然）
sumáma	一緒に行く・来る（行焦，不定）	kótse	車
		magmámaného	運転する（行焦，未然）
yayáin	誘う（対焦，不定）	súsunduín	迎えに行く（対焦，未然）
tatáwag	電話する（行焦，未然）		
		tawágan	電話する（方焦，不定）
mag-*scúba diving*	スキューバダイビングをする（行焦，不定）	umalís	出る（行焦，不定）
		nasundô	迎えに行った（対焦〈可・偶〉，完了）(☞ 27.1)
Puérto Galéra	プエルト・ガレラ（地名）	híhintayín	待つ（対焦，未然）

22.1 「私には〜する〜がある」（存在詞＋動詞各焦点）

6.1 や 7.1 で学習したとおり，存在詞を伴う場合には，特定の何かではなく，不定の何かについて言及することが多い。不確かなため相手に対して具体的に言及することができないか，あるいは確かではあるが言及する必要がないか，または言及したくない場合などに用いる。

文型

（1）May

〈ANG 形人称代名詞なし〉

【May ＋非行為者焦点動詞（被所有物）＋（小辞群）＋ ANG 句（所有者＝±人名），など】

　　May bibilhin pa si Joy.　　　　　ジョイには買う予定のものがまだある。

〈ANG 形人称代名詞あり〉

①【May ＋非行為者焦点動詞（被所有物）＋所有者（人称代名詞）を含む前接語群，など】

　　May bibilhin pa siya.　　　　　彼女には買う予定のものがまだある。

②【May＋前置の名詞句の一部＋所有者（人称代名詞）を含む前接語群＋リンカー＋後置の名詞句の一部，など】
　　May bibilhin pa siyang bag.　　彼女には買う予定のバッグがまだある。

（2）Mayroon/Wala/Marami
〈ANG 形人称代名詞なし〉
　①【Mayroon/Wala/Marami＋リンカー】＋非行為者焦点動詞（被所有物）＋ANG 句（所有者＝±人名），など】
　　Mayroong/Walang/Maraming bibilhin si Joy.
　　　ジョイには買う予定のものがある・ない・たくさんある。
　②【Mayroon/Wala/Marami＋小辞群＋リンカー＋非行為者焦点動詞（被所有物）＋ANG 句（所有者＝±人名），など】
　　Mayroon/Wala/Marami pa yatang bibilhin si Joy.
　　　ジョイには買う予定のものがまだあるようだ・まだないようだ・まだたくさんあるようだ。

〈ANG 形人称代名詞あり〉
　①【Mayroon/Wala/Marami＋ANG 形人称代名詞＝所有者，を含む前接語群＋リンカー＋非行為者焦点動詞（被所有物），など】
　　Mayroon/Wala/Marami pa yata siyang bibilhin.
　　　彼女には買う予定のものがまだあるようだ・まだないようだ・まだたくさんあるようだ。
　②【Mayroon/Wala/Marami＋所有者（人称代名詞）を含む前接語群＋リンカー＋名詞句，など】
　　Mayroon/Wala/Marami pa yata siyang bibilhing bag.
　　　彼女には買う予定のバッグがまだあるようだ・まだないようだ・まだたくさんあるようだ。
　※「～する～がいる・ある」「誰か・何かが～をする」という場合には【May＋行為者焦点動詞，など】あるいは【Mayroon/Wala/Marami＋リンカー＋行為者焦点動詞，など】となる。

1）May tumawag sa iyo kanina.　　さっき君に電話してきた人がいる。
2）Walang pumarito kahapon.　　昨日は誰もここに来なかった。

22.2 「〜なほど〜だ」mas 〜, mas 〜
（形容詞比較級の用法）

「より〜だ」という意味をもつ副詞 mas を 2 つの形容詞につけ，それぞれを並べて表現する。

文型　【Mas + 形容詞, mas + 形容詞】
1) Mas malaki, mas maganda/mabuti/magaling/mainam.　　大きいほどいい。
2) Mas maaga, mas mabuti/maganda/magaling/mainam.　　早いほどいい。

22.3 「〜の場合には，〜なら，〜したら」
kung/（ka)pag（接続詞：時・条件など）

いずれも「条件」「時」を表す複文等を作る際に使う大切な接続詞である。2 つの用法をあえて数式で表すなら，おおよそ以下のようになるであろう。ちなみに，後者の綴り方は kapag あるいは ka の縮約形 'pag である。

```
kung：条件≧時     kapag/'pag：時≧条件
```

（1）Kung
1) Kung lalabas ka, lalabas din ako.
   君が外出するなら，僕もそうするよ。
2) Magagalit ako kung gagawin niya iyon.
   彼がそうするなら私は怒るだろう。
3) Puwede kang sumama sa akin kung gusto mo.
   君が望むなら，ついて来てもいいよ。
4) Maraming tao dito kung Pasko.
   クリスマス時には，ここは多くの人になる。
5) Tahimik dito kung gabi.
   夜ここは静かだ。

(2)（Ka）pag
1）Kapag may problema ka, may tutulong sa iyo.
問題・悩みがある場合には，誰かが君のことを助けてくれるであろう。
2）Dumarating naman siya kapag sinabi niyang darating siya.
彼女は，来ると言ったら来るよ。
3）Ibalita mo sa akin kapag nagkita kayo.
君たちが会ったら，僕に知らせてよ。
4）Sumasakay ng bus si Ben kapag pumapasok siya sa opisina.
出勤する時には，ベンはバスに乗る。
※（Ka)pagに導かれた従属節の動詞には，例文2)3)のように，完了相が比較的頻出する。

22.4　「～はどうやって～するの？」（方法を問う表現）

「どのように」という場合は，疑問詞はpaanoあるいはpapaanoを使って表す。

文型　【Paano＋動詞＋ANG句（主題），など？】
1）Paano ako uuwi ngayon?　　　　今日はどうやってうちに帰ろうかな？
2）Paano daw sila nabubuhay?　　　彼らはどうやって生きてるって？
3）Paano ka gagaling kung ganoon?
もしそうなら君はどうやって回復するんだろう？
4）Paano ka nga pala natutong mag-Tagalog?
そういえば君はどうやってタガログ語を覚えたの？
5）Paano kung dumating si Jerry?　もしジェリーが来たらどうしよう？

練習問題

1. May / Marami / Wala を用いて次の文をフィリピン語に訳しなさい。
   ① 今どこか行く（ところがある）？
   ② 私はあなたに言いたいことがある。
   ③ 彼女は（誰かを）待っているようだ。
   ④ お母さんは払わなければいけない借金（utang）がたくさんある。
   ⑤ 彼はラジオで聴いている番組（programa）がある。
   ⑥ 貧しい人たちは食べるものがない。
   ⑦ お父さんは飲んでいる薬がたくさんある。
   ⑧ 彼らは信じているものがない。
   ⑨ ロベルトは（誰かに）電話している。
   ⑩ 先生に聞きたいことはある？

2. 次の文を日本語に訳しなさい。
   ① Mas malapit, mas mainam.
   ② Mas mabagal, mas matagal.
   ③ Mas maliit, mas malasa.
   ④ Mas maingat, mas mabuti.
   ⑤ Mas maiksi, mas madali.

3. a. 接続詞 Kung を用いて次の文をフィリピン語に訳しなさい。
   ① 嫌なら，一緒に行かないで。
   ② （あなたは）時間があったら，私に電話して。
   ③ 言いたいことがあるなら，早く（すぐに）言って。
   ④ 君が行かないなら，私も行かない。
   ⑤ 友達が必要なら，私がここにいるよ。

   b. 次の文を日本語に訳しなさい。
   ① Kapag nasa Maynila ka na, sulatan mo ang nanay mo.
   ② Mag-party tayo kapag nanalo ang team natin.
   ③ Maaga siyang umaalis kapag nangingisda.
   ④ Kapag namimili ka, magkano ang dinadala mo?

⑤　Ano ang ginagawa mo kapag may sakit ka?

4．疑問詞 Paano を用いて次の文をフィリピン語に訳しなさい。
① 君はどうやって学校（仕事）に行っているの？
② 日本語で"Mahal kita"はどう言うの？
③ 私はどのようにカボチャを切ったらいいの？
④ 私たちはどうやって米を買ったらいいんだろう？
⑤ あなたの夫はどのようにしてあなたに求愛したの？

5．本課の会話の内容に関する以下の設問にフィリピン語で答えなさい。
① Saan pupunta si Hiroki?
② Sino ang kasama ni Hiroki?
③ Sa palagay mo, ano ang Anilao?
④ Ano-ano ang puwedeng gawin doon?
⑤ Paano pupunta ang magkakaibigan doon?
⑥ Sino-sino ang kasama sa biyahe?

コラム20 フィリピンの若者言葉

　フィリピンの若者は新しい言葉を作ったり，言葉の使い方や意味を変えたりすることがとても好きだ。以下は二人のフィリピン人の若者の会話例である。

Paul:　　Oh **tsong** musta na?
Julius:　Ok lang **pare** kaya lang **nosebleed** yung exam kanina. Nag-aral pa naman ako nang **bonggang-bongga** kagabi.
Paul:　　**Tsibog** na lang tayo tapos **tambay** tayo sa SM para makalimutan mo yan.
Julius:　Uy ayos yan ah. Ayain natin buong **tropa**. **Toma** tayo sa bahay pagkatapos.
Paul:　　Balita ko **astig** daw yung bagong palabas sa sine eh. **Nood** tayo sa SM?
Julius:　**Tara tara**! Wait lang tawagan ko muna **barkada**.
Paul:　　Bilisan mo **tomguts** na ako eh.

　上記の会話に見られるような言葉は文法書や授業の中では出てこない。これらの言葉に代表されるフィリピンの若者言葉の本当の意味を知り，その使い方を学ぶためにはフィリピン人の若者に習い，実際の会話で使用してみるのが一番の方法だ。

Tsong / Pare：男友だち同士の呼び方
Nosebleed：文字通り「鼻血を出す」という意味ではなく，試験や課題などがとても難しくて理解できない場合や，話し相手が使用したフィリピン語または英語の意味が難解で理解できない場合などに使われる表現である。
Bonggang-bongga：「ものすごく」文の強調をしたい場合に，形容詞として使用される。
Tsibog：「食べる」「食べ物」の意味をあらわす。
Tambay：英語の「standby」を短くした単語で，「たむろする」という意味合いで使用される。

Tropa / Barkada：友人グループのことをあらわす単語である。
Toma：「お酒を飲む」の意味合いで使われる。
Astig：フィリピン語の「tigas」の音節の順番を交替させ，逆にした言葉で，「すごい！」という意味合いで使用される。
Nood：人を誘って何かをしたり，命令する場合には，'Kain tayo'（食べよう）'Punta kayo'（来て）などのように動詞の接辞を省略して語根だけで使用することが多い。
Tara：「行こう」という意味で使われる。
Tomguts：「Astig」と同じように，フィリピン語の「gutom」の音節を交替させ，逆にした言葉で，「おなかがすいている」という意味で使われる。

　若者言葉以外に，「バクラ」と呼ばれるフィリピンのゲイが生みだした'Gay Lingo（おねえ言葉）'も数多くある。それらの言葉の中にはゲイではない人々にも広く使われているものも多い。Tara na at mag-aral tayo ng salita ng kabataan!（さあ，若者言葉の勉強をはじめよう！）　　（Paul Santiago）

37　ホワイトサンドが広がるフィリピン屈指のリゾート，ボラカイ島

第23課 迎えに来てくれてありがとう
Salamat sa pagsundo sa amin

Katrina: Salamat sa pagsundo sa amin.
Roberto: Walang problema.
Katrina: Kotse mo ba ito?
Roberto: Hindi, sa kuya ko ito. Hiniram ko lang ngayon.
Hiroki: Mag-ingat ka sa pagmamaneho, ha?
Roberto: Siyempre, lagi naman akong maingat magmaneho.
Katrina: Masuwerte tayo't hindi matrapik. Madalas kasing magtrapik dito sa Maynila.

(Ituturo ni Hiroki ang traysikel.)

Hiroki: Traysikel iyon, di ba?

(Ituturo ang sasakyang mukhang traysikel.)

Traysikel din ba iyon?
Katrina: Hindi, pedicab iyon. Ang traysikel, motorsiklo. Ang pedicab naman, bisikleta. Pero parehong may *sidecar* para sa pasahero.
Hiroki: Gusto kong sumakay ng traysikel minsan.
Mika: Gusto ko naman sa kalesa.
Hiroki: Panturista iyon, di ba? Hindi naman ako turista kaya traysikel pa rin ang gusto ko.
Katrina: May kalesang panturista pero meron ding para sa karaniwang pasahero.

語句

pagsundô	迎えに行くこと	kalésa	馬車
motorsíklo	バイク	masuwérte	幸運な，ラッキー，
hinirám	借りた（対焦，完了）	panturísta	観光客用
bisikléta	自転車	matrápik	道が込んでいる
mag-íngat	気をつける（行焦，不定）	turísta	観光客
		magtrápik	道が込む（行焦,不定）
sídecar	サイドカー	pa rín	依然，やっぱり
maíngat	注意深い	itutúrô	指差す（対焦，未然）
pára sa ~	~のための	karaníwan	普通の
pagmamaného	運転すること	mukháng ~	~みたい

23.1　「~すること，~であること」（動名詞）

本課では，これまでに覚えた動詞の動名詞形を整理しよう。以下の表は，左が各動詞の接辞で，右がそれに対応する動名詞である。

-UM- → PAG- + 語根	pagsulat	書くこと
MAG- → PAG- + 語根の第1音節 + 語根	pagluluto	料理すること
MA- → PAGKA- + 語根	pagkamatay	死ぬこと
M- → 語根（語幹）の第2音節を繰り返す	panonood	鑑賞すること

1）Importante ang pagsulat at pagbasa para sa mga bata.
　　読み書きは子どもにとって大切だ。
2）Bising-bisi ako sa pagluluto.
　　私は料理に大忙しだ。
3）Huwag mong damdamin ang pagkamatay ng lolo mo.
　　おじいさんの死んだことであまり気を落とすな。
4）Panonood ng basketbol ang libangan ko.
　　私の趣味はバスケットボールを観戦することだ。

23.2 「いつも，ときどき，たまに」（頻度・回数の副詞）

(1) 頻度

頻度を表す副詞を頻度順に並べると lagi（いつも），madalas（しばしば，よく），paminsan-minsan（ときどき），bihira（めったに～ない）といった具合になる。これらは文末にくることもあるが，文頭で使うのが一般的である。lagi や paminsan-minsan は未完了相の動詞を伴うことが多いのに対し，madalas や bihira は不定相の動詞を従えることが多い。

文型　【副詞＋リンカー＋ ANG 句（主題：行為者）／ NG 句（行為者補語）＋動詞など】

1) Lagi kaming nagmamadyong dito.　　私たちはここでいつも麻雀をする。
2) Madalas akong manood ng sine dito.　私はここでよく映画を観る。
3) Bihira na kaming magkita.　　　　　私たちはもうめったに会わない。
4) Paminsan-minsan lang akong nagluluto.
　　　　　　　　　　　　　　　　　　私はときどき料理する程度である。

(2) 回数 beses

「月に何回～する」「これまでに何回～した」といったふうに具体的な回数を表す場合には，beses で表す。回数を尋ねる場合は，疑問詞 ilan を使って Ilang beses kang ～？といった具合に表現するとよい。

1) Ilang beses kang kumatok sa pinto?　何度ドアをノックした？
2) Tatlong beses akong kumatok sa pinto.　3 度した。
3) Mga dalawang beses silang nagsu-*swimming* sa isang linggo.
　　　　　　　　　　　　　　　　　　彼らは週に2回くらい泳ぐ。

23.3　I-動詞（対象焦点）

(1) 一般的特徴

　フィリピン語は，行為者よりも対象に焦点が当たるという「対象優位性」（対象＞行為者）があると言われている。I-は，動作の対象（被動作主）に焦点が当たっている場合に用いる。-IN（☞ 19.2）と並んで対象焦点動詞の代表的な接辞である。文中の行為の対象（目的物）が特定のものであったり，話題になっている場合は，ほとんどその部分（名詞句）に焦点が当たり，行為の対象が ANG 句（主題）となる。

> **文型**　【I-動詞 + NG 句（行為者補語）+ ANG 句（主題：対象）+ SA 句（方向補語），など】

(2) 活用の仕方

　活用の仕方は，以下のとおりである。ここで注意しなければならないいくつかのポイントがある。他の I-動詞の例は，巻末付録 2「基本動詞活用表」を参照しよう。

　以下のとおり，完了相と未完了相の場合のみ，非行為者焦点動詞の相（アスペクト ☞ 13.1）を表す接中辞 -IN-（イタリック体 *in*）を挿入。

① 語根が子音で始まる場合

語根	不定相	完了相	未完了相	未然相	意味
bigáy	ibigáy	ib*in*igáy	ib*iní*bigáy	ibíbigáy	与える

1）不定相
　　焦点接辞 I- ＋ 語根
2）完了相
　　焦点接辞 I- ＋ 最初の子音と母音の間に相を表示する -*IN*- を挿入したもの ＋ 語根の残り

3) 未完了相
   焦点接辞 I- + 最初の子音と母音の間に相を表示する-IN-を挿入したもの + 語根
4) 未然相
   焦点接辞 I- + 最初の子音と母音 + 語根

> 　子音のうち，h, l, r, w, y で始まる語根をもつ I-動詞の完了相や未完了相は，接頭辞 I-と語根の最初の子音の間に IN ではなく NI を挿入する（ただ，音韻上は，NI が挿入されたのではなく，結果，表記上そう見えるだけである）。
> 　すなわち，以下の各例の左側のように語根の最初の子音の後ろに完了相や未完了相を示す in がそのまま挿入されると非常に発音しにくい。よって，2) の iniluto のように，発音しやすいように l と n の音韻交替が生じたものである。
> 　1) ih*in*anda → in*i*handa　㋷handa
>
> | 語根 | 不定相 | 完了相 | 未完了相 | 未然相 | 意味 |
> |---|---|---|---|---|---|
> | uwî | iuwî | in*i*uwî | in*i*úuwî | iúuwî | 持って帰る |
>
> 　2) il*in*uto → in*i*luto　㋷luto （☞巻末付録2「基本動詞活用表」）
> 　3) ir*in*egalo → in*i*regalo　㋷regalo （☞巻末付録2「基本動詞活用表」）
>
> 　　Iniluto ni Nanay ang adobong ito.　母はこのアドボを料理した。

② 語根が母音文字で始まる場合

語根	不定相	完了相	未完了相	未然相	意味
uwî	iuwî	in*i*uwî	in*i*úuwî	iúuwî	持って帰る

　語根が母音文字で始まる場合も，接頭辞 I-と語根の間に IN ではなく NI を挿入。そのまま，接頭辞 I-の後に非行為者焦点の完了相と未完了相を示す接中辞-IN-を続けると母音の i が重複し，非常に発音しにくい。

1) 不定相
   |焦点接辞 I-| + |語根|
2) 完了相
   |焦点接辞 I-| + |相を表示する-NI-| + |語根|
3) 未完了相
   |焦点接辞 I-| + |相を表示する-NI-| + |語根の最初の母音| + |語根|
4) 未然相
   |焦点接辞 I-| + |語根の最初の母音| + |語根|

Iniuwi niya ang librong iyon.　　　　　彼はあの本をうちに持って帰った。

③　語根の語頭が「子音＋子音」の場合

たとえば，以下の prito のように，不定相以外は，語根の最初の母音 i を借りてきて，最初の子音 p と組み合わせ，以下のように活用する。

語根	不定相	完了相	未完了相	未然相	意味
príto	ipríto	ip*in*iríto	ip*in*ipríto	ipipríto	油で揚げる

Iprito natin ang mga ito para sa mga bisita.　　これらをお客に油で揚げてあげよう。

（3）　発音上の注意

①　語根の最初の母音が短母音の場合

以下のように未完了相と未然相の場合は，語根の最初の子音と母音を繰り返すが，その繰り返した部分の母音は，たとえば，以下の bigay の i のように，もともと短母音でも長母音となる。

	子音で始まる語根	母音文字で始まる語根
語　根	bigáy ［bigay］	abót ［ʔabot］
意　味	与える	渡す
不定相	ibigáy ［ʔibigay］	iabót ［ʔiʔabot］
完了相	ibinígay ［ʔibinigay］	iniabót ［ʔiniʔabot］
未完了相	ibiníbigáy ［ʔibini:bigay］ （×）［ʔibinibigay］	iniáabot ［ʔiniʔa:ʔabot］ （×）［ʔiniʔaʔabot］
未然相	ibíbigáy ［ʔibi:bigay］ （×）［ʔibibigay］	iáabot ［ʔiʔa: ʔabot］ （×）［ʔiʔaʔabot］

② 　語根の最初の母音が長母音の場合

〈子音で始まる語根〉

　túrô［tu:roʔ］のように語根に長母音のある場合も，本来なら上記①と同じように未完了相と未然相では，語根の最初の子音と母音を繰り返した音節の母音は，［itinu:tu:roʔ］のように長母音となるはずであるが，最近のフィリピン語話者の多くは伸ばさずに［itinitu:roʔ］とだけ発音する傾向があるので，それに従えばいいであろう。

〈母音文字で始まる語根〉

　この場合も上記の例と同じように，未完了相と未然相では，語根の最初の子音と母音を繰り返した音節の母音は，［ʔiʔu:ʔu:lat］のように長母音となるはずであるが，［ʔiʔuʔu:lat］と発音するだけで十分で，必ずしも伸ばす必要はないであろう。

	子音で始まる語根	母音文字で始まる語根
語　根	túrô ［tu:roʔ］	úlat ［ʔulat］
意　味	教える	報告する
不定相	itúrô ［ʔitu:roʔ］	iúlat ［ʔiʔulat］
完了相	itinúrô ［ʔitinu:roʔ］	iniúlat ［ʔiniʔu:lat］
未完了相	itinutúrô ［ʔitinutu:roʔ］ （△）［ʔitinu:tu:roʔ］	iniuúlat ［ʔiniʔuʔu:lat］ （△）［iniʔu:ʔu:lat］
未然相	itutúrô ［ʔitutu:roʔ］ （△）［ʔitu:tu:roʔ］	iuúlat ［ʔiʔuʔu:lat］ （△）［ʔiʔu:ʔu:lat］

（4） 語根の意味的特徴

意味的にみると概ねつぎのような意味をもつ語根につく傾向がある。

① 授与・寄付・売却・投棄・返却・設置・報告・発表など，行為の対象（目的物）が，行為者から離れて行ったり，他人に伝わる傾向のものが多い。そして，行為者焦点の MAG-動詞に対応するものが比較的多いのも特徴である。
　　1）Ibigay natin ang aso sa kanila.　　その犬を彼らにあげよう。
　　2）Ibenta mo sa kanya ang kamera mo.　カメラを彼に売りなさい。
　　3）Itapon mo na iyan sa basurahan.　　それをもうゴミ箱に捨てなさい。
　　4）Ireport mo iyan sa pulis.　　それを警察に通報しなさい。

② 行為の対象（目的物）が，行為者とともに移動する意味のものが多い傾向がある。
　　1）Ilipat natin ito doon.　　これをあそこに移動させよう。
　　2）Ilabas mo iyan.　　それを外に出して。
　　3）Ilayo mo iyan sa bata.
　　　　　　　　それを子どもの手の届かないとこに置いておきなさい。
　　4）Huwag mong iuwi ito.　　これをうちに持って帰らないで。

23.4　「～のため」para sa（目的などを表す句）

para sa ～（～のために）は，SA 形を用いた「目的」「用途」などを表す句を構成するための表現である。
　　1）Para kanino ito?　　　　　　　　これは誰のためのもの？
　　2）Para sa iyo iyan.　　　　　　　　それは君のためのものだ。
　　3）Para saan ang mga ito?　　　　　これらは何のために使うの？
　　4）Para sa pista natin ang mga iyan.　それらは祭り用だ。

練 習 問 題

1．次の動詞の語根を動名詞に変えなさい。
   ① pílî   ⑥ síkap
   ② sagót   ⑦ labá
   ③ kantá   ⑧ línis
   ④ gawâ   ⑨ paniwálâ
   ⑤ trabáho   ⑩ pakiníg

2．各語根を用いてI-動詞の活用表を完成させなさい。

	語　　根	不　定	完　了	未完了	未然
①	súlat				
②	tanóng				
③	saúlî（返す）				
④	tágô（隠す）				
⑤	túrô（指差す，教える）				
⑥	padalá（送る）				
⑦	pakíta（見せる）				
⑧	lagáy（置く，入れる）				
⑨	sará（閉める）				
⑩	dikít（貼る）				

3．上記2．から該当する動詞を選んで適切な相にした上で，次の文の空所に入れなさい。
   ① Alas diyes _____ ng guwardiya ang *gate*（門）.
   ② Ano ang _____ sa sinigang para umasim ito?
   ③ Ayaw kong gamitin ang perang ito kaya _____ ko muna ito.
   ④ Kapag humiram ka ng libro, dapat mong _____ iyon.
   ⑤ _____ ko sa titser kung ano ang *homework*.
   ⑥ May _____ ako sa iyong litrato.
   ⑦ Nakarating si Hiroki sa Palma Hall dahil _____ iyon sa kanya ni Roberto.
   ⑧ _____ niya ang suweldo niya sa Pilipinas buwan-buwan.

⑨　Para saan ang _____ nilang karatula?
⑩　_____ po ninyo ang pangalan ninyo dito.

4．次の文を日本語に訳しなさい。
①　Ibigay natin ang suporta sa samahan.
②　Ibinenta niya ang bisikleta niya.
③　Itinatapon namin ang basura tuwing Martes at Biyernes.
④　Irereport ko sa pulis ang aksidente.
⑤　Ilipat ninyo ang mga silya sa kanan.
⑥　Isinauli ni Robert ang libro sa aklatan.

5．本課の会話の内容に関する以下の設問にフィリピン語で答えなさい。
①　Sino ang sumundo kay Katrina?
②　Ano ang paalala ni Hiroki kay Roberto?
③　Ano-anong sasakyang Pilipino ang nakita ni Hiroki?
④　Ano ang pagkakaiba ng dalawa?
⑤　Ano naman ang gustong sasakyang Pilipino ni Mika?

コラム21 フィリピンのテレビの特徴

　フィリピンにはGMA，ABS-CBNという２大テレビ局がある。自宅にケーブルテレビを引いていない庶民の間では，GMA（通称：Kapuso）はチャンネル7，ABS-CBN（通称：Kapamilya）はチャンネル２と呼ばれている。この２大テレビ局は，視聴率においてライバル関係にあるが，番組編成は似ており，朝のニュースに始まり，アニメ，情報バラエティ番組，昼メロドラマ，夕方のニュース，プライムタイムドラマ，夜のニュース，スポーツ番組がほぼ同じ時間帯に放送されている。また両者共に近年，韓国ドラマの吹き替え版放送，アメリカ・メキシコのテレビ番組のリメイク化が活発である。異なる点と言えば，番組に出演している芸能人（ニュースキャスター，俳優，芸人，歌手など）である。これはテレビ局が芸能人と専属契約を結んでいるために，他局に出演することはできない（CMでは他局専属の芸能人を見ることができる）。よって，人気芸能人獲得，新人発掘が重要になる。2007年にGMA若手看板女優のエンジェル・ロクシンがABS-CBNに移籍した時はワイドショーでも大きく取り上げられた。

　つぎにフィリピンのテレビの特徴として以下の４つを紹介したい。

　まず第１に，歌う・踊る番組が多い。平日真昼間のバラエティ番組では，ミニスカート姿の若いタレント女性が司会者の後ろで踊り，賞金をかけた素人参加型企画でも，素人が歌い，踊る。毎週日曜日正午には，人気俳優と歌手が一堂に会し，歌と踊りのエンターテイメントショーを繰り広げる番組がある。そこでは歌い踊った後に息を切らしながら，歌手や俳優がCD発売や映画・ドラマの宣伝をする。人気芸能人となると，誕生日には特別にパフォーマンスの時間が設けられ，知人からのお祝いメッセージと共に盛大にお祝いが行われる。

　第２に，ニュース番組で日本とは違う映像が流れる。留置所に勾留されている容疑者へのインタビュー，現場警察官へのインタビュー，携帯を盗んだ男性が近隣住民に囲まれ殴られ続ける様子，事故・事件現場に残された血痕だけでなく死体がモザイク付で放映されることもある。

　第３に，芸能人が政治的立場を示す。大統領選の際には候補者応援ポロシャツを着用し，CMで支持を呼びかける芸能人がいる（2010年の大統領選では，アキノ派は黄色のものを着用）。よって，大統領選前は，テレビ番組においても，政治色が強くなり，テレビ・ラジオCMもほとんどが選挙関係で占められる。

第4として，俳優に混血が多い。ABS-CBN 若手人気俳優サム・ミルビィの父親はアメリカ人，GMA 人気女優マリアン・リベラも父親がスペイン人である。また中国系も多く活躍している。これは近年のみに見られる特徴ではなく，以前は，スペイン系の俳優が多く活躍していた。 （岡本真穂）

38 GMA の夜の看板ニュース番組「24 ORAS」の宣伝

39 ペディキャブの運転手

24課 少し下痢気味です
Nagtatae po ako nang kaunti

Roberto: Namumutla ka yata. Masama ba ang pakiramdam mo?
Hiroki: Masakit ang tiyan ko.
Roberto: Dapat pumunta ka sa ospital o sa *infirmary*. Sasamahan kita.
Hiroki: Naku, salamat!

(Sa *infirmary*)

Doktor: Ano'ng problema?
Hiroki: Masakit po ang tiyan ko, at nagtatae po ako nang kaunti.
Doktor: Nagsusuka ka ba?
Hiroki: Hindi po.

(Pagkatapos ng pagsusuri)

Doktor: May masama kang nakain. Bibigyan kita ng reseta.

(Iaabot ang reseta kay Hiroki)

Pumunta ka sa botika at bilhin mo ito.
Hiroki: Opo.
Roberto: Karaniwan, hindi nagbibigay ng gamot sa ospital. Sa botika binibili ang gamot. Kailangan ng reseta sa pagbili ng gamot, pero kapag mga karaniwang gamot tulad ng para sa sakit ng ulo, hindi kailangan ng reseta.
Hiroki: A, pareho rin sa Japan.
Roberto: Ako na ang bibili ng gamot mo para makapagpahinga ka.
Hiroki: Maraming salamat.

語句

namúmutlâ	青ざめている（行焦，未完）	nakáin	食べた（対焦〈可・偶〉，完了）(☞ 27.1)
pakiramdám	具合，体調	bíbigyán	あげる（方焦，未然）
masakít	痛い	reséta	処方箋
tiyán	お腹	iáabót	渡す（対焦，未然）
ospitál	病院	botíka	薬局
infirmary	（学校などの）保健室，医務室	bilhín	買う（対焦，不定）
		karaníwan	一般的に，通常
ano'ng probléma?	どうしました？	nagbíbigáy	あげる（行焦，未完）
nagtátaé	下痢している（行焦，未完）	gamót	薬
		biníbilí	買う（対焦，未完）
nang ～	副詞標識辞	túlad ng ～	～のように
nagsúsuká	吐いている（行焦，未完）	úlo	頭
		makapagpahingá	休める（行焦〈可・偶〉，不定）
pagsusúrî	診察		

24.1 「AまたはB」o（接続詞：選択）

oは，atやpero/ngunitと並んで，対等の関係にある語句等を繋ぐ役割をする等位接続詞の一つである。2つの語句を繋いだ場合，これらはそれぞれ独立しており，文法的に主従関係にはない。

1) Ano ang mas *type* mo, piloto o inhinyero?
   パイロットとエンジニアではどっちがあなたのタイプ？
2) Ikaw ba o siya ang sasama sa akin bukas?
   明日私についてくるのはあなた，それとも彼？

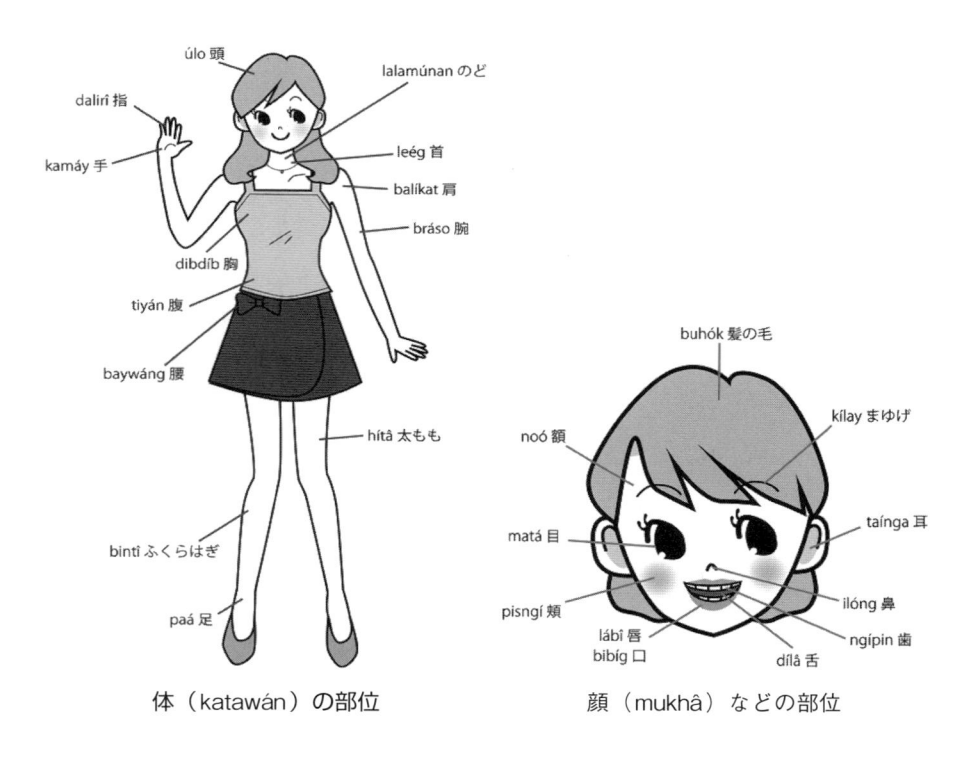

体（katawán）の部位の図：úlo 頭、dalirî 指、kamáy 手、lalamúnan のど、leég 首、balíkat 肩、bráso 腕、dibdíb 胸、tiyán 腹、baywáng 腰、hítâ 太もも、bintî ふくらはぎ、paá 足

顔（mukhâ）などの部位の図：buhók 髪の毛、kílay まゆげ、noó 額、taínga 耳、matá 目、pisngí 頬、ilóng 鼻、lábî 唇、bibíg 口、ngípin 歯、dílâ 舌

24.2　MAG-動詞（異常性などの表現）

　頻繁に行う正常でない行為の表現である。発音も語根の長母音が短母音に変わるので，注意したい。単一の行為の場合と本項目の動詞を対比させると以下のとおりになる。

　　umíhî（小便をする）→ mag-ihî（頻繁に小便をする）
　　tumáe（大便をする）→ magtaé（下痢気味になる）
　１）Nag-iihi ang lolo ko.　　　　　　祖父はトイレが近い。
　２）Madalas akong magtae.　　　　　私はよく下痢気味になる。

　なお，継続的・反復的行為などもMAG-動詞を使う。この場合も，発音は語根の長母音が短母音に変わるので，注意したい。単一の行為などを表す場合と本項目の動詞を対比させると以下のとおりになる。

bumasa　（読む：単一の行為）　　magbasa　（普通にまたはじっくり読む）
sumulat　（書く：単一の行為）　　magsulat　（普通にまたは時間をかけて書く）
lumakad　（歩く：単一の行為）　　maglakad（ある程度の時間・距離を歩く）

1）Nagbabasa ako ng diyaryo araw-araw.　　私は新聞を毎日読む。
2）Nagsulat siya ng nobela.　　　　　　　　彼女は小説を書いた。
3）Naglakad kami hanggang doon.　　　　　　私たちはそこまで歩いた。

24.3　「～の後」pagkatapos ng ～（時を表す副詞句）

　この後には通常，名詞がくる。人称代名詞や人名を使って表す場合には，大抵 NG 形のものを用いる。会話などでは，ka が脱落し，pagtapos ng ～となることがよくある。

文型　【pagkatapos + NG 句，など】

1）Pagkatapos ng misa, kain tayo.　　ミサの後で食事をしよう。
2）Pagkatapos ng dalawang taon, mag-aaral yata siya sa Amerika.
　　　　　　　　　　　　　　　　2年後に彼はアメリカに留学する予定のようだ。

　接続詞 Pagkatapos に導かれた従属節にある行為者は NG 形で表す。なお，そのとき動詞は通常不定相（☞ 13.1）をとる。

3）Pagkatapos mong kumain　　　　　君が食べ終わったら
4）Pagkatapos niyang uminom ng gamot, tumawag siya ng ambulansiya.
　　　　　　　　　　　　　　　　彼は薬を飲んだ後，救急車を呼んだ。

類義表現　pagkaraan ng ～「～が過ぎて」「～が経って」（基本的に書き言葉）
Pagkaraan ng dalawang linggo, dumating si Cherry.　　2週間後にチェリーが来た。

練習問題

1. 次の文を日本語に訳しなさい。
    ① Alin ang mas malaki, Japan o Pilipinas?
    ② Ano ang gusto mo, kape o tsaa?
    ③ Nag-i-email o tumatawag ako sa pamilya ko sa Pilipinas.
    ④ May sipon yata siya o lagnat.
    ⑤ Naglalakad o nagdyidyip si Hiroki papunta sa eskuwela.

2. 接続詞 Pagkatapos を用いて次の文をフィリピン語に訳しなさい。
    ① 仕事の後，飲みに行こう（mag-inuman）。
    ② 私は勉強した後，テレビを観る。
    ③ これを夕食後に飲んでください。
    ④ 先生が話した後，私たち（排除形）は帰った。
    ⑤ （私は）1時間後に出かける。

3. 本課の会話の内容に関する以下の設問にフィリピン語で答えなさい。
    ① Ano ang pakiramdam ni Hiroki?
    ② Ano ang dahilan ng pagsakit ng tiyan ni Hiroki?
    ③ Ano ang nakasulat sa isang reseta?
    ④ Kailangan ba ng reseta sa pagbili ng lahat ng gamot?

コラム22 アニメを使ったフィリピン語の学習方法

　ある程度フィリピン語に慣れてきたら，インターネットでフィリピンのサイトを探索してみよう。
　ブログや掲示板が結構な数存在することがわかる。YouTubeの動画のコメントにもフィリピン語が見受けられる。
　フィリピン語のリスニング練習をしたいという人は，動画サイトなどで「Tagalog」のキーワードで検索すると，フィリピン人による動画がたくさん見つかるだろう。
　フィリピンのテレビを中継しているサイトでは，リアルタイムでフィリピンの放送を視聴することが出来る。フィリピンのテレビ局のサイトには番組表があるので，それを傍らに好きな番組を視聴できる。
　その中でも，お薦めなのが，フィリピン語に翻訳された日本のアニメである。フィリピンでも日本のアニメは人気があり，多くの作品がフィリピン語に翻訳されて放送されている。「名探偵コナン」や「ドラえもん」などは，朝の時間帯にほぼ毎日放送している（2011年現在）。
　過去においては，ロボットアニメ「ボルテスⅤ」などのように日本ではあまり人気がなかったものでも，フィリピンで国民的な人気を得たケースもあり，大変興味深い。
　「ABS-CBN」や「GMA」では比較的有名なアニメが放送されている。一方，

24課

「TV5」では，日本での深夜帯に放送されているようなものも放送されている。YouTubeでアニメの宣伝用動画を探してみると「あ，こんなものまで！」と驚くことだろう。

　ドラマやバラエティ番組に比べて，アニメは一つ一つのセリフがはっきりしていて聞き取り易い。子供向けのものは簡単な単語を使うので初学者にはやさしい。何より，元々が日本のアニメなので，日本人にとっては比較的理解しやすい。また，動画サイトには有志が字幕を付けたものもアップロードされている。日本語の原版に一度目を通してから見ると，更によく理解できるだろう。

　最初は早口言葉のように早いフィリピン語に驚くかもしれないが，2回，3回と聞くうちに，だんだん耳が慣れてくる。フィリピン語の会話の独特なリズムやメロディを掴むのに，フィリピン語のアニメは一役買ってくれるだろう。

（滝口勇輝）

40　フィリピン語のタブロイド各紙

25課 どのようにしますか？
Ano po ang gusto ninyong ipagawa ngayon?

Katrina: Pupunta ako sa *beauty parlor*. Gusto mong sumama?
Mika: Kakapagupit ko lang, pero gusto kong makita ang beauty parlor dito sa Maynila.
Katrina: E di, sumama ka sa akin.
(Sa beauty parlor)
Beautician: Ano po ang gusto ninyong ipagawa ngayon? Gupit, kulot, ano po?
Katrina: Gupit, *trim* lang.
Beautician: Gaano pong kahaba ang gugupitin?
Katrina: Mga 4 (*four*) *inches*.
Beautician: Ano po'ng gagawin sa *bangs?*
Katrina: Pinapahaba ko kaya pakipantay lang.
Beautician: Gusto rin po ba ninyong magpa–*manicure?* Puwede po nating pagsabayin.
Katrina: Hindi na. Gupit na lang. Mika, gusto mong magpa-manicure?
Mika: Puwede ba?
Beautician: Opo. Dito lang po.
(Natapos ang paggupit)
Beautician: Tama na po ba ang ganito?
Katrina: May mahaba pang buhok dito sa kanan, o.
Beautician: Sige po, ayusin po natin.
Katrina: Ayan, pantay na.
(Pinansin ni Mika ang ayos ng buhok ni Katrina)
Mika: Ang haba ng pinaputol mo! Pero maganda, bagay sa iyo.
Katrina: Salamat. Ang kyut naman ng kuko mo. Sa susunod, ganyan ang ipapagawa ko.

語句

beauty parlor	美容院	natápos	終わった（行焦，完了）
kákapagupít	切ってもらったばかり	paggupít	切ること
makíta	見る（対焦〈可・偶〉，不定）	ganitó	こう，このよう
		kánan	右，右側の
ipagawâ	してもらう（使対焦，不定）	ayúsin	直す，整える（対焦，不定）
gupít	カット	ayán	ほら
kulót	パーマ	pantáy	揃っている
trim	トリム	pinansín	注視した（対焦，完了）
gaáno kahábâ	どのくらい長く	áyos	姿，形，様子
gúgupitín	切る（対焦，未然）	pinapútol	切ってもらった（ipinapútol の略。使対焦，完了）
inches	インチ		
bangs	前髪		
pinápahábâ	伸ばしている（被使焦，未完）	bágay	似合っている
		kyút	かわいい
pakipantáy	揃えてください	kukó	爪
magpa-*mánicure*	マニキュアしてもらう（使焦，不定）	sa súsunód	次回
		ganyán	そう，そのよう
pagsabayín	同時にする（対焦，不定）	ipápagawâ	してもらう（使対焦，未然）

25.1　「〜したばかり」（近完了動詞）

【Ka＋語根第1音節＋語根】で「〜したばかり」という意味の動詞になる。小辞の"pa"や"lang"も同時に用いることが多い。注意すべきは，以下の例文のように，行為者は ANG 形ではなく NG 形をとるということである。つまり，この構文は，ANG 句（主題）の現れないいわゆる無題文になる。

文型　【近完了動詞＋NG 句（行為者）＋NG 句（対象補語）＋SA 句（方向補語），など】

1) Kararating/Kakarating pa lang niya dito.　彼はここに着いたばかりだ。
2) Kabibili/Kakabili ko lang nito.　これ，買ったばかりなんだ。

3）Kaaalis/Kakaalis lang ng titser.　　　先生は出て行ったばかりだ。
　　※実際の会話などでは，語根ではなく接辞 ka を繰り返すことがしばしばみられる。

25.2　「それなら」E, di（文頭副詞）

　意味は，本項目に記したとおりである。場つなぎ的な表現であるので，少し休止（ポーズ）を取りながら発音するとよい。E と Di のいずれかが脱落することもよくある。
　　1）E, di gagawin ko mamaya.　　　それじゃあ，後でやることにするよ。
　　2）E, magkano naman ang tawad?
　　　　　　　　　　　　　　　　　　それなら，いくらディスカウントしてくれる？
　　3）Di, huwag ka nang bumili ng kotse.　それなら，車なんかもう買うなよ。

25.3　「～せる・させる」使役動詞（MAGPA-, IPA-）

（1）　MAGPA －動詞

① 　一般的特徴
　MAGPA-動詞は，以下の図式のように語根に「使役」を意味する接頭辞 PA-が付加され，それ自体が「派生語幹」（名詞）となり，さらに動詞形成接辞である MAG-が付加されて出来上がったものである。使役者が被使役者に何かをさせるいわゆる使役行為（「指示」「依頼」「許容」「放任」など）を表すのに用いるが，焦点は使役者に当たっている。

　　　MAGPA-動詞 ＝ |MAG-| ＋ |派生語幹（PA＋語根）|

　文型　【使役者焦点動詞 ＋ ANG 句（主題：使役者）＋ SA/NG 句（被使役者補語）＋ NG 句（対象補語）＋ SA 句（方向補語），など】
　　1）Magpaluto na lang tayo sa kanya ng isda.
　　　　　彼に魚を調理してもらおう。
　　2）Nagpabili ako ng tinapay sa katulong.
　　　　　私はメイドにパンを買いに行かせた。

3）Kailangan ko munang magpaganda.
　　　　私は先に化粧しなければならない。
4）Nagpapalamig siya sa aklatan.
　　　　彼は図書館で涼んでいる。
5）Magaling siyang magpataba ng baboy.
　　　　彼は豚を太らせるの（養豚）が上手だ。
　※3）4）は使役者と被使役者が同一人物などである場合に用いるいわゆる再帰用法であるので，被使役者が省略される。
　　5）の例文のように，もともと自動詞（この場合 tumaba「太る」）から使役動詞になるものには被使役者補語が SA 句ではなく NG 句のものがいくつかある。

② 活用の仕方

語根	不定相	完了相	未完了相	未然相	意味
túlong	magpatúlong	nagpatúlong	nagpápatúlong	magpápatúlong	手伝わせる

　　フィリピン語の基本動詞の中には，表面的には使役動詞に見えるものが以下のようにいくつかあるが，これらは使役動詞ではなく，「～を表す・示す」などを意味する接頭辞 PA- が語根に付加され，それ自体が「派生語幹」（名詞）となり，さらに動詞形成接辞である MAG- が付加されて最終的に動詞になったものである。使役動詞と間違えないように注意したい。

　　Mag + pasalamat（お礼）= magpasalamat　　　　お礼を言う
　　Mag + paalam（別れの挨拶）= magpaalam　　　　別れの挨拶をする
　　Mag + pakasal（結婚）= magpakasal　　　　　　結婚する
　　Mag + pahayag（表明・発表）= magpahayag　　　表明・発表する
　　Mag + pahintulot（許可）= magpahintulot　　　　許す

（2） IPA －動詞

① 一般的特徴
　使役文で行為の対象に焦点があたっている場合に用いる動詞。語根に「使役

を意味する接頭辞 PA- が語根に付加され，それ自体が「派生語幹」（名詞）となり，さらに動詞形成接辞である I- が付加されて出来上がったものである。いわゆる対象焦点の I- 動詞や -IN 動詞に対応しており，双方とも使役の意味が加わった場合には最終的には接頭辞は IPA- の形態をとる。

IPA- 動詞 ＝ |I-| + |派生語幹（PA +語根）|

文型　【使役対象焦点動詞 + NG 句（使役者補語）+ SA 句（被使役者補語）+ ANG 句（主題：対象），など】
1) Ipapahiram ko sa iyo ang libro ko.　　私の本を君に貸してあげるよ。
2) Ayaw kong ipagamit sa iba ang kompyuter ko.
　　　　　　　　私は自分のコンピューターを他人に使わせたくない。
3) Ipinasulat sa akin ng *boss* ko ang dokumento.
　　　　　　　　私は上司にその文書を書かされた・書くように言われた。

② 活用の仕方

語根（bása）	不定相	完了相	未完了相	未然相	意味
話し言葉	ipabása	ipinabása	ipinápabása	ipápabása	読ませる
書き言葉	ipabása	ipinabása	ipinababása	ipababása	同上

　未完了相および未然相の場合，話し言葉では語根ではなく接辞の pa を繰り返し，一方，書き言葉では，語根の最初の子音と母音（母音文字）を繰り返すのが一般的であるので注意したい。

25.4　「〜はどれくらい〜なの？」Gaano（ng）+形容詞語根？（程度・数量の比較など）

【Gaano（ng）+ ka +形容詞の語根 + ANG 句（主題）?】で本項目に記したように程度・数量などを尋ねる質問ができるが，これに対する返事も以下のような形で表現できる。比較される対象は NG 形で受ける。なお，Gaano/Ganito などや前

接語の直後には通常リンカーは不要であるが，つけて表現する母語話者もいるので，念のため（　）で表示した。

文型　【Kasing-＋形容詞の語根＋NG句（比較対象）＋ANG句（主題）】

（1）　Kasing（同等比較級）で応答する場合

1）　A：Gaano（ng）kaganda si Marisol?
　　　　　マリソールはどれくらい奇麗なの？
　　B：Kasingganda/Singganda ni Pinky.
　　　　　ピンキーと同じくらいだ。
2）　A：Gaano siya（ng）katangkad?
　　　　　彼はどれくらい背が高いの？
　　B：Kasintangkad/Sintangkad（siya）ng anak ko.
　　　　　（彼）は私の子と同じくらい高い。
3）　A：Gaano（ng）kaputi ang papel na iyon?
　　　　　その紙はどれくらい白い？
　　B：Kasimputi/Simputi nito.
　　　　　これと同じくらい白い。

※ kasing-の接頭辞末音-ng［ŋ］と語根の初頭音との鼻音同化のルールについては，29.2を参照。

（2）　katulad や ganito などを用いて応答する場合

　KASING-ではなく katulad/tulad/gaya といった形容詞を使って表すことも可能である。「これ・それ・あれと同じくらい〜である」という場合は，katulad/tulad/gaya nito（niyan, noon）となるが，特に最後の gaya nito（niyan, noon）については，ganito「このような・このように」，ganiyan「そのような・そのように」，ganoon「あ（そ）のような・あ（そ）のように」の形が一般的である。

1）　A：Gaano（ng）kabilis iyong tren?　　　その電車はどれくらい速いの？
　　B：Katulad/Tulad/Gaya ng Shinkansen.　新幹線と同じくらいだ。
2）　A：Gaano kaya（ng）kalaki iyon?　　　　あれはどれくらい大きい？
　　B：Ganito yata（ng）kalaki iyon.　　　　これと同じくらい大きいと思う。

(3) その他

Gaano(ng) katagal ang biyahe?　　　　旅はどれくらい長いの？
Mga limang oras.　　　　　　　　　　5時間くらいだ。

25.5 「どうぞ・どうか〜してください」 Paki（丁寧な依頼表現）

英語でいう Please 〜 に相当し，丁寧な依頼を表す。小辞の lang や nga を組み合わせて用いると，より丁寧な言い方になる。

文型　【Paki-＋語根（行為者焦動詞）】あるいは【Paki-＋非行為者焦点動詞＋2人称代名詞（mo, ninyo），など】

1) Pakibili nga muna ng asukal sa tindahan.
　　先に店で砂糖を買ってきてください。
2) Pakisabi mo na lang kay Glecy ang totoo.
　　グレシーに本当のことを言ってください。
3) Pakitawagan mo ako mamayang gabi.
　　今晩私に電話ください。
4) Pakihinaan mo naman ang TV.
　　テレビの音を小さくしてください。

※上記2)のように-IN動詞の場合は，接尾辞-IN/-HINが省略されることが多い。

25.6 「ほら〜だ」o（終助詞：注意喚起など）

a, e, ha などと並んで代表的な終助詞の1つ。命令・依頼行為などにおける緊急性や聞き手に対する注意喚起などを表す。

1) Pakinggan mo nga ito, o.　　　ほら，これ聞いて。
2) Maupo ka rito, o.　　　　　　ほら，ここに座りなさいよ。
3) Ayun si Mario, o.　　　　　　ほら，あそこにマリオがいるよ。

25.7 「ほらここに・そこに・あそこに」 Ayan/Ayun（注意喚起，呼びかけなど）

13.4で学習したとおり，eto は，heto の異形。ayan は hayan, ayun は hayun のそれぞれ異形である。いずれも会話ならではの表現で頻出する。基本的に，注意喚起しながら，話し手の近く，聞き手の近く，あるいは双方から遠いものや情報などを相手に指し示すときなどに用いる。

1) Ayan, ganyan nga. 　　　　　　　そうそう，そんな感じだ。
2) Ayan na siya. 　　　　　　　　　ほら，彼が来たよ。
3) Ayun ang gasolinahan. 　　　　　ほら，あそこにガソリンスタンドだ。
4) Ayun, bumalik na ulit si Manuel.
　　　　　　　　　　　　　　　　　ほら，あそこにマヌエルがまた戻ってきた。

練 習 問 題

1. 以下の①～⑤の語根を近完了の形に変えた上で，⑥～⑩の文をフィリピン語に訳しなさい。

	語　根	話し言葉	書き言葉
①	káin		
②	inóm		
③	puntá		
④	bukás		
⑤	suwéldo　給料(をもらう)		

⑥　私は食べたばかりだから，まだお腹がいっぱいだ。
⑦　お父さんは薬を飲んだばかりだ。
⑧　美香は昨日美容院に行ったばかりだ。
⑨　その店はオープンしたばかりだ。
⑩　彼は給料をもらったばかりだけど，もうお金がないんだ。

2. a． 各語根を用いて MAGPA- 動詞の活用表を完成させなさい。

	語　根	不　定	完　了	未完了	未　然
①	túrô				
②	bilí				
③	sáma				
④	gamót				
⑤	masáhe（マッサージ）				

b． 上記 a. の動詞を用いて次の文をフィリピン語に訳しなさい。
① 博樹はロベルトに病院へ連れて行ってもらうだろう。
② お母さんは野菜を買ってもらうように頼んでいる。
③ 彼女はダンスを教えてもらった。
④ どこかマッサージしてもらえるところ，知っている？
⑤ 私のおじいさんは有名な医者に治療してもらった。

3．a．各語根を用いて IPA-動詞の活用表を完成させなさい。

	語根	不定	完了	未完了	未然
①	súlat				
②	bilí				
③	inóm				
④	káin				
⑤	tahî				

b．上記 a．の動詞を用いて次の文をフィリピン語に訳しなさい。
① その肉は犬に食べさせなさい。
② カトリーナはパーティー用にそのドレスを作って（縫って）もらった。
③ 看護師は患者（pasyente）にその薬を飲ませている。
④ 警察は彼に名前と電話番号を書かせた。
⑤ 私はお母さんにその安い野菜を買うように頼まれた。

4．次の文を日本語に訳しなさい。
① Pakitanong ninyo sa titser.
② Pakihiwa ang pizza.
③ Pakigising si Roberto.
④ Pakidikdik nga ang bawang.
⑤ Pakisamahan mo naman ako sa palengke.

5．本課の会話の内容に関する以下の設問にフィリピン語で答えなさい。
① Gusto bang magpagupit ng buhok ni Mika? Bakit?
② Ano-ano ang puwedeng ipagawa sa beauty parlor?
③ Ano ang ipinagawa ni Mika?

コラム23 マニラの美容院

　最近マニラには，さまざまな美容院がオープンし，選択の幅も広がってきました。日本と同じ点や異なる点，フィリピン独特の点などを比較しながら，マニラの美容院事情を見ていくことにしましょう。

　フィリピンの美容院の特徴は，なんといっても，美容師ではないでしょうか。「Bakla」と呼ばれるゲイの美容師の比率が圧倒的に高いのです。最近は女性の美容師も多くなってきましたが，フィリピンで有名な美容師は皆，ゲイです。そしてもう1つの特徴は，洗髪の仕方です。日本では，洗髪の際に顔にガーゼのようなものをかけてくれますが，フィリピンではこのようなものはありません。

　そして実際のカットやパーマですが，日本と同じように，美容師にどのような髪形がいいのかを伝えます。カットにシャンプーとブローが付いている美容院では，通常，ヘアースタイルの雑誌が置いてあるので，その雑誌を指さして「こんな感じにしてください」と伝えることも可能です。自分で雑誌の切り抜きを持って行くことも，もちろん可能です。フィリピンの美容院で切ってもらうようになってから気付いたことですが，フィリピンの美容師は，日本の美容師に比べてヘアースタイルのバリエーションが少ないようです。そのため，具体的に「こうしてください」と伝えないと，自分のイメージとかなりかけ離れた髪形に仕上がってしまいます。

　ここ数年で韓国人を数多く見かけるようになり，韓国のドラマや音楽も流行っていることから，韓国人経営美容院（韓国人美容師がいる）も増えてきています。マニラ在住の友達によると，韓国系の美容院でカットしてもらうと，日本の美容院に近い仕上がりになるとのことです。

　マニラには，日本人経営の美容院（日本人美容師がいる）もありますので，ここで，フィリピン人，韓国人，日本人の美容師による料金を比較してみましょう。2011年現在，カット（シャンプー・ブロー込み）では，フィリピン人美容師が400ペソ弱，韓国人美容師が500ペソから600ペソ，日本人美容師が1000ペソ以上となっています。やはり，日本人経営の美容院は，かなり高めの料金設定となっているようです。

　私はここ数年，中流階級のフィリピン人客が多い美容院に通っています。フィリピン人の女性美容師にカットしてもらっていますが，「今回も同じようにお願

いします」というだけで私が希望する髪形に切ってくれますので，お気に入りの美容院となっています。　　　　　　　　　　　　　　　　（橋元紀美加）

41　フィリピン大学付近の美容院の様子

42　マカティの韓国系美容院の様子

26課 貸してあげるよ
Papahiramin kita

Roberto: Hiroki, ikakasal ang kuya ko.
Hiroki: *Congratulations.*
Roberto: Kasamahan niya sa trabaho ang mapapangasawa niya. Magandang babae.
Hiroki: E, bakit parang malungkot ka?
Roberto: *Crush* ko kasi siya, e. Nakakainggit si Kuya.
Hiroki: Marami pang ibang babae, makakahanap ka rin ng para sa iyo. Kailan ang kasal nila?
Roberto: Sa Setyembre, sa simbahan ng San Agustin. Pagkatapos ng kasalan, may *reception* sa Manila Hotel. Gusto mong pumunta?
Hiroki: Ako? Hindi ko naman gaanong kilala ang kuya mo.
Roberto: Okey lang iyon. *Best friend* naman kita, e.
Hiroki: Pero wala akong amerikana o barong Tagalog.
Roberto: Papahiramin kita. May itim na pantalon ka ba?
Hiroki: Meron, pero hindi pang-*formal*. Bumili kaya ako ng barong Tagalog? Matagal ko nang gusto, e.
Roberto: 'Yun naman pala, e. May alam akong magandang tindahan. Dadalhin kita roon.
Hiroki: Sige. Salamat.

語句

ikákasál	結婚する（対焦, 未然）	hindi gaánong ～	そんなに～ない
Congratulations	おめでとう	*best friend*	親友
kasamahán	同僚	amerikána	スーツ
mapápangasáwa	～と結婚する（方焦〈可・偶〉, 未然）(☞ 27.1)	bárong Tagálog	バロン・タガログ
		pápahiramín	貸す（被使焦, 未然）
malungkót	悲しい	pantalón	ズボン
crush	惚れている	pang-*formal*	フォーマル用
nakákainggít	羨ましい	kayâ	～かしら (☞ 6.3)
makákahánap	見つかる（行焦, 未然）	matagál	長い間
kasál	結婚	'Yun naman palá, e	そういうことなら問題ないよ
San Agustín	サン・アグスティン		
kasálan	結婚式	dádalhín	連れて行く（対焦, 未然）
reception	披露宴		
Manila Hotel	マニラ・ホテル		

26.1 「～される，～の状態になる」I-動詞 （動作主のない受動文）

(1) 一般的特徴

この構文では被動作者だけ出現し，動作主のないものが多い。つまり，被動作者が動作の影響を受けることに重点が置かれている。ただ，このタイプのI-動詞は極めて少ない。

文型 【I-動詞 + ANG 句（主題：被動作者）+ SA 句（方向補語），など】

1) Ikinasal siya kay Vina.　　　　　彼はヴィナと結婚した。
2) Inihalal siyang mayor ng Makati.　彼はマカティの市長に選出された。

(2) 活用の仕方

基本的にI-動詞（対象焦点）(☞ 23.3) と同じなので，ここでは割愛する。

26.2　NAKAKA-形容詞

語根の意味するところの原因・理由となる（「語根の意味する状況や感情などを引き起こす・誘発する，〜せる・させる）という意味をもつ。形態的には，【nakaka-/naka-語根第1音節の繰り返し】で，話し言葉では，【nakaka-＋語根】の方が瀕用され，一方，書き言葉では，【naka-＋語根第1音節の繰り返し＋語根】が好まれる。

1) Nakakahiya naman iyon sa kanya!　それは彼に申し訳ないよ！
2) Nakakainis ka talaga!　君は本当にむかつかせるな。
3) Nakakatawa talaga ang itsura niya.　彼の姿は本当に可笑しい。
4) Nakakaawa ang mga taong walang pagkain.
　　　　　　　　　　　　　　　食べるものがない人たちは可哀そうだ。

※ NAKAKA-形容詞は MA-動詞（行為者焦点）（☞ 28.1）と同じ語根を共有している場合が多い。

26.3　「それほど・あまり〜でない」（hindi ＋ gaano(ng) ＋形容詞・動詞など）

疑問詞としての gaano の原意は「どのくらい」（☞ 25.4）であるが，否定文に限って副詞的に用いる場合は，「それほど・あまり〜でない」という意味になる。

1) Hindi gaanong malaki ang manggang ito.
　　このマンゴーはあまり大きくない。
2) Hindi gaanong lumala ang sakit niya.
　　彼女の病気はそれほど悪化しなかった。
3) Hindi gaanong nakatulog si Fe sa buong magdamag.
　　フェは一晩中あまり眠れなかった。

類義表現　hindi masyadong 〜 「それほど・あまり〜でない」
用法は gaano と同じである。

1) Hindi masyadong malaki ang manggang ito.
　　このマンゴーはあまり大きくない。
2) Hindi masyadong lumala ang sakit niya.
　　彼女の病気はそれほど悪化しなかった。

3）Hindi masyadong nakatulog si Fe sa buong magdamag.
　　　フェは一晩中あまり眠れなかった。

26.4 「〜せる・させる」PA-IN/HIN 動詞 （被使役者焦点）

(1) 一般的特徴

被使役者（使役者に命令・依頼などされ実際に行為を行う者）に焦点が当たっている場合に用いる動詞。接辞に以下のようなものがある。

PA-IN（-UM-動詞などと対応）
　（例）　kumain（食べる）→ pakainin（食べさせる）
PAG-IN（MAG-動詞と対応）
　（例）maghintay（待つ）→ paghintayin（待たせる）
PANG-IN（MANG-動詞と対応）
　（例）mamalantsa（アイロンをかける）
　　　　　　　　　　　　→ pamalantsahin（アイロンをかけさせる）

文型　【被使役者焦点動詞＋NG句（使役者補語）＋ANG句（主題：被使役者）＋NG句（対象補語），など】

1）Pinainom ko ng gamot ang lolo ko kanina.
　　　私はさっき祖父に薬を飲ませた。
2）Araw-araw kong pinapakain ng karne ang aso ko.
　　　僕は自分の犬に毎日肉を食べさせる。
3）Pinaghintay ko nang isang oras si Ken.
　　　私はケンを一時間待たせた。

(2) 活用の仕方

〈語根が子音で始まる場合〉

語根 (káin)	不定相	完了相	未完了相	未然相	意味
話し言葉	pakaínin	pinakáin	pinápakáin	pápakaínin	食べさせる
書き言葉	pakaínin	pinakáin	pinakakáin	pakakaínin	同上

〈語根が母音文字で始まる場合〉

語根 (inom)	不定相	完了相	未完了相	未然相	意味
話し言葉	painumín	pinainóm	pinápainóm	pápainumín	飲ませる
書き言葉	painumín	pinainóm	pinaíinóm	paíinumín	同上

　　未完了相および未然相の場合，話し言葉では語根ではなく接辞の pa を繰り返し，一方，書き言葉では，語根の最初の子音と母音（母音文字）を繰り返すのが一般的であるので注意したい。

43　サン・アグスティン教会での結婚式

練習問題

1．例にならって各語根を形容詞に変えなさい。

例：

語　根	話し言葉	書き言葉	意　味
takot	*nakaka*takot	*nakata*takot	怖い

	語　根	話し言葉	書き言葉	意　味
①	inís（イライラ）			イライラする
②	gúlat（ビックリ）			ビックリする
③	págod（疲労）			疲れる
④	lungkót（悲しみ）			悲しい
⑤	antók（眠気）			眠くなる
⑥	tuwâ（喜ぶこと）			喜ばしい
⑦	úhaw（喉が渇くこと）			喉が渇く
⑧	hiyâ（恥じること）			恥ずかしい
⑨	iyák（泣くこと）			泣ける
⑩	táwa（笑うこと）			笑える，面白い

2．"Hindi gaanong/masyadong" を用いて次の文をフィリピン語に訳しなさい。
　① （私は）ケーキを作ったけど，あまりおいしくない。
　② ロベルトはそんなに背が高くない。
　③ 彼はまだあまりフィリピン語が話せない。
　④ 私はココナッツがあまり好きではない。
　⑤ ここでの食事はあまり高くない。

3．a．各語根を用いて PA-IN 動詞および PAG-IN 動詞の活用表を完成させなさい。

	語　根	不　定	完　了	未完了	未　然
①	hirám				
②	puntá				
③	sayáw				
④	áral				
⑤	húgas				

b．上記 a．の動詞を用いて次の文をフィリピン語に訳しなさい。
① ロベルトは博樹にバロン・タガログを貸してあげたの？
② お姉さんたちはシンデレラにお皿（pinggán）を洗わせている。
③ 医者は看護師を患者の部屋に行かせた。
④ 私たち（排除形）は，優秀だがお金がない学生に教育を受けさせたい。
⑤ 彼らはパーティーで子どもたちを踊らせるだろう。

4．本課の会話の内容に関する以下の設問にフィリピン語で答えなさい。
① Sino ang ikakasal?
② Bakit malungkot si Roberto?
③ Ano-ano ang ilang detalye tungkol sa kasal?
④ Bakit parang atubiling pumunta si Hiroki sa kasal?
⑤ Kailangan bang humiram ng barong Tagalog ni Hiroki kay Roberto? Bakit?

コラム24 教会での結婚式

　誰もが願う幸せな結婚。本コラムでは，フィリピンの教会，特にカトリック教会での結婚式についてお話します。

　まず，最初にフィリピン人の初婚平均年齢ですが，ウィキペディアの「Age at first marriage」によると，男性が 25.8 歳，女性が 19.3 歳になっています。特に女性は年齢が低いようですが，これは，農村部と都市部の両方を含めているためではないかと思います。私の周りを見ても，都市部では，もう少し年齢が高くなるようです。

　そして結婚式ですが，出席者で特に重要になるのが，「Ninong（教父）」・「Ninang（教母）」と呼ばれるスポンサーで，結婚式の証人となります。また，花嫁側では，「Maid of honor」や「Bridesmaids」と呼ばれる付き添い，花婿側では，「Best man」や「Groomsmen」と呼ばれる付き添いも出席します。さらには，花を持つ女の子「Flower girl」や指輪を持つ男の子「Ring bearer」も参列します。

　フィリピンの結婚式の特徴として，ウェディングドレスなどの衣装は，ほとんどの人たちがデザイナーに依頼して作ってもらいます。これは，レンタルが主流の日本との大きな違いだと思います。

　式の後は，披露宴会場へ移動します。メトロマニラでは，披露宴は専用の会場を借りて行われることがほとんどですが，地方では家の庭などでも行われます。披露宴は日本の披露宴と似ていますが，一番大きな違いは，参列者の数でしょう。フィリピンでは，親戚であれば皆招待するのが普通ですし，招待者が既婚者である場合などはカップルで招待します。そのため，参列者の数が 100 人，150 人といっても驚く数ではありません。

　その後の新婚旅行ですが，行き先は，上流階級であればヨーロッパやアメリカなどのようです。中流階級であれば，香港やタイなどの近隣諸国，または国内の有名なビーチ。一般庶民であれば，行かない人たちが多いようです。

　日本でもフィリピンでも，結婚式で気になるのはその費用ではないでしょうか。フィリピンの場合，中流階級の人たちが結婚にかける費用は，披露宴の参列者が 150 人として，おおよそ給料の 15 か月分から 18 か月分くらいのようです。

　私もフィリピンで何度か結婚式に出席したことがありますが，あまり堅苦しくなく，オープンな楽しい雰囲気が好きです。　　　　（橋元紀美加）

第27課 持っていくものを準備する
Ihahanda ko ang mga gamit ko

Roberto: Hiroki, naaalala mo bang ngayon natin gagawin ang proyekto sa bahay ni Danilo?

Hiroki: Ay, oo nga pala! Muntik ko nang makalimutan. Kailangan bang magdala tayo ng ibibigay sa kanila?

Roberto: Hindi na kailangan. Handa ka na ba?

Hiroki: Sandali lang. Ihahanda ko ang mga gamit ko. Saan ba siya nakatira?

Roberto: Malapit sa Cubao.

Hiroki: Paano tayo pupunta roon?

Roberto: Magdyidyip tayo hanggang EDSA, tapos sasakay tayo ng MRT hanggang Cubao.

Hiroki: Medyo malayo pala.

(Sumakay sila ng dyip at MRT, at bumaba sa Cubao. Pagdating nila sa P. Tuazon)

Roberto: Nasa 15th (fifteenth) Street ang bahay nila. Didiretsuhin natin itong P. Tuazon hanggang 15th Street.

Hiroki: Lalakarin lang natin?

Roberto: Oo, hindi naman malayo, e. Kaliwa tayo rito.

Hiroki: Bakit hindi na lang tayo nagtraysikel?

Roberto: Mahirap humanap ng traysikel dito at malapit lang naman.

(Pagdating nila sa 15th Street)

Ayun, o! 'Yung bahay na may berdeng bubong at *gate*.

語句

naáalála	覚えている（対焦〈可・偶〉，未完）	magdyidyíp	ジープに乗る（行焦，未然）
proyékto	課題，プロジェクト	MRT	首都圏鉄道
oo nga palá	そうだった（思い出した）	pagdatíng	～に着いたら
		P. Tuazon	P. トアソン通り（地名）
muntík	もう少しで，危うく	15th Street	第15通り
makalimútan	忘れる（対焦〈可・偶〉，不定）	dídirétsuhín	まっすぐ行く（方焦，未然）
magdalá	持って行く（行焦，不定）	lálakárin	歩く（方焦，未然）
		kaliwâ	左（に曲がる）
ibíbigáy	あげる（対焦，未然）	nagtráysikél	トライシクルに乗った（行焦，完了）
handâ	準備できている		
iháhandâ	準備する（対焦，未然）	mahírap	難しい，～しにくい
		humánap	探す（行焦，不定）
gámit	もの，道具	ayún	ほら
Cubáo	クバオ（地名）	bubóng	屋根
		gate	ゲート

27.1 「～できる，～てしまう，ことがある」MA-動詞（非行為者焦点：可能，偶発など）

（1） 一般的特徴

18.3で「可能」「偶発」などを表すMAKA-動詞について学習したが，非行為者焦点動詞にはMA-を付加しなければならない（ただし，-IN動詞の場合は接尾辞-INが脱落するので，要注意）。そして，機能的には動作自体より，動作の結果の状態や状況，あるいはその結果についての描写に主眼が置かれている。以下，「可能」のうち「状況可能」は「状況」，一方「能力可能」は「能力」と示す。ただ，文によっては，「状況」とも「能力」とも解釈できるものがある。その場合は文脈などで判断する必要がある。なお，否定文「～できない」の場合は，以下（3）の①2)のように，不定相をとることが可能である。これは，状況的にあるいは能力的に「不能状態」にあり，動作が始まらないからである。

基底動詞などと MA-動詞の対応関係

```
-IN（対象焦点☞ 19.2）  → MA-        sabihin → masabi        言う
I-（対象焦点☞ 23.3）   → MAI-       ihanda → maihanda       準備する
-AN（対象焦点☞ 28.5）  MA-AN        hugasan → mahugasan     洗う
-AN（方向焦点☞ 21.3）  → MA-AN      bigyan → mabigyan       与える
-IN（方向焦点☞ 27.3）  → MA-        dalawin → madalaw       訪れる
I-（受益者焦点☞ 21.2） → MAI-       ibili → maibili         買う
```

ちなみに，MA-動詞あるいは MA-AN 動詞には 18 課（☞ 18.3）で学習した「知覚」「感覚」「意識」などを表す MAKA-動詞と対応するものがいくつかある。

| MAKA-（行為者焦点）→ MA- / MA-AN（対象焦点など） |

makakita → makita	見える
makaramdam → maramdaman	感じる
makarinig → marinig	聞こえる
makalimot → malimutan / makalimutan	忘れる
makapansin → mapansin	気がつく
makaintindi → maintindihan	理解する
makaalala → maalala	思い出す，覚える
makaalam → malaman	知る

文型 【MA-動詞 + NG 句（行為者補語）+ ANG 句（主題：対象など）+ SA 句（方向補語），など】

（2） 活用の仕方

語根	不定相	完了相	未完了相	未然相	意　味	焦点
sábi	masábi	nasábi	nasasábi	masasábi	言える，言ってしまう	対　象
káin	makáin	nakáin	nakakáin	makakáin	食べられる，食べてしまう	対　象
diníg	mariníg	naríníg	naríriníg	maríriníg	聞こえる	対　象
handâ	maihandâ	naihandâ	naiháhandâ	maiháhandâ	準備できる	対　象
intindí	maintindihán	naintindihán	naíintindihán	maíintindihán	理解する	対　象
bigáy	mabigyán	nabigyán	nabíbigyán	mabíbigyán	あげられる，あげてしまう	方　向
bilí	maibilí	naibilí	naibíbilí	maibíbilí	買える，買ってしまう	受益者

（3） 用法

① 可能
　1） Hindi ko magagawa ito bukas.　　私はこれを明日することが出来ないでしょう。
　2） Hindi ko mahanap ang libro ko.　　私は自分の本を見つけることができない。
　3） Naihanda ko ang mesa para sa almusal.
　　　　　　　　　　　　　　　　　　私は朝食用のテーブルを準備できた。

② 偶発
　1） Napansin ko iyon.　　　　　　　私はたまたまそれに気がついた。
　2） Nainom ko ang gamot na iyon.　　私はその薬を間違って飲んでしまった。

③ 経験
　1） Narating ko na ang bayang iyon.　私はその町に行ったことがある。
　2） Natikman mo na ba ang lumpiyang Shanghai?
　　　　　　　　　　　　　　　　　　春巻きを味見したことがある？
　3） Narinig ko na nga yata iyon.　　僕はそのことを聞いたことがあるように思う。

27.2 「私はもう少しで・危うく〜するところだった」muntik ko nang 〜（未遂表現）

語頭に ka がついて kamuntik となることもある。意味は本項目に記したとおりである。「もう少しで・危うく・うっかり〜するところだった」は，英語などでは動詞の時制は過去形を用いるが，フィリピン語では，行為が始まったのかどうかが不明であることに加え，終わってもいない（未遂である）ので，通常，不定相を用いる。なお，この構文では，以下のように小辞 na が一緒に現れることが多い。

文型　【（Ka）muntik ＋行為者・被動作者（ANG 句または NG 句）＋小辞 na ＋リンカー＋動詞不定相】

1) Muntik na siyang masagasaan ng bus.
   　　　　　　　　　彼女は危うくバスにひかれるところだった。
2) Muntik na akong mamatay.　　私はもう少しで死ぬところだった。
3) Muntik ko nang maiwan ang bag ko.
   　　　　　　　　　私はバッグをうっかり置き忘れるところだった。

27.3 -IN 動詞（方向焦点：一定の距離・経路・場所などに対する動作）

(1) 一般的特徴

-IN 動詞の意味するところは，本項目に記したとおりである。これに該当する単語は，lakarin「〜を歩く，〜に歩いて行く」, lakbayin「〜を旅する，〜に旅する」, languyin（〜を泳ぐ，〜まで泳いで行く）などである。

文型　【-IN 動詞＋ NG 句（行為者補語）＋ ANG 句（主題：方向〈一定の距離・経路・場所・範囲〉，など）】

1) Nilakad na lang niya ang daan pauwi ng bahay.
   　　　　　　　　　彼女は家路を歩いて帰った。
2) Malayo ang kanilang nilakbay.　　彼らの旅は遠いものであった。
3) Ito ang ilog na nilangoy ko noong bata pa ako.
   　　　　　　　　　これが昔僕が幼少の頃泳いだ川だ。

（2）　活用の仕方および発音上の注意など
　-IN 動詞（対象焦点）（☞ 19.2）と同じであるので，割愛する。

44　LRT (Light Rail Transit：軽量高架鉄道)

45　マニラ首都圏東部を南北に走る MRT（首都圏鉄道）

練習問題

1. a. 各語根を用いて MA-動詞および MA-AN 動詞の活用表を完成させなさい。

語 根	不 定	完 了	未完了	未 然
① alála（覚える）			naaalala	
② tápon（こぼす）	matapon			
③ límot（忘れる）	malimutan			
④ intindí（理解する）	maintindihan			
⑤ alám（知る）		nalaman		
⑥ sírâ（壊す）		nasira		
⑦ íwan（残す，置く）	maiwan			
⑧ uwî（持って帰ってしまう）	maiuwi			

b. 上記 a. の動詞を用いた次の文を日本語に訳しなさい。
① Hindi ko maintindihan ang sinasabi mo ngayon.
② Naiwan ko ang libro ko sa aklatan.
③ Nalimutan ni Papa ang kaarawan ni Mama.
④ Ngayon ko lang nalaman iyan.
⑤ Nasira ni Mike ang kompyuter ko.

2. "Muntik na" を用いて次の文をフィリピン語に訳しなさい。
① 彼はもう少しで遅刻するところだった。
② 先生は正解を言いそうになった。
③ 彼の子どもは危うく死ぬところだった。
④ 私は牛乳をこぼしそうになった。
⑤ 私はあなたの本をうっかり持って帰るところだった。

3. 本課の会話の内容に関する以下の設問にフィリピン語で答えなさい。
① Saan pupunta sina Roberto at Hiroki?
② Bakit sila pupunta doon?
③ Paano sila pupunta doon?
④ Bakit hindi sila sumakay ng traysikel?
⑤ Ano ang palatandaan（目印）ng bahay ni Danilo?

LRT（軽量高架鉄道）・MRT（首都圏鉄道）路線図

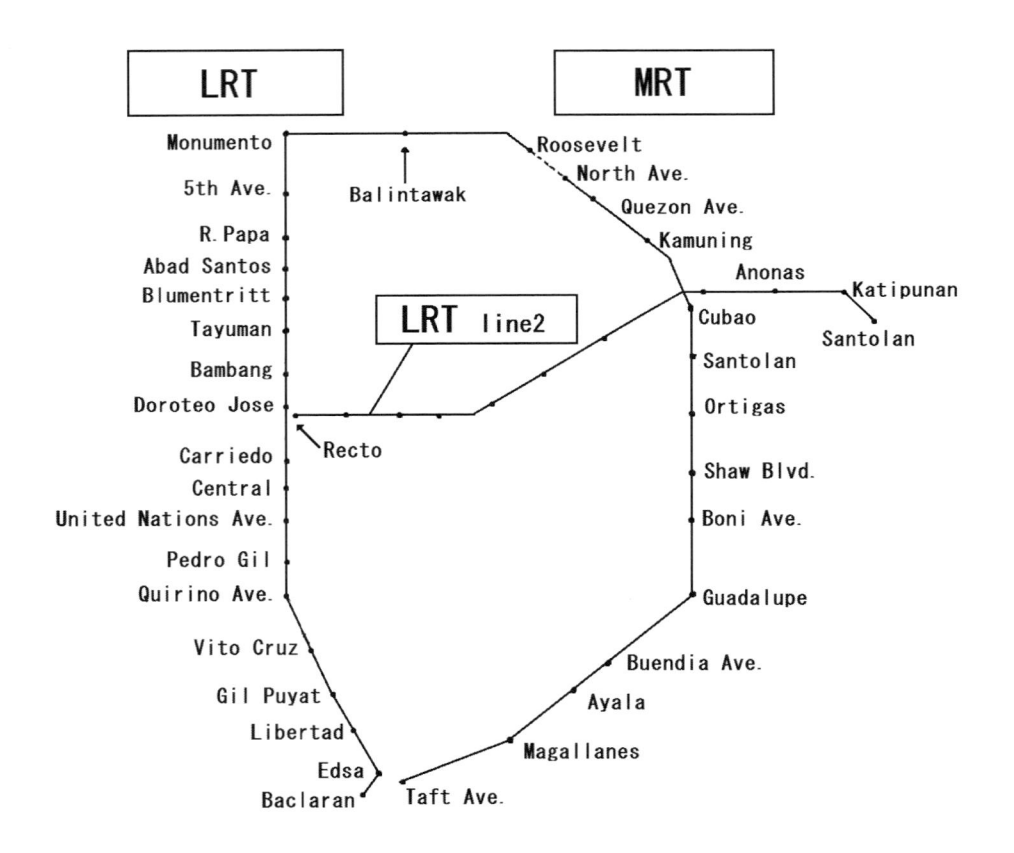

LRT

- Monumento
- 5th Ave.
- R. Papa
- Abad Santos
- Blumentritt
- Tayuman
- Bambang
- Doroteo Jose
- Carriedo
- Central
- United Nations Ave.
- Pedro Gil
- Quirino Ave.
- Vito Cruz
- Gil Puyat
- Libertad
- Edsa
- Baclaran

Balintawak

LRT line2

- Recto
- Taft Ave.

MRT

- Roosevelt
- North Ave.
- Quezon Ave.
- Kamuning
- Anonas — Katipunan
- Cubao — Santolan
- Santolan
- Ortigas
- Shaw Blvd.
- Boni Ave.
- Guadalupe
- Buendia Ave.
- Ayala
- Magallanes

コラム25 タグリッシュ（Taglish）

1．借用の方法

　タグリッシュとは，英語の混じったタガログ語のこと。Tagalog の Tag と English の最後の音節を結合させたものである。タグリッシュには二つの形がある。まず最初に，単語や句のレベルである。たとえば，"May virus yata ang kompyuter ko"「私のコンピューターにはウイルスが入っているようだ」この場合，virus と computer は必要なので英語から借用したものである。この二つの単語からわかるとおり，借用には2とおりあるということである。前者は，英語の綴りをそのまま残しており，一方後者は元の綴りを変更し，タガログ語の正書法に適応させている。2番目に，タガログ語と英語の文法の混合型である。以下はそのいくつかの例である。

① "Actually, hindi pa ako nagla-lunch. Mag-snacks na lang tayo sa cafeteria after ng klase ko"
「実は，私はまだ昼食をとっていない。私の授業が終わったらカフェテリアでスナックでも食べよう」

② "Sure ka na bang sasama sa Pilipinas? Kailangan ka nang mag-confirm dahil ibu-book ko na ang flight natin kapag bumaba ang price ng airfare"
「本当にフィリピンについてくるの？　航空料金が下がったときにフライト予約するので，もう決めてくれる必要があるんだ」

③ "Ang strict-strict naman ng titser natin. Pinagalitan na ako agad dahil na-late lang ako ng five minutes"
「僕らの先生はすごく厳しい。僕は5分遅れただけで即座に叱られた」

2．タグリッシュを巡っての論争

　タグリッシュを使うことはいいことなのであろうか？　肯定的な見方は，タグリッシュは実践的で，現実に即しているというものである。第1に，フィリピンはアメリカの植民地になったのだからという理由である。第2に，英語は，グローバル化の中で世界的に知られた言語である。よって，フィリピン人はタガログ語と英語を頻繁に混ぜて使用する。否定的な見方としては，タグリッシュの使用

は，フィリピン人の植民地主義的思考を示唆するものである。このことは以下の二つの方法により明確になる。まず第1に，タグリッシュを教養があり社会的地位が高いことを示すために使用している者がいる。たとえば，"Until now, hindi pa sure kung anong course ang kukunin ko sa university"「僕は，大学で何を専攻するのか未だに確定していない」一部のフィリピン人にとっては"Hanggang sa ngayon, hindi pa tiyak kung anong kurso ang kukunin ko sa pamantasan"と表現するよりは，より現代的で，聞いていて美しいのである。第2に，英語だけが多くの高尚な内容について述べられると信じている人もいる。彼らにとっては，いくつかの英語の単語はタガログ語に相当語句がない。たとえば，"prejudice"，"bias"，"discrimination"，"chauvinism"，"partiality"，"prejudgment"，"preference"といったようなものである。このような概念がフィリピン語には本当にないのかもしれない。タグリッシュについての論争について語るともっと長くなるのは確実である。あなたはこの問題についてどう考える？　　　　　　　　　　（Galileo Zafra）〈大上正直訳〉

46 San Agustin Church（サン・アグスティン教会：世界文化遺産）

28課 喜ぶんで
Matutuwa iyon

Danilo: Hindi ba kayo naligaw?
Hiroki: Hindi naman. Ang ganda ng bahay ninyo!
Danilo: Kay Mama mo iyan sabihin. Matutuwa iyon. Napagod yata kayo sa pagpunta rito. Magmeryenda muna tayo at saka natin simulan ang proyekto natin.
Roberto: Sige. Napakainit ngayon kaya nauhaw ako.
Hiroki: Ako rin, nauhaw.
Danilo: Ano'ng gusto ninyo? *Coke, Sprite* o *iced tea?*
Hiroki: Tubig lang sa akin.
Roberto: Ako, Coke. Pag-usapan na rin natin ang presentasyon habang kumakain.
Danilo: Sige, para maaga tayong matapos at puwede tayong maglaro sa kompyuter, o manood ng *anime*.
Hiroki: Ano'ng anime ang mayroon ka?
Roberto: Naku huwag! Baka hindi tayo matapos sa presentasyon natin kung simulan ni Danilo ang "presentasyon" niya tungkol sa anime.

語句

naligáw	迷った（行焦，完了）	napágod	疲れた（行焦，完了）
sabíhin	言う（対焦，不定）	at sakâ	それから
matútuwâ	喜ぶ（行焦，未然）	simulán	始める（対焦，不定）

nápakaínit	とても暑い	hábang	～しながら
naúhaw	喉が渇いた（行焦，完了）	maága	早く
		matápos	終わる（行焦，不定）
Coke	コカ・コーラ	maglarô	遊ぶ（行焦，不定）
Sprite	スプライト	mayroón	ある（meron）
iced tea	アイスティー	huwág	ダメ，～しないで
pag-usápan	話し合う（話焦，不定）	bakâ	～かもしれない
presentasyón	発表，プレゼンテーション		

28.1　MA-動詞（行為者焦点）

（1）　一般的特徴

　MAG-（☞14.1）などと同じく行為者焦点の動詞に使う接辞である。MA-動詞には，例外的に動作を表す，matulog「寝る」，mauna「先に行く，先にする」，maupo「座る」，mahiga「横になる」の4つの動詞があるが，これら以外は，matuwa「喜ぶ」，magalit「怒る」，malungkot「悲しむ，寂しく思う」，mapagod「疲れる」，magutom「お腹がすく」のように感情や状態の変化・結果等を表すものが多い。

> **文型**　【MA-動詞 + ANG 句（主題：行為者）+ SA 句（方向補語）・DAHIL SA 句（原因・理由），など】

1）Natuwa si Fe dahil sa sinabi ng titser niya.
　　　　　　　　　　　　　　　　先生が言ったことでフェは喜んだ。
2）Malulungkot ako kapag wala siya.　彼女がいないと，僕は寂しくなる。
3）Nagalit/Nainis/Nahiya ako sa kanya.
　　　　　　　　　　私は彼に対して怒った・むかついた・申し訳なく思った。
4）Napagod yata sila sa biyahe.　彼らは旅で疲れたみたいだ。
5）Hindi pa ba kayo nagugutom?　君たちはまだお腹すかない？
6）Namatay ang pinsan ko kagabi.　私のいとこが夕べ亡くなった。

（2） 活用の仕方

語根	不定相	完了相	未完了相	未然相	意味
lungkót	malungkót	nalungkót	nalúlungkót	malúlungkót	悲しむ・寂しく思う
gálit	magálit	nagálit	nagagálit	magagálit	怒る
túlog	matúlog	natúlog	natutúlog	matutúlog	眠る・寝る

※未完了相と未然相の活用は語根の最初の子音と母音を繰り返す。

（3） NAKAKA-形容詞の語根との共通性

※上記例文の動詞は，いずれも以下のようにNAKAKA-形容詞（☞ 26.2）に対応するものがある。品詞は異なるが，いずれも「ある状態に至ること」「ある状態を引き起こすこと」に関するものであるからである。

　　　matuwa 喜ぶ → nakakatuwa　　　　　喜ばせる
　　　malungkot 悲しむ → nakakalungkot　　悲しくさせる
　　　magalit 怒る → nakakagalit　　　　　怒らせる
　　　mainis むかつく → nakakainis　　　　むかつかせる
　　　mahiya 恥ずかしく思う → nakakahiya　恥ずべき
　　　mapagod 疲れる → nakakapagod　　　疲れさせる
　　　magutom お腹がすく → nakakagutom　お腹をすかせる
　　　mamatay 死ぬ → nakakamatay　　　　死に至らしめる

28.2　「ぼくは〜だ」〜 sa akin（注文・欲しいものなどを伝える表現）

日本語の「僕は〜だ」などに対応する表現。注文したり，欲しいものを伝える際に便利なので，覚えておこう。

　　　A：Jimmy, ano sa iyo?　　　　　　ジミー，君は何にする？
　　　B：Beer sa akin.　　　　　　　　　僕はビールだ。

類義表現

SA 形ではなく ANG 形の人称代名詞を使って以下のように言うこともできる。

日本語の「ボクはウナギだ」構文によく似ている。
1）Coke ako.　　　僕はコーラだ。
2）Ikaw, ano?　　　君は何にする？

28.3　PAG-AN 動詞（話題焦点）

(1)　一般的特徴

2人など複数の者同士が何かについて（何かをめぐって）やり取りする話題や事柄などに焦点が当たっている場合に使われる。ただ，このタイプの動詞は極めて限られている。

文型　【話題焦点動詞 + NG 句（行為者補語）+ ANG 句（主題：話題）】
1）Pinag-usapan nila ang tamang pagtatapon ng basura.
　　彼らは正しいゴミの捨て方について話し合った。
2）Lagi naming pinag-aawayan ang mga gawain sa bahay.
　　私たちは家事のことでいつも喧嘩になる。

(2)　活用の仕方

語根（úsap）	不定相	完了相	未完了相	未然相	意味
話し言葉（一部）	pag-usápan	pinag-usápan	pinápag-usápan	pápag-usápan	話し合う
書き言葉	pag-usápan	pinag-usápan	pinag-úusápan	pag-úusápan	同上

語根（áway）	不定相	完了相	未完了相	未然相	意味
話し言葉（一部）	pag-awáyan	pinag-awáyan	pinápag-awáyan	pápag-awáyan	喧嘩する
書き言葉	pag-awáyan	pinag-awáyan	pinag-áawáyan	pag-áawáyan	同上

> PAG-AN 動詞の未完了相および未然相の場合，話し言葉でも書き言葉同様，語根の接辞を繰り返す方が多いが，話し言葉では pa を繰り返すこともある。

28.4 「～する間，～しながら」habang（接続詞）

意味は本項目に記したとおりである。従属節の動詞は，以下の例文のように通常，未完了相である。

1) Nagkukuwentuhan sila habang hinihintay nila ang babaeng iyon.
   その女性を待っている間，彼らはお互いに話をしていた。
2) Nag-aaway kami habang kumakain.
   私たちは食事中に喧嘩する。
3) Nasa kotse sila habang nag-uusap kami.
   われわれが話している間，彼らは車にいた。

28.5 -AN 動詞（対象焦点）

(1) 一般的特徴

-AN 動詞は，方向焦点のものが多いが，対象焦点のものが以下のようにいくつもある。洗浄，清掃などに関する，いわゆる cleaning words（hugas, punas, laba, banlaw など）にこのタイプがいくつかある。文型は，対象焦点の-IN 動詞（☞19.2）や I-動詞（☞23.3）と場合とまったく同じであるので，割愛する。

① 清掃，清洗など
　hugasan（皿，手足などを洗う ㊦hugas），labhan（洗濯する ㊦laba），punasan（拭く ㊦punas），hilamusan（顔を洗う ㊦hilamos），banlawan（食器などをすすぐ・ゆすぐ ㊦banlaw），walisan（ほうきで掃く ㊦walis）など

1) Hugasan mo ang mga kamay mo bago kumain.
   食事の前に手を洗いなさい。

2）Nilabhan ko ang pantalon ko kagabi.

私は夕べズボンを洗った。

② その他

buksan（開ける [根] bukas）, tikman（味見する [根] tikim）, takpan（蓋をする [根] takip）, alagaan（世話をする [根] alaga）, bawasan（減らす [根] bawas）, umpisahan（始める [根] umpisa）, simulan（始める [根] simula）, anyayahan（招待する [根] anyaya）, など。

1）Binuksan niya ang pinto.　　彼はドアを開けた。

2）Tikman mo ang adobong ito.　　このアドボを味見して。

（2） 活用の仕方や発音上の注意点

方向焦点の-AN 動詞（☞ 21.3）とまったく同じであるので，そちらを参照しよう。

練習問題

1. MA- 動詞を用いた次の文を日本語に訳しなさい。
   ① Bakit nagalit ang drayber ng dyip?
   ② Magugulat siya kapag nakita ka niya.
   ③ Hindi ako natatawa sa mga kuwento nila.
   ④ Umalis na si Teresa kasi nahihilo（目まいがする）raw siya.
   ⑤ Hindi ka ba nabusog（満腹になる）sa pagkain sa party?

2. 各語根を用いて PAG-AN 動詞の活用表を完成させなさい。

	語　根	不　定	完　了	未完了	未　然
①	kuwénto	pagkuwentuhan			
②	áway	pag-awayan			
③	tálo	pagtalunan			
④	púlong	pagpulungan			
⑤	úsap	pag-usapan			

3. -AN 動詞を用いて次の文をフィリピン語に訳しなさい。
   ① さあ，発表を始めよう。
   ② 彼らはもうテーブルを拭いた。
   ③ あなたがまだ食べないなら，私はとりあえず鍋（kaldero）に蓋をする。
   ④ お母さんは赤ちゃんの世話をしている。
   ⑤ 税金を払う必要がある。

4. 次の文を日本語に訳しなさい。
   ① Pinag-usapan nina Grace at Marian ang report nila.
   ② Pinag-aawayan ng mga bata ang laruan.
   ③ Pinagkuwentuhan ng mga magkaibigan ang buhay nila noon.
   ④ Pinagtalunan ng mga estudyante ang problema.
   ⑤ Pinagpupulungan ng mga guro ang pagtatapos（卒業式）.

5．本課の会話の内容に関する以下の設問にフィリピン語で答えなさい。
① Ano ang gustong gawin ni Danilo bago simulan ang proyekto?
② Ano naman ang gustong gawin ni Danilo pagkatapos ng pulong nila?
③ Ano ang tinutukoy（言及する）na "presentasyon" ni Danilo?
④ Ano ang masasabi mo tungkol kay Roberto bilang mag-aaral?

コラム 26　フィリピンの飲み物

　フィリピンは，平均気温が年間を通して 25 度から 30 度という常夏の国である。それ故，冷たい飲み物はフィリピンで生活する上で欠かせない存在だ。まずは，なんといっても水。日本のように水道水がそのまま飲めるわけではないので，安全な水が飲みたいなら買うしかない。スーパー，サリサリストア，そして路上では売り子が売りにきてくれたりする。スーパーやサリサリストアでは，多くの種類の水が売られている。旅行でフィリピンに滞在する場合には，ホテルの冷蔵庫にも水は常備してあるが高いので，お店で買うことをお勧めする。値段は，安くて 1.5 リットルで約 25 ペソ（2011 年現在約 45 円）と，日本に比べるとかなり安い。売られている水は大きく分けて 3 種類あり，蒸留水（distilled water），精製水（purified water），そしてミネラルウォーター（mineral water）である。日本でよくみかける「Evian」などのミネラルウォーターは輸入品なので，値段が高く設定されているが，蒸留水や精製水は安く売られている。

　さて，水以外でおいしい飲み物の一つにブコジュースがある。ブコとは，フィリピン語で若いココナッツを意味する。パックジュースも売っているが，目の前でココナッツを割って中のジュースを飲ませてくれる露店もある。流行っているお店なら，回転も速く，新鮮なココナッツを使ってくれるので，安心だ。逆にあまり流行っていないお店だと，新鮮でないココナッツを使っている可能性があるので要注意。日本ではできない体験なので，ぜひ試していただきたい。一個 10 ペソ（2011 年現在約 18 円）。

　そして，ノーマルなブコジュースに負けず劣らず人気なのが，ブコ・パンダン・ジュース（通常は，ジュースではなくフルーツサラダの形で味わう）。ブコは先ほども記した通り，若いココナッツの意。パンダンは地面に生えている植物の葉のことである。かすかに緑色を帯びたジュースで，なんともいえないくらいおい

しい。中にはスライスされたブコとパンダンゼリーが入っている。

　そして最後に，フィリピンに行って欠かせない存在なのが，サンミゲル・ビール。フィリピンのビール市場の90%のシェアを誇っているというから驚きだ。日本では考えられないくらいの手頃な値段で，クセがなく飲みやすい。小さな瓶に入っているので，缶のビールに慣れている日本人には，外国に来た感じがして何本でもあけてしまいそうだ。

　せっかくフィリピンに行くなら，定番であるコーラなどの炭酸飲料ではなく，現地でしか味わえない飲み物をいろいろ楽しんでいただきたい。

（網島ゆかり）

47　Buko Pandan
（若いココナッツの実とパンダンゼリー入りのジュース）

29課 作家だったっけ？
Manunulat nga ba siya?

Danilo:	Hiroki, ano ba ang alam mo tungkol kay Jose Rizal?
Hiroki:	Pambansang bayani siya ng Pilipinas. May Rizal Park at ... manunulat nga ba siya?
Roberto:	Oo. Kilalang-kilala ang isinulat niyang *Noli Me Tangere* at *El Filibusterismo*.
Danilo:	Doktor din siya.
Roberto:	Pinag-aaralan namin ang buhay ni Jose Rizal sa *elementary* at *high school*.
Hiroki:	E di, madali lang pala ang presentasyon natin para sa inyo.
Roberto:	Hindi nga, e. Lahat may alam tungkol kay Jose Rizal kaya mahirap mag-ulat ng bagong ideya.
Danilo:	Kailangan nating magpakita ng aspeto ng buhay ni Rizal na hindi alam ng lahat. Ang naisip ko, gawin nating paksa ang kanyang mga akda, ang rebolusyon at ang Japan.
Hiroki:	Japan? Bakit Japan?
Roberto:	Hindi mo ba alam? Nagpunta si Rizal sa Japan. Kaya, Hiroki, ikaw ang magsiyasat tungkol sa ginawa ni Rizal sa Japan.
Hiroki:	Ngayon ko lang iyan nalaman.
Roberto:	Danilo, ikaw naman, tungkol sa mga akda ni Rizal dahil mahilig kang magbasa.
Danilo:	*Yes, boss.*
Roberto:	Ako naman, tungkol sa rebolusyon dahil makabayan ako.

語句

Jose Rizal	ホセ・リサール（人名）	mag-úlat	発表・報告する（行焦，不定）
pambansá(ng)	国の，国民的な		
bayáni	英雄	ideyá	アイデア
Rizal Park	リサール公園	magpakíta	見せる（行焦，不定）
mánunulát	作家	aspéto / aspékto	側面
kiláláng-kilalá	とても有名	naísip	考えた（対焦〈可・偶〉，完了）
isinúlat	書いた（対焦，完了）		
Noli Me Tangere	ノリ・メ・タンヘレ	gawín	する（対焦，不定）
El Filibusterismo	エル・フィリブステリスモ	paksâ	テーマ
		akdâ	著作
pinag-áaralan	勉強する（対焦，未完）	rebolusyón	革命
		nagpuntá	行った（行焦，完了）
búhay	生涯	magsiyásat	調べる（行焦，不定）
elementary	小学校	*Yes, boss*	はい，ボス
high school	高校	makabáyan	愛国主義の

29.1　MANG-名詞

　語根の示す事柄の専門家，職業として従事している人，常習者などを表す。形態的特徴は，29.2 の表の 1. にまとめて整理してあるので，それを参照しよう。

> 　形態的に MANG-動詞の未然相（☞ 20.2）とほとんど同じであるが，29.2 の表の 1. のとおり，発音はまったく異なるので要注意。また，MANG-名詞の大きな特徴として，一部の語彙を除き，語根のアクセントをほとんど保持しないので，そのまま覚えるようにしよう。

29.2 接頭辞末音-ng［ŋ］と語根の初頭音との鼻音同化のまとめ

フィリピン語の，MANG-（名詞・動詞形成接辞），PANG-（形容詞形成接辞），LABING-（11 ～ 19 までの数詞の接頭辞）などが語根に付く場合には，接辞末音の ng［ŋ］の部分が一部の「無変化」のタイプを除き次のようにおおむね２つのタイプに変化する。1）１つは，語根の形態や初頭音（最初の子音）はそのまま残るが，その初頭音の影響を受け，同じ調音点（☞ 2.1）の他の鼻音に音韻変化するもの（前鼻音化）で，2）もう１つは，語根の最初の音が消え鼻音化するもの（鼻音代償）である。これらのルールを理解していないと，辞書で単語の意味を調べたりするときなども，語根を引き当てにくいので，よく学習しておこう。

１．MANG-（名詞形成接辞）：語根の示す事柄の専門家，職業として従事している人，常習者など。

（1）MANG- + /b/，/p/ で始まる語根→ mam（/b/，/p/ は保持または脱落）

〈b/p が保持される場合〉

[MAM] + [語根の第１音節] + [語根]

1）mambabátas（[根] batás）　法律家，弁護士（前鼻音化）

2）mambabasá（[根] bása）　読み手，読者（前鼻音化）

〈b/p が脱落し，母音が鼻音と結合する場合〉

[MA] + [結合した M と最初の母音の繰り返し] + [語根の残り]

1）mámimilí（[根] bilí）　買い物客（鼻音代償）

2）mámamátay-táo（[根] patáy-táo）殺人者（鼻音代償）

3）mámumuslít（[根] puslít）　密輸業者（鼻音代償）

（2）MANG- + /d/，/l/，/r/，/s/，/t/ → man（通常 /s/，/t/ のみ脱落）

〈上記５つの子音が保持される場合〉

[MAN] + [語根の第１音節] + [語根]

1）mandirigmâ（[根] digmâ）　兵士，戦士（前鼻音化）

2）mandurúkot（[根] dúkot）　すり（前鼻音化）

3）manlalárô（[根] larô）　選手（前鼻音化）

〈子音が脱落し，母音が鼻音と結合する場合〉

[MA] + [結合した N と最初の母音の繰り返し] + [語根の残り]

1）mánanayáw（[根] sayáw）　ダンサー（鼻音代償）

2）mánanáhî（㊗tahî）　　　裁縫師，仕立て屋（鼻音代償）
（3）MANG-＋k/母音文字（実際は声門閉鎖音）→ mang
　〈kも声門閉鎖音も脱落する場合〉
　　残った最初の母音が前の鼻音NG［ŋ］とそのまま結合。ほとんどがこの形をとる。
　　　　MA ＋ 結合したNGと最初の母音の繰り返し ＋ 語根の残り
　　　1）mángingisdâ（㊗isdâ）　　漁師（鼻音代償。声門閉鎖音の脱落）
　　　2）mángangalakál（㊗kalákal）　商人，貿易商社マン（鼻音代償。kの脱落）
　〈声門閉鎖音が保持される場合〉
　　例外的ではあるが，以下のとおり事例はいくつかある。ただし，その場合はハイフンが必要。
　　　mang-aáwit（㊗áwit）　　　歌手（無変化）

2．MANG-（動詞形成接辞）（☞ 20.2）

3．PANG-（名詞・形容詞形成接辞）（以下の＊は，非文法的あるいは対応するものがないことを示す）
（1）PANG-＋/b/,/p/で始まる語根→ pamb /pam（/b/,/p/は保持または脱落）
　　　1）pambabae/ *pamamae　　女性用の（前鼻音化）
　　　2）pambahay/ pamahay　　家庭用の（前鼻音化・鼻音代償）
　　　3）*pampalo/ pamalo　　　打つ・たたくもの（鼻音代償）
　　　4）*pampasko/ pamasko　　クリスマスの（鼻音代償）
　　　5）pampasyal/ pamasyal
　　　　　　　　　　　　　　　外出用の・遊び用の（前鼻音化・鼻音代償）
（2）PANG-＋/d/,/l/,/r/,/s/,/t/ → pan（通常，/d/,/l/,/r/は保持。/s/,/t/は保持または脱落）
　　　1）pandalaga（㊗dalaga）　独身女性用の（前鼻音化）
　　　2）panluto　　　　　　　料理用の（前鼻音化）
　　　3）panregalo　　　　　　贈り物用の（前鼻音化）
　　　4）pansulat/panulat　　　筆記用具（前鼻音化・鼻音代償）
　　　5）pantinda/paninda　　　売り物，商品（前鼻音化・鼻音代償）
（3）PANG-＋その他の子音，母音（実際には声門閉鎖音）→そのまま保

持（/k/ は以下の3）の例のように脱落することもある。母音はハイフンが必要）
- 1）panghuli　　　　　　　捕獲用の（無変化）
- 2）pang-ahit　　　　　　　ひげそり用の（無変化）
- 3）pangkulay/pangulay　　染色用の（無変化・鼻音代償）

4．LABING-（11～19までの数詞の接頭辞）
(1) LABING- + /b/, /p/ で始まる語根 → labim-
- 1）labimpito　　　　　　　17（前鼻音化）

(2) LABING- + /d/, /l/, /r/, /s/, /t/ → labin-
- 1）labindalawa　　　　　　12（前鼻音化）
- 2）labintatlo　　　　　　　13（前鼻音化）
- 3）labinsiyam　　　　　　　19（前鼻音化）

(3) LABING- + その他 → そのまま付加（ただし母音はハイフンが必要）
- 1）labing-isa　　　　　　　11（無変化）
- 2）labing-apat　　　　　　 14（無変化）
- 3）labingwalo　　　　　　　18（無変化）

5．KASING-（「～と同じくらい～だ」）（ルールは基本的にLABING-と同様）
(1) KASING- + /b/, /p/ で始まる語根 → kasim-
- 1）kasimbait　　　　　　　同じくらい優しい（前鼻音化）
- 2）kasimpait　　　　　　　同じくらい苦い（前鼻音化）

(2) KASING- + /d/, /l/, /r/, /s/, /t/ → kasin-
- 1）kasinluma　　　　　　　同じくらい古い（前鼻音化）
- 2）kasintalino　　　　　　同じくらい頭がいい（前鼻音化）
- 3）kasintanda　　　　　　　同い年の（前鼻音化）

(3) KASING- + その他の子音，母音 → そのまま付加（ただし母音はハイフンが必要）
- 1）kasinghusay　　　　　　同じくらい上手な・優秀な（無変化）
- 2）kasingyaman　　　　　　同じくらい金持ちの（無変化）
- 3）kasing-edad　　　　　　同い年の（無変化）

29.3 「AがBになるようにする」gawin＋リンカー＋文（B＋A）

　gawin は「AがBになるようにする」「AをBの（状態）にする」と表現したいときに使える対象焦点の動詞である。これ以外に同類の構文を作れる動詞として，tawagin「AをBと呼ぶ」，piliin「AをBに選ぶ」，ituring「AをBと見なす」，pangalanan「AをBと名づける」，panatilihin「AをBの状態に保つ」などがある。Aが人称代名詞の場合は文の2番目グループとして前に位置するので，注意したい。

文型　【非行為者焦点動詞＋NG句（行為者補語）＋リンカー＋文】

1) Ginawa niyang palda ang telang iyon. / Ginawa niya iyong palda.
　　彼女はその生地をスカートにした。/ 彼女はそれをスカートにした。
2) Pinili nilang lider si Al. / Pinili nila siyang lider.
　　彼らはアルをリーダーに選んだ。/ 彼らは彼をリーダーに選んだ。
3) Tawagin mo na lang akong Jim.
　　僕のことをジムと呼んでくれればいいよ。
4) Itinuturing kong kaibigan si Mario. / Itinuturing ko siyang kaibigan.
　　私はマリオを友人と見なしている。/ 私は彼を友人と見なしている。
5) Pinangalanan siyang Ken ng kanyang mga magulang.
　　彼は両親にケンと名付けられた。
6) Pinananatili naming malinis ang kuwarto namin.
　　私たちは部屋をきれい（清潔）に保っている。

練習問題

1．例にならって"Pambansang 〜"「国民的〜，国の〜」を用いて作文しなさい。
　　例：Jose Rizal　bayani
　　　　Si Jose Rizal ang pambansang bayani ng Pilipinas.

① 　sampagíta（サンパギータ）　　　　bulaklák（花）
② 　Filipíno　　　　　　　　　　　　　wíkâ（言語）
③ 　manggá（マンゴー）　　　　　　　prútas
④ 　bárong Tagálog　　　　　　　　　kasuótan（衣装）
⑤ 　Lúpang Hinírang（選ばれし地）　　áwit（歌）

2．次の文章を読んで，以下の設問にフィリピン語で答えなさい。

JOSE RIZAL

　Ipinanganak si Jose Rizal sa Calamba, Laguna noong Hunyo 19, 1861. Si Francisco Mercado Rizal ang kanyang ama at si Teodora Alonzo ang kanyang ina. Nag-aral siya sa Ateneo de Manila, sa Pamantasan ng Sto. Tomas at sa Madrid. Isa siyang manggagamot, manunulat, makata, politiko, dalubwika, pintor, iskultor, guro at iba pa.

　Ang *Noli Me Tangere* at *El Filibusterismo* ang pinakatanyag sa kanyang mga isinulat. Sa dalawang nobelang ito, ipinakita niya ang masamang pagtingin at pagtrato ng mga Kastila sa mga Pilipino. Nagalit ang mga Kastila dahil dito. Ipinabaril siya noong Disyembre 30, 1896 sa Bagumbayan na ngayon ay Rizal Park na.

ipinanganák	生まれた	ipinakíta	見せた
manggagámot	医者	pagtingín	見ること
makátâ	詩人	pagtráto	待遇
dalubwíkâ	言語学者	Kastílâ	スペイン人
pintór	画家	nagálit	怒った
iskultór	彫刻家	ipinabaríl	射殺された
pinakatanyág	一番有名な	namatáy	死んだ
nobéla	小説		

① Kailan ipinanganak si Jose Rizal?
② Saan siya ipinanganak?
③ Sino ang kanyang mga magulang?
④ Saan siya nag-aral?
⑤ Ano ang naging trabaho niya?
⑥ Ano ang pinakatanyag niyang nobela?
⑦ Tungkol saan ang mga nobelang ito?
⑧ Bakit siya ipinabaril?
⑨ Kailan siya namatay?
⑩ Ano ang dating pangalan（旧名）ng Rizal Park?

3．次の文を日本語に訳しなさい。
① Pinangalanan akong "Bunso" ng grupo namin.
② Itinuturing na pambansang bayani si Jose Rizal.
③ Panatilihin nating malinis ang kapaligiran natin.
④ Pinili namin siyang presidente.
⑤ Tatawagin na lang kitang Hiro.

4．本課の会話の内容に関する以下の設問にフィリピン語で答えなさい。
① Ano-ano ang mga impormasyong alam na nina Danilo, Hiroki at Roberto tungkol kay Jose Rizal?
② Bakit marami nang alam sina Danilo at Roberto tungkol kay Rizal?
③ Bakit sinabi ni Roberto na mahirap mag-ulat tungkol kay Rizal?
④ Ano-ano ang mga paksang iminungkahi ni Danilo?
⑤ Ano ang ibinigay na paksa kay Hiroki? Bakit ito ang ibinigay sa kaniya?

コラム27　ホセ・リサールの生涯（概略）

［フィリピンの国民的英雄。作家，医師（眼科医），農学者，ポリグロット（22言語），画家，詩人］

　スペイン統治の末期，ホセ・リサールは，2大小説（ノリ・メ・タンヘレ〈"Noli Me Tangere"『我にふれるな』略称「ノリ」〉および〈エル・フィリブステリスモ（"El Filibusterismo"『反逆』。略称「フィリ」〉）の発行やその他の政治的諸活動などが原因で，マニラのスペイン総督府より次第に厳しい監視を受けるようになり，ミンダナオ島ダピタンに流刑。さらに，「フィリピン民衆に対し，独立に向けて扇動せんとの思想を抱き，教会に対する批判めいた言論をした」などの理由で反逆罪に問われ，死刑宣告を受けた。そして，1896年12月30日，バグンバヤン（現リサール公園）にてスペイン官憲により処刑された。

　リサールは存命中，フィリピン人に対する人間らしい待遇を求めただけで，決して独立に向け民衆を扇動しなかったと言われている。が，彼の死は，その後のスペインからの独立（1898年6月12日）に向けた民衆蜂起を促す大きな要因となった。35年の生涯を通じて一貫して祖国の自由のために体を張って生き，最後には処刑されたリサールは，国民的英雄として崇拝されている。初等教育～高等教育（大学）では，リサールの上記2大著作は，必修科目に指定されており，フィリピン人ならほとんど誰もが，そのあらすじを知っている。小学校，州庁舎や市庁舎などを訪問すると，真っ先に目に入ってくるのが，リサールの銅像や肖像画であると言っても決して過言ではない。

〈ホセ・リサール年譜〉

西　暦	年齢	事　項
1861年 6月19日		ルソン島ラグーナ州カランバ町（現カランバ市〈マニラの南東郊外〉）にて生誕
1877年	16	アテネオ・ムニシパル・デ・マニラ（現アテネオ・デ・マニラ大学。文学士）卒。その後土地測量・鑑定コース修了
1878年	17	眼病に苦しむ母親を助けるべく，サント・トーマス大学医学部で学ぶも中退

1882 年 5 月	20	スペイン人（総督府関係者，宣教師ら）のフィリピン人に対する圧政，迫害，侮辱行為に耐えられず，親の同意を得ずヨーロッパに渡る。11 月スペイン・マドリード中央大学医学部および哲文学部入学
1884 年	23	マドリード中央大学医学部卒
1885 年	24	マドリード中央大学哲文学部卒。86 年末までフランス（パリ大学）で医学実習。その後ドイツ（ハイデルブルグ大学など）で学問（医学，哲文学，社会学，文化人類学など）を究める
1887 年 3 月	25	小説『ノリ・メ・タンヘレ』をベルリンで発行
1887 年 8 月	26	フィリピンに帰国
1888 年 2 月〜	26〜	総督府による国外退去命令を受け，2 度目の訪欧。途次，香港（1 週間），日本（88 年 2 月 28 日〜4 月 13 日）および米国に滞在した後，イギリスに到着。日本（とくに東京）での滞在中は，さまざまな日本人や伝統文化にふれ，とくに国民性について，「正直，清潔，勤勉」などと日記に書き記す。日本人女性（臼井勢似子「おせいさん」）と懇意にし，伝統芸能の観覧や，歴史的建造物視察など同伴で訪問
1891 年 9 月	30	小説『エル・フィリブステリスモ』をベルギーで発行
1891 年 11 月	30	フィリピンへの帰国の途次，香港で診療所（眼科）開業
1892 年 6 月	30	フィリピンに帰国
1892 年 7 月	31	フィリピン同盟結成
1892 年 7 月〜 1896 年 7 月	31〜35	ミンダナオ島ダピタンに 4 年間の流刑。その後，マニラに一旦帰還。スペインに向うも，船中で再逮捕。帰国命令

1896年11月3日	35	フエルサ・デ・サンティアゴ〈現サンチャゴ要塞〉に監禁
1896年12月26日	35	反逆罪に問われ，死刑宣告
1896年12月29日	35	最後の著作，ウルティモ・アディオス"Ultimo Adios"『最後の別れ』）を上記収監先で綴った
1896年12月30日	35	午前7時，バグンバヤン（現リサール公園）にて処刑

✍（大上正直）

48　ホセ・リサール記念碑（リサール公園内）

第30課 今度はいつ集まる？
Kailan tayo magkikita-kita ulit?

(Magkukumustahan ang magkakaklase tungkol sa kanilang presentasyon)

(Email ni Hiroki kina Danilo at Berto)
Danilo at Berto,
Tapos na ba kayo sa takdang gawain para sa presentasyon natin?
Ako, kalahati pa lang. :(
Kailan tayo magkikita-kita ulit?
Gusto ko sana sa Sabado, at sana sa dorm ko.
Malapit lang ang aklatan kaya madali tayong makakatingin sa mga libro roon.
Hiroki

(Sagot mula kay Danilo)
Hiroki at Berto,
Okey ako sa Sabado. Puwede ba kayo nang ala una ng hapon?
Tapusin na natin ang presentasyon sa Sabado.
Danilo

(Sagot mula kay Berto)
Danilo at Hiroki,
Sige, magkita-kita tayo sa Sabado
ala una ng hapon, sa dorm ni Hiroki.
Berto

語句

magkúkumustáhan	（互いに相手の状況などを）尋ね合う（行焦，未然）	pa láng :(	まだ〜しかない（泣）☹
magkakakláse	クラスメート同士（3人以上）	magkikíta-kíta	会う（行焦，未然）
		aklátan	図書館
takdáng gawáin	担当の作業	makákatingín	見られる（行焦，未然）
kalahátî	半分	tapúsin	終える（対焦，不定）
		magkíta-kíta	会う（行焦，不定）

（Umuwi si Mika noong katapusan ng Disyembre at sumulat sa nanay ni Katrina）

Mahal kong Mama Maria,

　Kumusta na po kayo? Umaasa po akong nasa mabuti kayong kalagayan. Umuwi po kami ng pamilya ko sa probinsya. Dito po kami nagdiwang ng Bagong Taon sa bahay ng lolo at lola ko. Napakalamig po rito.

　Noon pong mismong araw ng Bagong Taon, kumain kami ng tradisyonal na pagkaing Hapon. Nakalakip po sa liham na ito ang litrato ng mga pagkaing ito at litrato naming pamilya.

　Kahapon po, ipinagluto ko sila ng tinolang manok gaya ng itinuro ninyo sa akin. Nasarapan po naman silang lahat, at gustung-gusto ni Lola ang sabaw.

　Nagpapasalamat po silang lahat sa inyong kabutihan sa akin. Ako man ay nagpapasalamat nang lubos at sana ay hindi magbago ang pagtingin ninyo sa akin.

　Hanggang dito na lang po at mag-ingat po sana kayo palagi.

　　　　　　　　　　Lubos na gumagalang,
　　　　　　　　　　Mika

語句

Mahal kóng ～	親愛なる～	tinólang manók	鶏と青パパイヤのスープ煮
umaása	思う，期待する（行焦，未完）	gáya ng ～	～と同じように
kalagáyan	状態	itinúrô	教えた（対焦，完了）
umuwî	帰った（行焦，完了）	nasarapán	おいしく感じた（方焦，完了）
probínsya	田舎，故郷	nagpápasalámat	感謝している（行焦，未完）
nagdíwang	祝った（行焦，完了）		
Bágong Taón	新年（正月）	kabutíhan	親切
mísmo	自身，自体	man	も，でも，ても
tradisyonál	伝統的な	lubós	完全に，とても
nakalakíp	同封してある	magbágo	変わる（行焦，不定）
líham	手紙	pagtingín	見方，見解，意見
ipinaglútô	料理した（受焦，完了）		

30.1　相互行為・相互関係動詞（行為者あるいは対象が 3 人・3 つ以上）

　「AとBがお互いに～する」という 2 人の相互行為については 16.2 で学習したが，行為に参加・関与している行為者・参加者や以下（2）のように行為の対象が 3 人・3 つ以上になると，通常，語根を全体重複させた動詞を用いる。なお，例

文（1）3）のように派生した-AN（相互・集団行為を表す名詞形成接尾辞）がついている場合は、行為に参加・関与している者が2人・2つだけでも3人・3つ以上でも同じ形態（語根の全体重複なし）である。以下は2人・2つの場合と3人・3つ以上の場合の対比である。

  magkita → magkita-kita（会う）
  mag-usap → mag-usap-usap（話し合う）
  mag-inuman → mag-inuman（一緒に飲む）
  pag-usapan → pag-usap-usapan（話し合う）（☞ 28.3 話題焦点）

（1）　3人・3つ以上のものによる行為

 1）Magkikita-kita kami sa Makati bukas.
   僕ら（3人以上）は明日マカティで会う。
 2）Nag-usap-usap sila nang matagal.
   彼ら（3人以上）は長い間話し合った。
 3）Pinag-usap-usapan ito ng mga estudyante kanina.
   このことはさっき学生たち（3人以上）が話し合った。

（2）　3人・3つ以上のものを対象にする行為

  pagsamahin → pagsama-samahin（一つにまとめる）
  paghiwalayin → paghiwa-hiwalayin（分ける）
  pagdugtungin → pagdugtung-dugtungin（繋ぎ合わせる）
 1）Pagsama-samahin natin ang pare-pareho.
   同じもの（3つ以上）を一つにまとめよう。
 2）Paghiwa-hiwalayin mo ang basura ayon sa klase nito.
   ごみを種類によって（3つ以上に）分別しなさい。
 3）Pagdugtung-dugtungin mo ang mga kuwento.
   物語（3つ以上）を繋ぎ合わせなさい。

30.2 副詞（時の表現）

(1) 一般的なもの

kahapon	昨日	kamakailan	先日，最近
kagabi	昨晩	ngayon	今日，今
kamakalawa	おととい	sa makalawa	あさって

(2) 日付

通常，スペイン語の月，日（数字）そして年の順になる。以下のように ika で始まるタガログ語の序数詞を月の前に付けて表すこともできるが，フォーマルな感じになり，かつ頻度も低い。

Abril 7, 2015	2015 年 4 月 7 日
Hunyo 15, 2018	2018 年 6 月 15 日
Oktubre 30, 2020	2020 年 10 月 30 日
Ika-28 ng Marso, 2025	2025 年 3 月 28 日

(3) その他

noong nakaraang/isang linggo/buwan/taon	先週・先月・去年
sa susunod/darating na linggo/buwan/taon	来週・来月・来年
limang taon na ang nakalilipas	5 年前
pagkatapos ng anim na taon	6 年後
sa loob ng sampung taon	10 年以内に
sa nakaraan/kasalukuyan/kinabukasan	過去・現在・将来

30.3 MA-AN 動詞
（方向焦点：自発的に経験し，知覚する行為等を表す）

MA-AN 動詞は，経験者・知覚者が外界の対象に対し働きかけ，実際に経験し，そこで　知覚することを表現するのに用いられる動詞である。形容詞になる語根を共有することが多い。

文型 【MA-AN 動詞 + ANG 句（主題：方向〈経験者・知覚者〉）+ SA 句（またはリンカー + 文）など】

1) Natamisan ako sa sauce. 　　　　私はソースが甘いと感じた。
2) Naiinitan siya sa kuwarto niya. 　彼女は自分の部屋が暑いと感じている。
3) Nagagandahan siya kay Maria. 　彼はマリアのことを美人だと感じている。
4) Nahirapan siyang gawin ito. 　　彼はこれをするのに苦労した。

30.4　メール・手紙の書き方
（特に親しい友達に対するもの）

(1) 頭語

Mahal na	親愛なる
Mahal kong ～	私の親愛なる（上よりもっと親密）
Dear	親愛なる（英語の用法。上の2つでは少しフォーマルになりすぎるので，英語で書くほうがくだけた感じがする）

(2) 安否の確認・お礼・お詫びの挨拶

1) Kumusta ka na? 　　　　　　　　　　　やあ，元気？
2) Matagal na tayong hindi nagkikita, ano? 　長い間会ってないね。
3) Sana nasa mabuti kang kalagayan. 　　　元気でいることと思います。
4) Maraming salamat sa sulat mo. 　　　　お手紙ありがとう。
5) Maraming salamat sa maagap mong pagsagot. 　早々の返事ありがとう。
6) Maraming salamat sa pag-imbita mo sa akin sa *dinner*.
　　　　　　　　　　　　　　　　　　　　ディナーへの招待ありがとう。
7) *Sorry* at ngayon lang ako nakasagot sa iyo. 　お返事が今日になり申し訳ない。

(3) 起こし言葉

1) Siyanga pala 　　　ところで
2) Maiba ako 　　　　話は変わるが

（4）結びのあいさつ

1）	Hanggang dito na muna.	今日のところはこの辺で。
2）	Ingat.	気をつけて。
3）	Nawa'y pagpalain ka ng Diyos.	神のご加護がありますように。

（5）結語

1）	Matapat na sumasaiyo,	敬具
2）	Sumasaiyo,	敬具
3）	Gumagalang,	敬具
4）	Ang iyong kaibigan,	君の友人より
5）	*Bye*	さようなら

49　1888年に宿泊した東京ホテルの跡地（現日比谷公園内）に建立されたホセ・リサール像

50　リサールが滞日中に懇意にした臼井勢似子女史（愛称：おせいさん）

練 習 問 題

1. 次の友達へのメールをフィリピン語に訳しなさい。
   （※宛名と差出人の名前を挿入）
   ○○へ，
   今日の授業はどうだった？
   熱が出て，行けなかったのよ。
   テストはいつ（になった）？
   勉強できていないわ。
   明日，ノートを見せてくれる？
   ○○より

2. 次の同僚宛のメールを日本語に訳しなさい。
   Alex,
   Napagalitan (mapagalítan〈叱られる〉の完了相) na naman ako ni Bos ngayon.
   Araw-araw na lang mula umaga hanggang gabi,
   talagang walang patawad!
   Baka matanggal ako nito.
   Ang hirap pa namang humanap ng trabaho...
   Jun

3. 次の文を日本語に訳しなさい。
   ① Nasasarapan ang Hapon sa mangga.
   ② Natatamisan ako sa keyk.
   ③ Naalatan siya sa pritong manok.
   ④ Mahihirapan ang mga estudyante sa pagsusulit.
   ⑤ Nalalamigan ang pasyente sa kuwarto.

4. 本課の会話の内容に関する以下の設問にフィリピン語で答えなさい。
   ① Ano ang napagkasunduan nina Danilo, Hiroki at Roberto sa email?
   ② Sino ang nagmungkahi ng araw ng miting nila? Ng oras? Ng Lugar?
   ③ Bakit gusto ni Hiroki na magkita sila sa dorm niya?
   ④ Ano ang masasabi mo tungkol kina Danilo, Hiroki at Roberto bilang mga estudyante?

コラム 28 フィリピンの絵文字

　フィリピンで使われている絵文字は，独自のものはあまりなく，欧米などから借用したものが多い。主要なものには以下のようなものがある。いずれもメールやテキストでよく使われるので，フィリピン人とのやり取りでたまには使ってみよう。

1. XD　　XDDD　　　　　　　　　　（笑）
2. :)　　=)　　:-)　　　　　　　　スマイル
3. =(　　:(　　　　　　　　　　　　（泣），悲しい
4. =`(　　:`(　　T_T　　T.T　　　（泣）
5. =P　　　　　　　　　　　　　　　からかい，いたずらなど
6. <3　　♥　　　　　　　　　　　　ハート
7. ;)　　;D　　　　　　　　　　　　ウインク
8. :¦　　　　　　　　　　　　　　　無表情
9. (-_-)　zZz　　　　　　　　　　眠り

　　　　　　　　　　　　　　　✍（大上正直，Paul Santiago）

付録1．フィリピンの主要言語地図

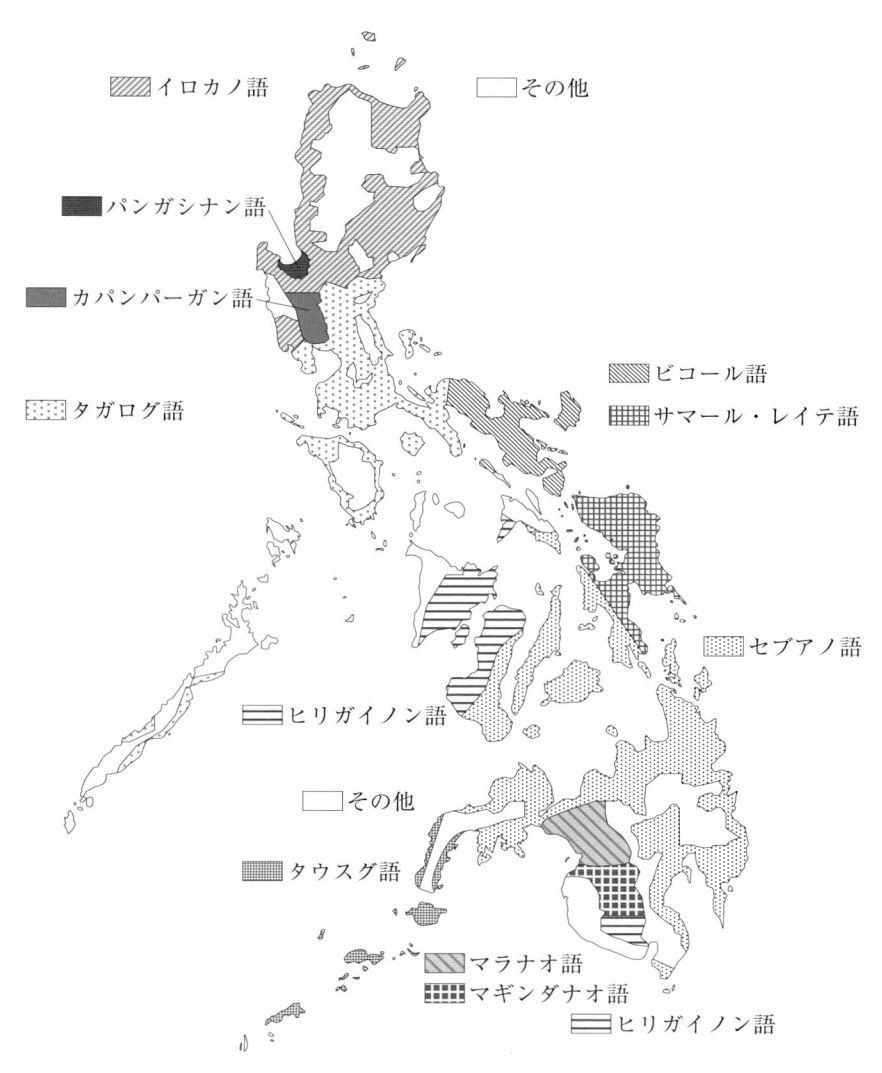

イロカノ語
その他
パンガシナン語
カパンパーガン語
タガログ語
ビコール語
サマール・レイテ語
ヒリガイノン語
セブアノ語
その他
タウスグ語
マラナオ語
マギンダナオ語
ヒリガイノン語

（出所）McFarland, Curtis D. 1980 *A Linguistic Atlas of the Philippines* Tokyo: Study of Languages and Cultures of Asia & Africa Monograph Series No.15 をもとに筆者作成。
（注）タガログ語がフィリピン語の主な母体となっている言語。

付録 2. フィリピン語基本動詞活用表

語根	不定相	完了相	未完了相	未然相	意味
MAG- 動詞（行為者焦点）					
alalá	mag-alalá	nag-alalá	nag-áalalá	mag-áalalá	心配する
áral	mag-áral	nag-áral	nag-aáral	mag-aáral	勉強する
áway	mag-áway	nag-áway	nag-aáway	mag-aáway	喧嘩する
bása	magbasá	nagbasá	nagbábasá	magbábasá	読む
báyad	magbáyad	nagbáyad	nagbabáyad	magbabáyad	支払う
bírô	magbirô	nagbirô	nagbíbirô	magbíbirô	冗談を言う
dalá	magdalá	nagdalá	nagdádalá	magdádalá	運ぶ
handâ	maghandâ	naghandâ	nagháhandâ	magháhandâ	準備する
hintáy	maghintáy	naghintáy	naghíhintáy	maghíhintáy	待つ
hiwaláy	maghiwaláy	naghiwaláy	naghíhiwaláy	maghíhiwaláy	別れる
hubád	maghubád	naghubád	naghúhubád	maghúhubád	脱ぐ
íngat	mag-íngat	nag-íngat	nag-iíngat	mag-iíngat	気をつける
kíta	magkíta	nagkíta	nagkikíta	magkikíta	会う
labá	maglabá	naglabá	naglálabá	maglálabá	洗濯する
lákad	maglakád	naglakád	naglálakád	maglálakád	歩く
línis	maglínis	naglínis	naglilínis	maglilínis	掃除する
lútô	maglútô	naglútô	naglulútô	maglulútô	料理する
práktis	magpráktis	nagpráktis	nagpápráktis	magpápráktis	練習する
sélos	magsélos	nagsélos	nagsesélos	magsesélos	嫉妬する
sipílyo	magsipílyo	nagsipílyo	nagsísipílyo	magsísipílyo	歯を磨く
súlat	magsulát	nagsulát	nagsúsulát	magsúsulát	書く
táksi	magtáksi	nagtáksi	nagtatáksi	magtatáksi	タクシーに乗る
tampó	magtampó	nagtampó	nagtátampó	magtátampó	拗ねる
tanóng	magtanóng	nagtanóng	nagtátanóng	magtátanóng	質問する
túrô	magtúrô	nagtúrô	nagtutúrô	magtutúrô	教える
úsap	mag-úsap	nag-úsap	nag-uúsap	mag-uúsap	話し合う

語根	不定相	完了相	未完了相	未然相	意味
MA- 動詞（行為者焦点）					
busóg	mabusóg	nabusóg	nabúbusóg	mabúbusóg	満腹になる
gálit	magálit	nagálit	nagagálit	magagálit	怒る
gúlat	magúlat	nagúlat	nagugúlat	magugúlat	驚く
hílo	mahílo	nahílo	nahihílo	mahihílo	めまいがする
húlog	mahúlog	nahúlog	nahuhúlog	mahuhúlog	落ちる
inís	mainís	nainís	naíinís	maíinís	いらつく
inggít	mainggít	nainggít	naíinggít	maíinggít	羨ましく思う
late	ma-late	na-late	nale-late	male-late	遅れる
matáy	mamatáy	namatáy	namámatáy	mamámatáy	死ぬ
págod	mapágod	napágod	napapágod	mapapágod	疲れる
tákot	matákot	natákot	natatákot	matatákot	怖がる
túlog	matúlog	natúlog	natutúlog	matutúlog	寝る
túto	matúto	natúto	natutúto	matutúto	学ぶ
tuwâ	matuwâ	natuwâ	natútuwâ	matútuwâ	喜ぶ
walâ	mawalâ	nawalâ	nawáwalâ	mawáwalâ	なくなる
-UM- 動詞（行為者焦点）					
alís	umalís	umalís	umáalís	áalís	出かける
balík	bumalík	bumalík	bumábalík	bábalík	戻る
bása	bumása	bumása	bumabása	babása	読む
bilí	bumilí	bumilí	bumíbilí	bíbilí	買う
daán	dumaán	dumaán	dumádaán	dádaán	通る，寄る
datíng	dumatíng	dumatíng	dumáratíng	dáratíng	到着する
inóm	uminóm	uminóm	umíinóm	íinóm	飲む
káin	kumáin	kumáin	kumakáin	kakáin	食べる
kantá	kumantá	kumantá	kumákantá	kákantá	歌う
labás	lumabás	lumabás	lumálabás	lálabás	出る
pások	pumások	pumások	pumapások	papások	入る
puntá	pumuntá	pumuntá	pumúpuntá	púpuntá	行く
sáma	sumáma	sumáma	sumasáma	sasáma	一緒に行く

語根	不定相	完了相	未完了相	未然相	意味
súlat	sumúlat	sumúlat	sumusúlat	susúlat	書く
tahímik	tumahímik	tumahímik	tumatahímik	tatahímik	静かになる
túlong	tumúlong	tumúlong	tumutúlong	tutúlong	助ける
ulán	umulán	umulán	umúulán	úulán	雨が降る
upô	umupô	umupô	umúupô	úupô	座る
uwî	umuwî	umuwî	umúuwî	úuwî	帰る

M- 動詞（行為者焦点）

pakialám	makialám	nakialám	nakíkialám	makíkialám	干渉する
pakiníg	makiníg	nakiníg	nakíkiníg	makíkiníg	聞く
pakiúsap	makiúsap	nakiúsap	nakíkiúsap	makíkiúsap	お願いする
palígô	malígô	nalígô	nalilígô	malilígô	シャワーをあびる
panálo	manálo	nanálo	nananálo	mananálo	勝つ
pangákô	mangákô	nangákô	nangangákô	mangangákô	約束する
panibágo	manibágo	nanibágo	nanínibágo	manínibágo	戸惑う
paniwálâ	maniwálâ	naniwálâ	nanírniwálâ	manírniwálâ	信じる
panoód	manoód	nanoód	nanónoód	manónoód	観る

MANG-動詞（行為者焦点）

bilí	mamilí	namilí	namímilí	mamímilí	買い物をする
isdâ	mangisdâ	nangisdâ	nangíngisdâ	mangíngisdâ	漁をする
kabáyo	mangabáyo	nangabáyo	nangángabáyo	mangángabáyo	乗馬する
lígaw	manlígaw	nanlígaw	nanlilígaw	manlilígaw	求愛する
pulá	mamulá	namulá	namúmulá	mamúmulá	赤くなる
sigarílyo	manigarílyo	nanigarílyo	nanínigarílyo	manínigarílyo	喫煙する

MAKA-動詞（行為者焦点）

alám	makaalám	nakaalám	nakákaalám	makákaalám	知る
balík	makabalík	nakabalík	nakákabalík	makákabalík	戻れる
bilí	makabilí	nakabilí	nakákabilí	makákabilí	買える
damdám	makaramdám	nakaramdám	nakákaramdám	makákaramdám	感じる
diníg	makariníg	nakariníg	nakákariníg	makákariníg	聞こえる

語根	不定相	完了相	未完了相	未然相	意味
gámit	makagámit	nakagámit	nakákagámit	makákagámit	使える
intindí	makaintindí	nakaintindí	nakákaintindí	makákaintindí	理解できる
kilála	makakilála	nakakilála	nakákakilála	makákakilála	知り合う
kíta	makakíta	nakakíta	nakákakíta	makákakíta	見える
límot	makalímot	nakalímot	nakákalímot	makákalímot	忘れる
pansín	makapansín	nakapansín	nakákapansín	makákapansín	気付く

MAKI-動詞（行為者焦点）

káin	makikáin	nakikáin	nakíkikáin	makíkikáin	食べさせてもらう，一緒に食べる
larô	makipaglarô	nakipaglarô	nakíkipaglarô	makíkipaglarô	一緒に遊ぶ
túlog	makitúlog	nakitúlog	nakíkitúlog	makíkitúlog	泊まらせてもらう

I- 動詞（対象焦点）

abót	iabót	iniabót	iniáabót	iáabót	手渡す
bigáy	ibigáy	ibinigáy	ibiníbigáy	ibíbigáy	あげる
handâ	ihandâ	inihandâ	iniháhandâ	iháhandâ	準備する
hatíd	ihatíd	inihatíd	iniháhatíd	iháhatíd	見送る
labás	ilabás	inilabás	inilálabás	ilálabás	出す
lagáy	ilagáy	inilagáy	inilálagáy	ilálagáy	置く
lútô	ilútô	inilútô	inilulútô	ilulútô	料理する
pakilála	ipakilála	ipinakilála	ipinápakilála	ipápakilála	紹介する
pakíta	ipakíta	ipinakíta	ipinápakíta	ipápakíta	見せる
pások	ipások	ipinások	ipinapások	ipapások	入れる
regálo	iregálo	iniregálo	iniréregálo	iréregálo	プレゼントする
suót	isuót	isinuót	isinúsuót	isúsuót	着る
tágô	itágô	itinágô	itinatágô	itatágô	隠す，保管する
tanóng	itanóng	itinanóng	itinátanóng	itátanóng	質問する
túrô	itúrô	itinúrô	itinutúrô	itutúrô	教える
uwî	iuwî	iniuwî	iniúuwî	iúuwî	持ち帰る

語根	不定相	完了相	未完了相	未然相	意味
-IN 動詞（対象焦点）					
áyos	ayúsin	ináyos	inaáyos	áayúsin	整える
bása	basáhin	binása	binabása	bábasáhin	読む
bilí	bilhín	binilí	biníbilí	bíbilhín	買う
gámit	gamítin	ginámit	ginagámit	gágamítin	使う
gawâ	gawín	ginawâ	ginágawâ	gágawín	する
hánap	hanápin	hinánap	hinahánap	háhanápin	探す
hirám	hiramín	hinirám	hiníhirám	híhiramín	借りる
hubád	hubarín	hinubád	hinúhubád	húhubarín	脱ぐ
inóm	inumín	ininóm	iníinóm	íinumín	飲む
ísip	isípin	inísip	iníisip	íisípin	考える
kúha	kúnin	kinúha	kinukúha	kukúnin	取る
panoód	panoórin	pinanoód	pinápanoód	pápanoórin	観る
patáy	patayín	pinatáy	pinápatáy	pápatayín	殺す
sábi	sabíhin	sinábi	sinasábi	sásabíhin	言う
sísi	sisíhin	sinísi	sinisísi	sísisíhin	非難する
-AN 動詞（方向焦点）					
báyad	bayáran	binayáran	binábayáran	bábayáran	支払う
bigáy	bigyán	binigyán	biníbigyán	bíbigyán	あげる
dagdág	dagdagán	dinagdagán	dinádagdagán	dádagdagán	加える
halík	halikán	hinalikán	hináhalikán	háhalikán	キスする
kúha	kúnan	kinúnan	kinukúnan	kukúnan	取る
lagáy	lagyán	nilagyán	nilálagyán	lálagyán	置く
paniwálâ	paniwaláan	pinaniwaláan	pinaníniwaláan	paníniwaláan	信じる
puntá	puntahán	pinuntahán	pinúpuntahán	púpuntahán	行く
regálo	regalúhan	niregalúhan	niréregalúhan	réregalúhan	プレゼントする
táwag	tawágan	tinawágan	tinátawágan	tátawágan	電話する
tingín	tingnán	tiningnán	tinítingnán	títingnán	見る
túrô	turúan	tinurúan	tinúturúan	túturúan	教える
túlong	tulúngan	tinulúngan	tinútulúngan	tútulúngan	助ける

語根	不定相	完了相	未完了相	未然相	意味
\multicolumn{6}{c}{MA-動詞（対象焦点）}					
diníg	mariníg	nariníg	naríriníg	maríriníg	聞こえる
kilála	makilála	nakilála	nakíkilála	makíkilála	知り合う
kíta	makíta	nakíta	nakikíta	makikíta	見える
pansín	mapansín	napansín	napápansín	mapápansín	気付く
\multicolumn{6}{c}{MA-AN 動詞（対象焦点）}					
alám	maláman	naláman	nalaláman	malaláman	知る
damdám	maramdamán	naramdamán	naráramdamán	maráramdamán	感じる
intindí	maintindihán	naintindihán	naíintindihán	maíintindihán	理解する
kalímot	makalimútan	nakalimútan	nakákalimútan	makákalimútan	忘れる
túto	matutúnan	natutúnan	natútutúnan	matútutúnan	学ぶ
\multicolumn{6}{c}{I-動詞（受益者焦点）}					
bilí	ibilí	ibinilí	ibiníbilí	ibíbilí	～のために買う
kúha	ikúha	ikinúha	ikinukúha	ikukúha	～のために取ってくる
labá	ipaglabá	ipinaglabá	ipinaglálabá	ipaglálabá	～のために洗濯する
\multicolumn{6}{c}{MAGPA-動詞（使役者焦点）}					
áyos	magpaáyos	nagpaáyos	nagpápaáyos	magpápaáyos	整理させる
galíng	magpagalíng	nagpagalíng	nagpápagalíng	magpápagalíng	回復させる
gamót	magpagamót	nagpagamót	nagpápagamót	magpápagamót	治療させる
húli	magpahúli	nagpahúli	nagpápahúli	magpápahúli	捕まえさせる
inóm	magpainóm	nagpainóm	nagpápainóm	magpápainóm	飲ませる
káin	magpakáin	nagpakáin	nagpápakáin	magpápakáin	食べさせる
lamíg	magpalamíg	nagpalamíg	nagpápalamíg	magpápalamíg	涼む
línis	magpalínis	nagpalínis	nagpápalínis	magpápalínis	掃除させる
lútô	magpalútô	nagpalútô	nagpápalútô	magpápalútô	料理させる
puntá	magpapuntá	nagpapuntá	nagpápapuntá	magpápapuntá	行かせる

語根	不定相	完了相	未完了相	未然相	意味
súlat	magpasúlat	nagpasúlat	nagpápasúlat	magpápasúlat	書かせる
tabâ	magpatabâ	nagpatabâ	nagpápatabâ	magpápatabâ	太らせる，飼育する
túlong	magpatúlong	nagpatúlong	nagpápatúlong	magpápatúlong	手伝わせる

IPA-（使役対象焦点）

語根	不定相	完了相	未完了相	未然相	意味
alís	ipaalís	ipinaalís	ipinaáalís	ipaáalís	どかせる
bása	ipabása	ipinabása	ipinababása	ipababása	読ませる
inóm	ipainóm	ipinainóm	ipinaíinóm	ipaíinóm	飲ませる
káin	ipakáin	ipinakáin	ipinakakáin	ipakakáin	食べさせる
lagáy	ipalagáy	ipinalagáy	ipinalálagáy	ipalálagáy	置かせる
línis	ipalínis	ipinalínis	ipinalilínis	ipalilínis	掃除させる
lútô	ipalútô	ipinalútô	ipinalulútô	ipalulútô	料理させる
súlat	ipasúlat	ipinasúlat	ipinasusúlat	ipasusúlat	書かせる
tágô	ipatágô	ipinatágô	ipinatatágô	ipatatágô	保管させる，隠させる

PA-IN（被使役者焦点）

語根	不定相	完了相	未完了相	未然相	意味
balík	pabalikín	pinabalík	pinabábalík	pabábalikín	戻らせる
gandá	pagandahín	pinagandá	pinagágandá	pagágandahín	美しくする
hintáy	paghintayín	pinaghintáy	pinaghíhintáy	paghíhintayín	待たせる
inóm	painumín	pinainóm	pinaíinóm	paíinumín	飲ませる
káin	pakaínin	pinakáin	pinakakáin	pakákaínin	食べさせる
lákad	palakárin	pinalákad	pinalalákad	palálakárin	歩かせる，操業・管理する
panoód	papánoórin	pinapanoód	pinapápanoód	papápanoórin	観させる
puntá	papuntahín	pinapuntá	pinapúpuntá	papúpuntahín	行かせる
túlog	patulúgin	pinatúlog	pinatutúlog	patútulúgin	寝かせる
túrô	pagturúin	pinagtúrô	pinagtutúrô	pagtúturúin	教えさせる
tuyô	patuyuín	pinatuyô	pinatútuyô	patútuyuín	乾かす
uwî	pauwiín	pinauwî	pinaúuwî	paúuwiín	家に帰らせる

語根	不定相	完了相	未完了相	未然相	意味
\multicolumn{6}{c}{AN-（対象焦点）}					
alágâ	alagáan	inalagáan	ináalagáan	áalagáan	世話をする
anyáya	anyayáhan	inanyayáhan	ináanyayáhan	áanyayáhan	招待する
báyad	bayáran	binayáran	binábayáran	bábayáran	払う
búkas	buksán	binuksán	binúbuksán	búbuksán	開ける
háwak	hawákan	hinawákan	hináhawákan	háhawákan	つかむ，触る
húgas	hugásan	hinugásan	hinúhugásan	húhugásan	（手などを）洗う
labá	labhán	nilabhán	nilálabhán	lálabhán	洗濯する
púnas	punásan	pinunásan	pinúpunásan	púpunásan	拭く
simulâ	simulán	sinimulán	sinísimulán	sísimulán	始める
tikím	tikmán	tinikmán	tinítikmán	títikmán	味見する
\multicolumn{6}{c}{PAG-AN（対象焦点）}					
áral	pag-arálan	pinag-arálan	pinag-áarálan	pag-áarálan	勉強する
\multicolumn{6}{c}{PAG-AN（話題焦点）}					
áway	pag-awáyan	pinag-awáyan	pinag-áawáyan	pag-áawáyan	喧嘩する
púlong	pagpulúngan	pinagpulúngan	pinagpúpulúngan	pagpúpulúngan	会議をする
tálo	pagtalúnan	pinagtalúnan	pinagtátalúnan	pagtátalúnan	言い争う
úsap	pag-usápan	pinag-usápan	pinag-úusápan	pag-úusápan	話をする

付録3．分野別重要単語集

1. 人に関係する単語（**Táo**）

（1）民族（**Láhî**）

Amerikáno	アメリカ人
Bumbáy	インド人
Haponés	日本人
Inglés	イギリス人
Intsík	中国人
Kastílâ	スペイン人
Koreáno	韓国人
Pilipíno	フィリピン人

（2）仕事など（**Trabáho**）

abogádo	弁護士
arkitékto	建築家
artísta	芸能人
barbéro	理髪師
basuréro	ゴミ収集人
bumbéro	消防士
dentísta	歯医者
doktór	医者
dráyber/tsupér	運転手
empleyádo	職員，会社員
estudyánte	学生
gúrô/títser	先生
hardinéro	庭師
inhinyéro	エンジニア
kahéro	レジ係
karpintéro	大工
kartéro	郵便配達員
katúlong	お手伝い
kusinéro	コック
labandéra	洗濯婦
magsasaká	農民
mánanáhî	裁縫人，仕立て屋
mánanayáw	ダンサー
mang-aáwit	歌手
manggagáwâ	労働者
mángingisdâ	漁師
mánunulát	作家
maybáhay	主婦・主夫
mekánikó	修理工
nars	看護士
negosyánte	ビジネスマン，実業家
pilóto	パイロット
pintór	画家
pulís	警察官
sapatéro	靴職人
sekretárya	秘書
tindéro	店員
tubéro	配管工
wéyter/wéytres	ウェーター
yáya	子守

（3）政府（**Gobyérno**）

alkálde	市長
bíse-presidénte/ pangalawáng pangúlo	副大統領
gobernadór	知事
hukóm/huwés	裁判官
konsehál	市町村議会議員
máyor/méyor	市長
presidénte/pangúlo	大統領
representánte	（下院）議員
senadór	上院議員

（4）教会（**Simbáhan**）

kardinál	枢機卿
mádre	修道女
minístro	聖職者
misyonáryo	宣教師
obíspo	司教
párî	司祭・神父
pastór	牧師

2. 動物などに関する単語
   （**Háyop at iba pa**）

（1）動物（**Háyop**）

áhas	蛇
áso	犬
báboy	豚

báka	牛	úod	（這う）虫
butikî	ヤモリ		

3. 食に関係する単語（Pagkáin）

(1) 肉（**Karné**）

buwáya	ワニ	báboy	豚肉
dagâ	鼠	báka	牛肉
elepánte	象	balát	皮
kabáyo	馬	tsítsarón	豚の皮を揚げたつまみ
kalabáw	水牛	góto	臓物
kambíng	山羊	hamón	ハム
kuného	ウサギ	manók	鶏肉
león	ライオン	páta	豚の脚

(2) 海産食品など（*Seafood*）

manók	鶏	alimángo	ノコギリガザミ
pagóng	亀	alimásag	タイワンガザミ
palakâ	蛙	bagoóng	塩辛
paníkî	コウモリ	bangús	サバヒー
púsâ	猫	damóng-dágat	海藻
túpa	羊	dílis	カタクチイワシ
unggóy/tsónggo	猿	hípon	エビ

(2) 鳥（**Íbon**）

		hítô	ナマズ
ágilá	鷲	lápulápu	ハタ科のやや高価な魚
kalapáti	鳩	patíng	サメ
kuwágo	フクロウ	pusít	イカ
láwin	鷹	sardínas	イワシ
lóro	オウム	sugpô	えび（大）
máya	雀	tahóng	ムール貝
uwák	カラス	talabá	牡蠣

(3) 昆虫など（**Insékto**）

		talangkâ	蟹（極小）
alitaptáp	蛍	tilápya	いずみ鯛
alupíhan	百足	tinapá	燻製の魚
ánay	シロアリ	tuyô	小魚の乾物

(3) 飲み物（**Inúmin**）

bubúyog	蜂	álak	酒類
gagambá	蜘蛛	kapé	コーヒー
gamugamó	蛾	gátas	牛乳
ípis	ゴキブリ	lambanóg	ヤシ酒の蒸留酒
kúto	シラミ	serbésa	ビール
lamók	蚊	tsaá/tsa	茶
lángaw	ハエ	tsokoláte	ホットチョコレート
langgám	蟻	tubâ	ヤシ酒
parúparó	蝶	túbig	水
pulgás	蚤		
putaktí	雀蜂		
salagúbang	甲虫		
tutubí	トンボ		

（4）野菜（**Gúlay**）

ampalayá	ニガウリ
bátaw	藤豆
báwang	ニンニク
gábi	タロイモ
kabutí	きのこ
kalabása	カボチャ
kamátis	トマト
kamóteng-káhoy	カッサバ
kangkóng	空芯菜
károt	ニンジン
kíntsay	セロリ
kundól	冬瓜
labanós	大根
labóng	たけのこ
labúyô	唐辛子（小）
letsúgas	レタス
lúya	しょうが
maís	とうもろこし
malunggáy	モリンガ（ワサビの木）
munggó	緑豆
mustása	からし菜
ókra	オクラ
patánî	あおい豆
patóla	糸瓜（へちま）
pétsay	しゃくし菜
pipíno	胡瓜
púso ng ságing	バナナの花のつぼみ
repólyo	キャベツ
sibúyas	玉ねぎ
sibúyas na múrâ	青ねぎ
sigarílyas	四角豆
síli	唐辛子
singkamás	クズイモ（マメ科）
sítaw	十六ささげ
sitsaró	サヤエンドウ
talóng	なす
tóge	モヤシ
úbe	紫芋
úbod	椰子木の髄
úpo	夕顔

（5）ナッツ類（**Nuts**）

kasóy/kasúy	カシューナッツ
kastányas	栗
manî	落花生

（6）果物（**Prútas**）

abokádo	アボカド
átis	バンレイシ
balimbíng	五歛子（ごれんし）
bayábas	グアバ
búko	（若い）ココナッツ
dalandán	マンダリンオレンジ
dalanghíta	青みかん
durián	ドリアン
guyabáno	トゲバンレイシ
kalamansî	カラマンシー
kaymíto	スターアップル
langkâ	ジャックフルーツ
lansónes	ランサ
litsíyas	ライチ
makapunô	ココナッツの果肉
manggá	マンゴー
manggustín	マンゴスチン
mansánas	リンゴ
milón	メロン
niyóg	ココナッツ
pakwán	スイカ
papáya	パパイヤ
péras	梨
pinyá	パイナップル
rambután	ランブータン
sabá	料理用バナナ
ságing	バナナ
sampálok	タマリンド
santól	サントル
súhà	グレープフルーツ
tsíko	サポジラ
úbas	ブドウ

（7）フィリピン料理（**Pagkáing Pilipíno**）
1）おかず（**úlam**）

adóbo	肉のマリネード煮込み
apritáda	鶏肉のトマト煮
atsára	甘酢漬けピクルス
embutído	ミートローフ

eskabétse	魚の甘酢あんかけ	tahó	甘い豆腐デザート
kalderéta	シチュー風煮込み料理	turón	春巻き風揚げバナナ
karé-karé	牛の尾のピーナッツソース煮		

（8）調味料など（**Rekádo**）

litsón	子豚の丸焼き	arína	小麦粉
longganísa	ソーセージ	asín	塩
menúdo	豚レバー入り肉じゃが	asúkal	砂糖
míswa	細い麺のスープ	bétsin	味の素
pinakbét	野菜豊富な料理	gatâ	ココナッツミルク
sinigáng	魚・野菜など入りの酸っぱいスープ	gawgáw	コーンスターチ
		késo	チーズ
tápa	肉などのジャーキー	lawrél	月桂樹
tinóla	(鶏肉)と青パパイヤなどのスープ煮	lingá	ゴマ
tosíno	豚肉などのフィリピン風ベーコン	mantíkâ	油

2）軽食とスイーツ（Meryénda at Minatamís）

		pamintá	コショウ
balót	アヒルの孵化寸前の卵	panutsá	粗糖
banana cue	料理用バナナの串揚げ	patís	魚醤
bibíngka	バナナの葉に包んで焼いたホットケーキ風デザート	puláng asúkal	黒砂糖
		súkâ	酢
bíko	米とサツマイモのデザート	tóyô	醤油

4．家に関する単語（**Báhay**）

búko pandán	ブコとパンダンゼリーのフルーツサラダ	bányo	バスルーム
ensaymáda	フィリピン風カステラ	beránda	ベランダ
fish balls	屋台などで売られている魚のすり身などの揚げ物	bintânâ	窓
		bodéga	倉庫
halo-hálô	ハロハロ	bubóng	屋根
kamóte cue	サツマイモの串揚げ	dingdíng	壁
léche flan	カスタードプディン	garáhe	ガレージ
lúgaw	お粥	hagdán/hagdánan	階段
pansít	麺類	halígi	柱
— bíhon	ビーフン	kasílyas	トイレ
— cantón	八宝菜風そば	kísamé	天井
— malabón	米の麺を使った具沢山のスパゲティー風麺類	komedór	ダイニング
		kusínâ	キッチン
— palábok	ゆで卵，海老などを載せた麺類	labábo	洗面台
		pintô/pintúan	ドア
— sótanghón	炒めた春雨	póste	柱
púto	蒸しパン風ライスケーキ	sahíg	床
púto bumbóng	紫色(通常)のライスケーキ	sála	居間
siyópaw	肉まん	silíd/kuwárto	部屋
sapín-sapín	幾重にもなった餅菓子	sílong	床下
súman	バナナの葉で包んだちまき風デザート	súlok	隅

（2）家庭用品（**Kasangkápan**）

aparadór	洋服ダンス
bangkô	長椅子，スツール
baníg	ござ
bentiladór	扇風機
ílaw	電気
kábinet	キャビネット
káma	ベッド
kubrekáma	ベッドシーツ
kulambô	蚊帳
kúmot	毛布
kurtína	カーテン
mésa	テーブル
rádyo	ラジオ
salamín	鏡
sílya	椅子
sopá	ソファ
telebisyón	テレビ
tokadór	鏡台
únan	枕

（3）台所用品など（**Kagamitáng Pangkusínâ**）

abreláta	缶切り
bandehádo	お盆
báso	コップ
grípo	蛇口
kalán	コンロ
kaldéro	大なべ
kaseróla	なべ
kawâlî	フライパン
kutsára	スプーン
kutsaríta	小さじ
kutsílyo	ナイフ
mangkók	どんぶり
palanggána	洗面器
palayók	土鍋
pitsél	ピッチャー
platíto	小皿
pláto/pinggán	皿
repridyeréytor	冷蔵庫
tása	カップ
tinidór	フォーク

（4）掃除道具（**Panlínis**）

baldé	バケツ
basáhan	雑巾
batyâ	たらい
bunót	やし殻
sabón	石鹸
timbâ	バケツ
trápo	雑巾
walís	ほうき
walís tambô	草製のほうき
walís tingtíng	ヤシの葉製ほうき

（5）大工道具（**Tools**）

lagárî	ノコギリ
liyábe	レンチ，スパナ
martílyo	金づち
pákô	くぎ
pála	シャベル
pláis	ペンチ
turnílyo	ねじ

5. 衣類に関する単語（**Damít**）

amerikána	スーツ
bárô	服
bárong Tagálog	バロンタガログ
bestída	ワンピース
blúsa	ブラウス
bótas	ブーツ
bra	ブラジャー
bulsá	ポケット
butónes	ボタン
dyáket	ジャケット
kamiséta	肌着
kamisón	キャミソール
kapóte	レインコート
kurbáta	ネクタイ
kuwélyo	襟
maóng	ジーパン
médyas	靴下
pálda	スカート
pantalón	ズボン
panyô	ハンカチ

panyolíto	ハンカチ（小）	munisípyo	市・町庁舎
pólo	ポロシャツ	muséo	博物館，美術館
sándo	ランニングシャツ	opisína	オフィス
sapátos	靴	ospitál	病院
sinturón	ベルト	otél	ホテル
sumbréro	帽子	páaralán	学校
tsinélas	スリッパ	pálarúan	遊び場，運動場

6. 乗り物に関する単語（Sasakyán）

bangkâ	ボート
barkó/bapór	船
bisikléta	自転車
bus	バス
dyip/dyípni	ジープ
eropláno	飛行機
karitéla/kalésa	馬車
kótse	自動車
motorsíklo	オートバイ
pédicab	ペディキャブ
trak	トラック
tráysikel	トライシクル
tren	電車

7. 公共の場所に関する単語（Lugár）

aklátan	図書館
bángko	銀行
barberyá	理髪店
botíka	薬局
dormitóryo	寮
eskuwelahán	学校
estasyón	駅，停留所
gásolinahán	ガソリンスタンド
gusálî	建物
kalsáda	道
kálye	道
kánto	道角
kapeteryá	食堂
klínikâ	クリニック
koléhiyó	カレッジ，大学
kumbénto	修道院
mabábang páaralán	小学校
mataás na páaralán	高校

paléngke	市場
pálipáran	空港
pámantásan	大学
panaderyá	パン屋
párke	公園
pos ópis	郵便局
punerárya	葬儀場
réstawrán	レストラン
sabungán	闘鶏場
sari-sárî	雑貨商，サリサリストア
sementéryo	墓地
simbáhan	教会
sinehán	映画館
tanggápan	事務所
tindáhan	店，売り場
tuláy	橋

8. 方向・位置に関する単語
　　（Direksiyón, Kinalálagyán）

hilágâ	北
silángan	東
tímog	南
kanlúran	西
kánan	右
kaliwâ	左
derétso	まっすぐ
haráp	前
likód	後ろ
tapát	前，正面
tabí	傍，端
kabilâ	反対側，向こう側
ibábaw	上
ilálim	下
itaás	上の方
ibabâ	下の方

gitnâ	真ん中
dúlo	はずれ，はじ
loób	中
labás	外

9. 色に関する単語（Kúlay）

asúl	青
bérde	緑
diláw	黄色
gintô	金
itím	黒
kúlay abó	灰色
kúlay kapé	茶色
kúlay úbe	紫色
pulá	赤
putî	白

10. 自然現象（天気）に関する単語（Panahón）

ambón	にわか雨
bagyó	台風
bahâ	洪水
hángin	風
kidlát	稲妻
kulóg	雷
lindól	地震
ulán	雨

11. 形容詞類（Pang-úrî）

（1）対義語同士の組み合わせ（Magkasalungát）

bágo	新しい
lúmâ	古い
basâ	濡れている
tuyô	乾いている
guwápo	ハンサムな
pángit	醜い
mabáhô	臭い
mabangó	香りのいい
mabigát	重い
magaán	軽い
mabilís	速い
mabágal	遅い
magandá	きれい
pángit	醜い
mahábâ	長い
maiksî/maigsî	短い
mahál	高い
múra	安い
maínit	暑い
malamíg	寒い
makapál	厚い
manipís	薄い
malakás	強い
mahínâ	弱い
malakí	大きい
maliít	小さい
malálim	深い
mabábaw	浅い
malínis	きれい
marumí	汚い
maliwánag	明るい
madilím	暗い
maluwág	広い
masikíp	狭い
marámi	多い
kauntî	少ない
matigás	硬い
malambót	柔らかい

（2）人の性質など（Ugálî）

bastós	失礼な，無礼な
bátâ	若い
bóbo	頭の悪い
duwág	臆病な
guwápo	ハンサムな
kawáwâ	かわいそう
lasíng	酔っぱらった
lóko-lokó	馬鹿な，風変わりな
mabagsík	厳しい
mabaít	優しい
mabúti	いい
madaldál	おしゃべり
magálang	礼儀正しい
magasláw	粗野な，下品な

máginoó	男らしい，紳士の	bulók	腐った
maguló	騒々しい，落ち着きのない，混乱した	hiláw	生の
		hindí masaráp	まずい
mahinhín	控えめな，淑やかな	hinóg	熟れている
mahírap	貧乏な	maálat	塩辛い
mahiyáin	恥かしがりや	maangháng	辛い
maíngat	注意深い	maásim	酸っぱい
maíngay	うるさい	makúnat	弾力性のある，湿気た
mainitín ang úlo	短気な	malása	味が濃い
maitím	（肌が）黒い	malutóng	パリパリした
makísig	優美な	mapaít	苦い
malikót	よく動く，がさつな	masaráp	おいしい
maliksí	動きの速い	masustánsya	栄養のある
malilimutín	忘れっぽい	matabáng	味が薄い
malupít	厳しい，残酷な	matamís	甘い
mangmáng	無知な	saríwâ	新鮮な
mapágkumbabâ	低姿勢の，謙虚な	sunóg	焦げた
maputî	白い	(4) 感情・感覚（**Damdámin**）	
marúnong	優秀な，知識の豊富な	galít	怒っている
masamâ	悪い	malungkót	悲しい，寂しい
masípag	勤勉な	masakít	痛い
matabâ	太っている	masayá	嬉しい，楽しい
matalíno	賢い	(5) 天候（**Panahón**）	
matandâ	年取った，大人の	maalikabók	埃っぽい
matangkád	背が高い	maalinsángan	蒸し暑い
matápang	勇気のある	maaliwálas	晴れ渡った
matapát	誠実な	magináw	寒い
matiyagâ	辛抱強い，真面目な	mapútik	泥だらけの，ぬかるんだ
mayábang	傲慢な	maulán	雨が多い
mayáman	金持ちの	maúlap	曇った
nakákatawá	面白い，笑える	(6) スペイン語からの数詞（**Número**）	
nakákatuwâ	楽しくさせる，滑稽な	1	úno
pabágo-bágo	移り気な	2	dos
pandák	背が低い	3	tres
payát	痩せている	4	kuwátro
pílyo	悪ふざけ好きの	5	síngko
sinungáling	嘘つきの	6	seís / saís
supládo	気取った，自惚れた	7	siyéte
tahímik	静かな	8	ótso
tamád	怠け者	9	nuwébe
tsismóso	うわさ好きの	10	diyés
(3) 食べ物の味・状態（**Lása**，**Kalagáyan**）		11	ónse

12	dóse			

12	dóse
13	trése
14	katórse
15	kínse
16	disiseís
17	disisiyéte
18	disiótso
19	disinuwébe
20	béynte
30	tréynta
40	kuwarénta
50	singkuwénta
60	sesénta
70	seténta
80	otsénta
90	nobénta
100	siyénto
1000	mil

（7）序数詞（Bílang Ordinál）

第 1	úna
第 2	ikalawá/pangalawá
第 3	ikatló/pangatló
第 4	ikaápat/pang-ápat
第 5	ikalimá/panlimá
第 6	ikaánim/pang-ánim
第 7	ikapitó/pampitó
第 8	ikawaló/pangwaló
第 9	ikasiyám/pansiyám
第 10	ikasampû/pansampû
第 11	ikalabíng-isá/panlabíng-isá
第 17	ikalabimpitó/panlabimpitó
第 20	ikadalawampû/pandalawampû
第 100	ikasandaán
第 1000	ikasanlíbo

付録 4. 本書の語句集

A

A	あー，えっと
áabútan	abútan の未然相
áalís	umalís の未然相
Áalís na akó	それじゃ(失礼します)
áalisán	alisán の未然相
áalisín	alisín の未然相
Abá!	すごい
Abá, siyémpre!	もちろんだとも！
abogádo	弁護士
abót	渡す(語根)
ábot	追いつく(語根)
Abríl	4 月
abútan	追いつく(方焦，不定) [根]ábot
adóbo	アドボ(鶏肉と豚肉の煮込み料理)
agád	すぐ
Agósto	8 月
airport	空港
akdâ	著作
aklát	本
aklátan	図書館
akó	私は
Akó ang bahálâ	僕に任せて
aksiyón	アクション
akyát	登る(語根)
ala úna	1 時
alaála	思い起こす，覚えておく(語根)
alágâ	手入れをする
alagáan	世話をする(対焦，不定) [根]alágâ
álak	酒類
alála	思い出す，覚える(語根)
alalahánin	思い起こす，覚えておく(対焦，不定) [根]alaála
alám	知っている
Alam ko ná	分かった(ひらめき)
alas diyés	10 時
alas dós	2 時
alas dóse	12 時
alas kuwátro	4 時
alas nuwébe	9 時
alas ónse	11 時
alas ótso	8 時
alas ótso y médya	8 時半
alas saís	6 時
alas síngko	5 時
alas síngko y médya	5 時半
alas siyéte	7 時
alas trés	3 時
alín	どれ，どっち
alís	出発する，立ち去る(語根)
alisán	取り除く(方焦，不定) [根]alís
alisín	取り除く(対焦，不定) [根]alís
almusál	朝食
alpabéto	アルファベット
amá	父
ambulánsiyá	救急車
Amérika	アメリカ
amerikána	スーツ
Amerikáno	アメリカ人
ámin	認める(語根)
amóy	匂い
ampalayá	ゴーヤ(にがうり)
anák	子ども
ang	主格標識辞(人名以外の標識辞，単数)
ang mga	主格標識辞(人名以外，複数)
ang mga itó	これらは
ang mga iyán	それらは
ang mga iyón	あれら・それらは
Aniláo	アニラオ(地名)
ánim	6
ánimnapû	60
ánimnaraán	600
anó sa iyó?	君は何にする？
Anó'ng = Anó ang	～は何？
Anóng áraw	何曜日
Anóng óras na?	今何時ですか？

antók	眠気	|||||| **B** ||||||	
anyayáhan	招待する（対焦，不定）㊨anyáya	ba	〜か（疑問の小辞）
aórta	大動脈	bábabâ	bumabâ の未然相
ápat	4, 4つの	babáe	女
ápat na áraw	4日（間）	bábalík	bumalík の未然相
ápatnalíbo't tatló	4,003	babáwî	bumáwî の未然相
ápatnapû	40	báboy	豚
ápatnaraán	400	bábuy	豚
apó	孫	bag	バッグ
áral	勉強する（語根）	bágay	似合っている
Áraw-áraw	毎日	bágo	新しい
Aráy（ko）!	痛い！	bágo	〜する前に（接続詞）
artísta	俳優	Bágong Taón	新年（正月）
asáwa	妻・夫	bagoóng	小エビや小魚で作るペースト状の塩辛
áso	犬	Báguio	バギオ（地名）
áso't púsâ	犬と猫	bagyó	台風
aspéto/aspékto	側面	bahálâ	任せる，責任ある
asúkal	砂糖	Bahála ka（na）	君次第だ（好きなように・勝手にしなさい）
asúl	青	Bahála ka sa búhay mo　自分の人生は自分で責任を持て，勝手にしろ	
at	そして		
at iba pá	〜など	báhay	家
at sakâ	それから	baít	優しい（語根）
áte	姉	bakâ	〜かもしれない
atubilí	ちゅうちょする	bakasyón	休暇
áwit	歌	bákit	なぜ
áwto	車	balatán	皮をむく（対焦，不定）㊨balát
Ay	ああ		
Ay!	えっ！	balík	戻る（語根）
Ay!	しまった！	balíkat	肩
Ay! Sorry	おっと，ごめん	balítâ	ニュース
ayán	ほら	Banaue Rice Terraces	バナウェの棚田
áyaw	〜が嫌いだ・欲しくない	bandá	辺
Ayóko	嫌だ	bandílâ	国旗
áyon sa	〜によれば，〜にもとづいて	bangkâ	ボート
áyos	姿，形，様子，直す，整える（語根）	bángko	銀行
		bangs	前髪
Ayún	ほらここに・そこに・あそこに	bangús	バグス（淡水魚，和名：サバヒー）
ayún	ほら	banlawán	食器などをすすぐ・ゆすぐ㊨banláw
ayúsin	直す，整える（対焦，不定）㊨áyos		
		bansâ	国
aywán	知らない	bányo	浴室，トイレ
Aywán ko	知らない	báon	弁当
Aywán ko sa iyó	あなたのことはわからない		

bar exám	司法試験
barberyá	理髪店
barkáda	仲間，グループ
bárong Tagálog	バロン・タガログ
basâ	濡れた
bása	読むこと
basáhin	読む(対焦，不定)　[根]bása
básketbol	バスケットボール
báso	コップ
bastá	とにかく
basúra	ごみ
básurahán	ゴミ箱
bátâ	若い
bátâ	子ども
bátang babáe	女の子
Batángas	バタンガス(地名)
bátaw	藤豆
bátî	挨拶する(語根)
báwal	禁止の，～するべからず，～してはいけない
Báwal ang mga laláki	男性禁止
Báwal bumusína	クラクション禁止
Báwal iyán!	それは禁止・だめだよ！
Báwal magtápon ng basúra	ゴミ捨て禁止
Báwal manigarílyo	禁煙
báwal na gamót	禁止薬物
Báwal pumások	立ち入り禁止
Báwal tumawíd	横断禁止
Báwal umíhî	立小便禁止
báwang	ニンニク
bawásan	減らす(対焦，不定)　[根]báwas
báwat	各～，それぞれの
báyad	部屋代，代金，料金，払う(語根)
báyan	町，国
bayáni	英雄
bayáran	払う(方焦，不定)　[根]báyad
bayáw	義理の兄弟
baywáng	腰
bc = busy	忙しい
beauty parlor	美容院
Beer sa ákin	僕はビールだ
bérde	緑

béses	～回，～度
best friend	親友
bibíg	口
bíbigyán	bigyán の未然相
bíbilhín	bilhín の未然相
bíbilí	bumilí の未然相
bigás	米
bigáy	与える(語根)
biglâ	急な，突然の
bigyán	与える(方焦，不定)　[根]bigáy
bihírâ	めったに～ない
bílang	数，～として
bilhán	買う(方焦，不定)　[根]bilí
bilhín	買う(対焦，不定)　[根]bilí
bilí	買う(語根)
bilíhin	商品
binagyó	台風の被害に遭う(対焦，完了)→ bagyuhín　[根]bagyó
binahâ	水に浸かる(対焦，完了)→ bahaín　[根]bahâ
Biñan, Lagúna	ラグーナ州ビニャン町
binátâ	独身男性
biníbilí	bilhín の未完了相
binilhán	bilhán の未完了相
bintî	脚，ふくらはぎ
binuksán	開ける(対焦，完了)→ buksán　[根]bukás
bísi	忙しい
bisikléta	自転車
bisíta	客
biyáhe	旅
biyénan	義理の父／母
Biyérnes	金曜日
blood type	血液型
bóksing	ボクシング
bólpen	ボールペン
bóses	声
bóses laláki	男の声
boss	上司
botíka	薬局
bouquet	花束
brand	メーカー
bráso	腕
bubóng	屋根

búhay	生活，生涯，人生
buhók	髪
bukás	開いた
búkas	明日
buksán	開ける（対焦，不定）(根)bukás
bulaklák	花
bumabâ	降りる（行焦，不定・完了）(根)babâ
bumábalík	bumalík の未完了相
bumagyó	台風が来る（行焦，不定・完了） (根)bagyó
bumalík	戻る（行焦，不定・完了）(根)balík
bumángon	寝床から起き上がる（行焦，不定・完了） (根)bángon
bumása	読む（行焦，不定・完了）(根)bása
bumáwî	取り返す（行焦，不定・完了） (根)báwî
bumilí	買う（行焦，不定・完了）(根)bilí
bundók	山
bunsô	末っ子
buô	全体の
buóng áraw	一日中
buóng magdamág	一晩中
buóng mundó	世界中
bus	バス
busóg	お腹がいっぱいの
butó	種
buwán	月
buwís	税金
buwítre	ハゲワシ
Bye	さようなら

C

cárbon dióxide	二酸化炭素
cash	現金
Cebú	セブ（地名）
céllphone	携帯電話
cge = síge	いいよ
chemothérapy	化学療法
clínic	診療所
cne = síne	映画
Cóke	コカ・コーラ
Cóke akó	僕はコーラだ
Congratulátions	おめでとう
crúsh	惚れている
Cubáo	クバオ〈地名〉

D

daán	道
dádaán	通る（行焦，未然）→ dumaán (根)daán
dádalhín	dalhín の未然相
dágat	海
dáhil	だから
dahilán	理由
dalá	運ぶ，持ってくる（語根）
dalága	独身女性
dálaw	訪れる
dalawá	2（2 人）
dalawampû	20
dalawampu't ápat	24
dalawandaán	200
dalhín	運ぶ，持ってくる（対焦，不定） (根)dalá
dalírî	指
dalubwíkâ	言語学者
damdámin	気に病む（対焦，不定）(根)damdám
damít	衣類，服
dápat	～であるべきである，～すべきである
dáratíng	dumatíng の未然相
dasál	祈る（語根）
dáti	前，以前
Dear	親愛なる（英語の用法）
delikádo	危険な
dentísta	歯医者
detálye	詳細
di bá = hindí bá	よね
Di,	それなら
dibdíb	胸部
dídirétsuhín	まっすぐ行く（方焦，未然）→ dirétsuhín (根)dirétso
dikdikín	潰す（対焦，不定）(根)dikdík
dikít	貼る（語根）

diksyunáryo	辞書	Enéro	1月
dílâ	舌	éntrance	入口
diláw	黄色	epékto	影響，効果
dilím	暗闇	eskuwéla	学校
din	rin と同じ	eskuwelahán	学校
din láng	どうせ〜なら	espesyál	特別の
dinalhán	持ってくる（方焦，完了）	espirítu	精神，心
	→ dalhán ⑲dalá	estruktúra	構造
diníg	聞こえる（語根）	estudyánte	学生，生徒
dínner	夕食	estudyánteng Hapón	日本人学生
dísgrásya	不運，災難	éto	こちら
Disyémbre	12月	Eto ná!	はい，これ
díto	ここ	Éto / Héto	ほら，
Divisória	ディビソリャ〈地名〉	éwan	知らない
diyálogo	対話，会話	Ewan kó	知らない
diyán	それに	Ewan ko sa iyó	あなたのことは知らない・
Diyan ka ná	そこにいなさい，それじゃ		わからない
Diyan láng	ちょっとそこまで	excíted	ワクワクしている
diyáryo	新聞	Excúse me	すみません
Diyós	神様	éxercise	運動

F

Fe	鉄
Filipíno	フィリピン語
french fries	フライドポテト

G

gaáno(ng)	どれくらい
gabí	夜
gábi	タロイモ
gabí-gabí	毎晩
gabihín	夜になる（対焦，不定）
	⑲gabí
gágaláw	動く（行焦，未然）
	→ gumaláw ⑲galáw
gágalíng	回復する（行焦，未然）
	→ gumalíng ⑲galíng
gágamítin	gamítin の未然相
gágawín	gawín の未然相
gáling	〜から来る
galíng	上手な
gálit	怒り，怒る（語根）
gámit	使う，もの，道具
gamítin	使う（対焦，不定）
	⑲gámit

doktór	医者
dokuménto	文書
doón	あそこ（で）
dorm	寮
dormitóryo	寮
dráyber	運転手
dugô	血
dumáratíng	dumatíng の未完了相
dumatíng	到着する・来る（行焦，不定・完了）⑲datíng
dumilím	暗くなる（行焦，不定・完了）⑲dilím
durián	ドリアン
dyip	ジープニー

E

E,	それなら
E, di	それなら
EDSA	エドサ通り
eksákto	正確な
El Filibusterísmo	エル・フィリブステリスモ
El Nído	エル・ニド〈地名〉
eleméntary	小学校
émail	電子メール
empleyádo	社員，従業員，職員

gamót	薬，治療する(語根)
gandá	美しい(語根)
ganitó	このような
ganiyán	そのような・そのように
ganoón	そんなやつだ，あ(そ)のような・あ(そ)のように
Ganoon bá?	そう？
ganyán	そう，そのよう
gásolinahán	ガソリンスタンド
gátas	牛乳
gáte	門
gawâ	する，作る(語根)
gawáin	任務，仕事
gawín	する，作る(対焦，不定) [根]gawâ
gáya ng ~	～と同じように
géneral linguistics	一般言語学
ginagámit	gamítin の未完了相
ginágawâ	gawín の未完了相
ginámit	gamítin の完了相
ginawâ	gawín の完了相
gísing	目覚めること
gitnâ	真ん中，中央
gobernadór	知事
Good afternoon	こんにちは
Good evening	こんばんは
Good luck	幸運を祈る，頑張って
Good morning	おはよう
Good night	おやすみなさい
grábe	ひどい
grámo	グラム
grúpo	グループ
gúgupitín	(ハサミで)切る(対焦，未然)→ gupitín [根]gupít
guidebook	ガイドブック
gúlat	ビックリ，おどろき
gúlay	野菜
Gumagálang	敬具
gumagámit	使う(行焦，未完) → gumámit [根]gámit
gumalíng	体調が良くなる(行焦，不定・完了) [根]galíng
gupít	カット
gúrô	先生
gus2 = gustó	欲しい，好き
gusálî	建物
gustó	欲しい，好きな，～したい
gustúng-gustó	大好き
gutóm	空腹の
gútom	空腹
guwápo	かっこいい，ハンサムな

H

hábang	～の間，～しながら
hahábol	後から行く(行焦，未然) → humábol [根]hábol
halíka	行こう，お出で
Halína kayó	どうぞ，おいで
halo-hálô	ハロハロ
hálos	ほとんど
halúin	混ぜる(対焦，不定) [根]hálô
handâ	準備する(語根)
handáan	パーティー，会
hanggáng	～まで
Hanggáng díto na múna	今日のところはこの辺で
Hanggáng sa mulî	さようなら(また会う時まで)
Haponés	日本人(男性)
hapúnan	夕食
hátî	分ける
hay, nakú	ああ，もう
hayáang ~	～にしておく(方焦，不定) [根]háyâ
henerál	将軍
heógrapó	地理学者
high school	高校
híhintayín	待つ(対焦，未然) → hintayín [根]hintáy
híhiramán	hiramán の未然相
híhiramín	hiramín の未然相
hilamúsan	顔を洗う(対焦，不定) [根]hilámos
hílig	好き，関心
hilíng	お願い，依頼
hinahánap	探している(対焦，未完) → hanápin [根]hánap
hindî	いいえ
hindí bále	たいしたことない

hindí gaánong ~	そんなに～ない	humintô	止まる（行焦，不定・完了）
hindí ko alám	知らない		㊥hintô
hindí ko gustó	好きではない	humirám	借りる（行焦，不定・完了）
hindí láng	～だけではない		㊥hirám
hindí masyádong	それほど・あまり～でない	Húnyo	6月
hindí ná	もはや～でない	huwág	～はダメ，～してはいけない
hindí namán	そんなことない（いやいや），別に	Huwág na huwág	絶対に～するな
		Huwág namán sána	そうでなければいいが
hindí puwéde	ありえない，ダメ	Huwébes	木曜日
hingî	求める（語根）		

I

iáabót	iabót の未然相
iabót	渡す（対焦，不定）　㊥abót
ibá	ほかの，他人
ibalítâ	知らせる（対焦，不定）
	㊥balítâ
ibá't ibá	色々な
ibénta	売る（対焦，不定）
	㊥bénta
ibíbigáy	ibigáy の未然相
ibíbilí	買う（受焦，未然）　㊥bilí
ibigáy	与える（対焦，不定）
	㊥bigáy
ibiníbigáy	ibigáy の未完了相
ibinigáy	ibigáy の完了相
iced tea	アイスティー
idagdág	加える（対焦，不定）
	㊥dagdág
ideyá	アイデア
igisá	炒める（対焦，不定）
	㊥igisá
iháhandâ	ihandâ の未然相
ihandâ	準備する（対焦，不定）
	㊥handâ
iíkot	umíkot の未然相
íikútin	ikútin の未然相
íinóm	uminóm の未然相
ika-28	28日
ikákasál	結婚する（対焦，未然）
	→ ikasál　㊥kasál
ikalimá ng hápon	午後5時
ikasampû ng gabí	午後10時
ikasiyám ng umága	午前9時
ikáw	あなた
Ikáw (na) ang bahálâ	君に任せる

hingín	求める（対焦，不定）
	㊥hingî
hiníhintáy	hintayín の未完了相
hiníhirám	hiramín の未完了相
hiníhiramán	hiramán の未完了相
hiníkâ	喘息が起こる（対焦，完了）
	→ hikáin　㊥hikâ
hinirám	hiramín の完了相
hiniramán	hiramán の完了相
hintáy	待つ（語根）
hintô	止まる（語根）
hípag	義理の姉妹
hípon	エビ
hirám	借りる（語根）
hiramán	借りる（方焦，不定）
	㊥hirám
hiramín	借りる（対焦，不定）
	㊥hirám
hítâ	太もも
hiwáin	薄く切る（対焦，不定）
	㊥híwâ
hiyâ	恥じること
hô	～です・ます，pô と同じ（丁寧・敬意）
homework	宿題
Hoy! Gísing	おい，起きろ
hubád	（衣類などを）脱ぐ（語根）
hubarín	（衣類などを）脱ぐ（対焦，不定）　㊥hubád
húgas	洗う（語根）
hugásan	皿，手足などを洗う（対焦，不定）　㊥húgas
Húlyo	7月
humánap	探す（行焦，不定・完了）
	㊥hánap

Ikaw namán?	君の方は？	iniíkot	ikútin の未完了相
Ikáw, áno?	君は何にする？	iníkot	ikútin の完了相
ikinasál	結婚する（対焦，完了）㊞kasál	inilútô	料理する（対焦，完了）→ ilútô ㊞lútô
íkot	回る，回す（語根）	inís	イライラ
ikumustá	よろしく伝える（受焦，不定）㊞kumustá	iniúlat	iúlat の完了相
ikútin	回す（対焦，不定）㊞íkot	iniútos	命令・指示する（対焦・完了）→ iútos ㊞útos
ilabás	外に出す（(対焦，不定)）㊞labás	iniúulat	iúlat の未完了相
ilán	いくつ，いくつかの	iniúuwî	iuwî の未完了相
iláng béses	何度	iniuwî	iuwî の完了相
iláng taón	何歳	inóm	飲む（語根）
ílaw	明かり，電気	intelektuwál	知的な
ilayô	遠ざける（対焦，不定）㊞láyô	intindí	理解する（語根）
ilípat	移動させる（対焦，不定）㊞lípat	inumín	飲む（対焦，不定）㊞inóm
ílog	川	inúmin	飲み物
ilóng	鼻	inupuán	upuán の完了相
imáhen	像・偶像	inúupuán	upuán の未完了相
iminungkáhî	提案する（対焦，完了）→ imungkáhî ㊞mungkáhî	i-on	オンにする（対焦，不定）㊞on
impormasyón	情報，知識	ipababása	ipabása の未然相（書き言葉）
importánte	重要な，大切な	ipabása	読ませる（使対焦，不定）㊞bása
iná	母	ipagámit	使わせる（使対焦，不定）㊞gámit
ináabútan	abútan の未完了相	ipagawâ	してもらう（使対焦，不定）㊞gawâ
ináalís	alisín の未完了相		
ináalisán	alisán の未完了相	ipápabása	ipabása の未然相（話し言葉）
inabútan	abútan の完了相	ipápagawâ	ipagawâ の未然相（話し言葉）
inalís	alisín の完了相		
inalisán	alisán の完了相	ipápahirám	貸す（使対焦，未然）→ ipahirám ㊞hirám（話し言葉）
ínches	インチ		
infirmary	（学校などの）保健室，医務室	ipápaliwánag	説明する（対焦，未然）→ ipaliwánag ㊞paliwánag
íngat	注意する（語根）		
Íngat	気をつけて	ipinababása	ipabása の未完了相（書き言葉）
Inglés	英語	ipinabaríl	射殺する（対焦，完了）→ ipabaríl ㊞baríl
inhinyéro	エンジニア		
iniáabót	iabót の未完了相	ipinabása	ipabása の完了相
iniabót	iabót の完了相	ipinaglútô	料理する（受焦，完了）→ ipaglútô ㊞lútô
iniháhandâ	ihandâ の未完了相		
inihalál	選出する（対焦，完了）→ ihalál ㊞halál	ipinakíta	見せる（対焦，完了）→ ipakíta ㊞pakíta
inihandâ	ihandâ の完了相		

ipinanganák	生まれる（対焦，完了）→ ipanganák ㊥panganák	íwan	残す，置く（語根）íwan
ipinápabása	ipabása の未完了相（話し言葉）	iyák	泣くこと
		iyán	それは
ipinasúlat	書かせる（使対焦，完了）→ ipasúlat ㊥súlat	iyón	あれ・それは

J

Jose Reyes Hospital	ホセ・レイエス病院
Jose Rizal	ホセ・リサール

K

ipiniprito	príto の未完了相
ipinirito	príto の完了相
ipiprito	príto の未然相
iprito	油で揚げる（対焦，不定）㊥príto
ireport	報告する（対焦，不定）㊥report
isá	1，1つの
isáng buwán	1ヶ月
isang daán	100
isang milyón	1000000
isdâ	魚，漁をする（語根）
isinúlat	書く（対焦，完了）→ isúlat ㊥súlat
ísip	考える（語根）
iskultór	彫刻家
itápon	捨てる（対焦，不定）㊥tápon
ite-téxt	メールする（方焦，未然）
itím	黒
itinúrô	itúrô の完了相
itinutúring	itúrô の未完了相
itinutúrô	指差す（対焦，未然）→ itúrô ㊥túrô
itinutúrô	itúrô（教える）の未完了相
itó	こちらは（指示代名詞）
itsúra	格好，外見
itúring	見なす（対焦，不定）㊥túring
itúrô	教える（対焦，不定）㊥itúrô
itutúrô	itúrô（指差す）の未然相
itutúrô	itúrô（教える）未然相
iúlat	報告する（対焦，不定）㊥úlat
iuúlat	iúlat の未然相
iúuwî	iuwî の未然相
iuwî	持って帰る（対焦，不定）㊥uwî
ka	あなたは（人称代名詞）
kaáalís / kákaalís	出て行ったばかり（近完了）㊥alís
kaagád	すぐに
kaarawán	誕生日
kabáyo	馬
kabíbilí / kákabilí	買ったばかり（近完了）㊥bilí
kabutíhan	親切
kagabí	昨夜，昨晩
kahápon	昨日
kahéra	レジ
káhit	～ても，～でも
káhit kailán	なんどきたりとも
kahón	箱
kaibígan	友人
kailán	いつ
kailángan	必要，要る
káin	食べる（語根）
Káin（na）táyo	（さあ）食べよう
Káin ka láng	どんどん食べてね
kaínin	食べる（対焦，不定）㊥káin
kakáin	kumáin の未然相
kákapagupít	切ってもらったばかり（近完了）㊥gupít
kakláse	クラスメート
kalabása	かぼちゃ
kalagáyan	状態
kalahátî	半分
kaldéro	鍋
kalésa	馬車
kaliwâ	左（に曲がる）
kamag-ának	親戚
kamakailán	先日，最近

kamakalawá	おととい	kasuótan	衣装
kamátis	トマト	kasúy	カシューナッツ
kamáy	手	katawán	体
kámerá	カメラ	katúlad / túlad / gáya ng	同じくらい
kamí	私たちは(排除形)	katúlong	メイド
kámpus	キャンパス	kauntî	少しの
kamukhâ	(顔が)似ている	kawálî	フライパン
kánan	右，右側の	kawáwâ	可哀そうな
kanína	さっき	kay	斜格標識辞(人名，単数)
kaníno	誰の	kayâ	だから
kantá	歌う	kayâ	～かしら，～かな，～だろうか
kánto	角		
kanyón	大砲	káya	～できる(擬似動詞)
kapág / pag	～の場合には，～したら，～なら	kayá lang	しかし，ただ
		kayá namán	したがって
kapatíd	兄弟・姉妹	kayá ngâ	だから～だ，そのとおり～なんだ
kapé	コーヒー		
kapeteryá	食堂	kayá palá!	道理で～だ！
karaníwan	普通の，一般的な，通常の	kayó	あなたたちは
karárating / kákarating	着いたばかり(近完了) ㊗dating	kaysá	～より
		kéndi	キャンディー
karátulá	表示(板)	keyk	ケーキ
karéra	競走	kilalá	知っている
kargá	荷物	kilaláng-kilalá	とても有名
karné	肉	kílay	眉毛
karnéng báboy	豚肉	kilométro	キロメートル
kasál	結婚(式)	kiná	斜格標識辞(人名，複数)
kasálan	結婚式	kinagát	咬まれる(対焦，完了) → kagatín ㊗kagát
kasáma	含む，付いている		
kasáma	連れ，同行者	kinúha	kúnin の完了相
kasamahán	同僚	kinúnan	取ってもらう(方焦，完了) → kúnan ㊗kúha
kasí	だって～だから		
kasimbaít	同じくらい優しい	kirót	激痛
kasimpaít	同じくらい苦い	kitá	私はあなたに
kasimputî / simputî	同じくらい白い	kláse	クラス，授業，種類
kasing-edád	同い年の	ko	私の(人称代名詞)
kasinggandá / singgandá	同じくらい美しい	koalisyón	連合，提携
kasinghúsay	同じくらい上手な・優秀な	kómiks	漫画
kasingyáman	同じくらい金持ちの	kompyúter	コンピューター
kasinlúmâ	同じくらい古い	kótse	車
kasintalíno	同じくらい頭がいい	kúha	取る(語根)
kasintandâ	同い年の	kukó	爪
kasintangkád / sintangkád	同じくらい(背が)高い	kukúnin	kúnin の未然相
		kúlay abó	灰色
Kastílâ	スペイン人	kúlay úbe	紫

kulót　パーマ
kumáin　食べる（行焦，不定・完了）[根]káin
Kumáin ka lang　どんどん食べてね
Kumáin táyo　食べよう
kumakáin　kumáin の未完了相
kumákantá　歌う（行焦，未完）→ kumantá　[根]kantá
kumatók　ノックする（行焦，不定・完了）　[根]katók
kumbensiyón　会議，集会
kumbénto　修道院
kumíta　金を稼ぐ（行焦，不定・完了）　[根]kíta
kumperénsiyá　会議
Kumustá　やあ，どう？，どう元気？
Kumusta ka ná?　この頃・最近どうだい？
Kumusta ká?　はじめまして
Kumusta ná ~?　この頃・最近どうだい？
Kumusta namán ang ~?　～の方はどうだい？
kúnan / kuhánan　取る（方焦，不定）　[根]kúha
kundól　冬瓜
kung　～の場合には，～なら，～したら
kúnin　取る，買う（対焦，不定）[根]kúha
kurípot　ケチ
kusínâ　台所
kutsára　大さじ
kuwárto　部屋
kuwénto　話，物語
kúya　兄
kyút　可愛い

L

l8r = láter　あとで
labá　洗濯する（語根）
labanós　大根
labás　外
labhán　洗濯する（対焦，不定）[根]labá
lábî　唇
labimpitó　17
labindalawá　12
labíng-ánim　16
labíng-ápat　14
labíng-isá　11
labingwaló　18
labinlimá　15
labinsiyám　19
labintatló　13
lagáy　置く（語根）
lágî　いつも
lagnát　熱
lagyán　入れる，置く（方焦，不定）[根]lagáy
lahát　全部
lákad　用事
lakárin　～を歩く，～に歩いて行く（方焦，不定）　[根]lákad
lakbayín　～を旅する，～に旅する（方焦，不定）　[根]lakbáy
lakí　大きさ，大きい（語根）
lálabás　外出する（行焦，未然）→ lumabás　[根]labás
lalagyán　容器
lálakárin　lakárin の未然相
laláki / laláke　男
lalamúnan　のど
lálangóy　lumangóy の未然相
lalápit　近づく（行焦，未然）→ lumápit　[根]lápit
láló na　特に
lálo　ますます
lámang　～だけ，単に～だ，たった～だ
lamók　蚊
lang　だけ，のみ，単に～だ
langgám　蟻
langkâ　ジャックフルーツ（パラミツ）
languyín　～を泳ぐ，～まで泳いで行く（方焦，不定）　[根]langóy
lápis　鉛筆
laráwan　写真
larô　試合
láson　毒
leég　首
libángan　趣味
líbre　空いている
libró　本

líder	リーダー		**M**
lígaw	求愛する（語根）	maága	早い
líham	手紙	maágap	早々の
likód	後ろの	maalála	思い出す，覚える（対焦〈可・偶〉，不定）㊟alaála
lilípat	移動する，引っ越す（行焦，未然）→ lumípat ㊟lípat	maalinsángan	蒸し暑い
		maanghâng	辛いもの
limá	5	maáyos	うまく行く，整然とした
limampû	50	mabábâ	低い
limandaán	500	mababaít	優しい（複数）
límot	忘れる（語根）	mabaít	優しい
lingá	ごま	mabíbigyán	mabigyán の未然相
Linggó	日曜日	mabigyán	与える（方焦〈可・偶〉，不定）㊟bigáy
linggó	週		
litráto	写真	mabilís	速い
lobby	ロビー	mabúti	よい，よく
lokó-lokó	馬鹿な，愚かな	mabúti at / mabúti't	～してよかった
lóla	祖母	mabúti namán	大丈夫だ，調子はいいよ
lólo	祖父	mabúti / búti na lang at	～でいい，～でよかった
loób	中		
lubós	完全に，とても	madalás	よく，頻繁に
lugár	場所	madálaw	訪れる（方焦〈可・偶〉，不定）㊟dálaw
lulutúin	lutúin の未然相		
lúmâ	古い	madalî	簡単な，すぐに，即座の
lumákad	歩く（行焦，不定・完了）㊟lákad	maéstro	先生
		mag-aáral	mag-áral の未然相
lumakí	大きくなる（行焦，不定・完了）㊟lakí	mag-aarál	学生，生徒
		mag-abroad	海外に行く
lumalâ	悪化する（行焦，不定・完了）㊟lalâ	magagálit	magálit の未然相
		magágawâ	することが出来る（対焦，〈可・偶〉，未然）→ magawâ ㊟gawâ
lumambót	柔らかくなる（行焦，不定・完了）㊟lambót		
		mag-alála	心配する（行焦，不定）㊟alaála
lumangóy	泳ぐ（行焦，不定・完了）㊟langóy		
		magalíng	すばらしい，うまい
lumayô	離れる（行焦，不定・完了）㊟láyô	magálit	怒る（行焦，不定）㊟gálit
		magandá	美しい，綺麗な，素晴らしい
lumpiyáng Shanghái	春巻き	Magandang áraw	こんにちは
Lúnes	月曜日	Magandang gabí	こんばんは
lungkót	悲しみ，悲しむ・寂しく思う（語根）	Magandang hápon	こんにちは
		Magandang tangháli̇̂	こんにちは（昼食時）
Lúpang Hinírang	選ばれし地	Magandang umága	おはよう
lútô	料理する（語根）	mag-áral	勉強する（行焦，不定）㊟áral
lutúin	料理する（対焦，不定）㊟lútô		
		magbágo	変わる（行焦，不定）
lúya	しょうが		

	㋲bágo		尋ねる（行焦，未然）
magbasá	普通にまたはじっくり読む（行焦，不定）　㋲bása		→ magkumustáhan　㋲kumustá
magbáyad	払う（行焦，不定）㋲báyad	maglagáy	入れる，置く（行焦，不定）㋲lagáy
mag-beer	ビールを飲む（行焦，不定）㋲beer	maglakád	ある程度の時間・距離を歩く（行焦，不定）㋲lákad
magbíbigáy	magbigáy の未然相	maglarô	遊ぶ（行焦，不定）㋲larô
magbibíhis	着替える（行焦，未然）→ magbíhis　㋲bíhis	maglulútô	maglútô の未然相
magbigáy	与える（行焦，不定）㋲bigáy	maglútô	料理する（行焦，不定）㋲lútô
magdalá	持って行く（行焦，不定）㋲dalá	magmadalî	急ぐ（行焦，不定）㋲dalî
magdiríwang	祝う（行焦，未然）→ magdíwang　㋲díwang	magmámaného	運転する（行焦，未然）→ magmaného　㋲maného
magdyidyíp	ジープに乗る（行焦，未然）→ magdyíp　㋲dyip	magmeryénda	おやつを食べる（行焦，不定）㋲meryénda
mag-éxercise	運動する（行焦，不定）㋲éxercise	magpaálam	別れの挨拶をする（行焦，不定）㋲paálam
magháhandâ	用意する（行焦，未然）→ maghandâ　㋲handâ	magpagandá	化粧する（使焦，不定）㋲gandá
mag-ihî	頻繁に小便をする（行焦，不定）㋲ihî	magpagupít	髪を切ってもらう（使焦，不定）㋲gupít
magíng	なる（行焦，不定）㋲paging	magpahayág	表明・発表する（行焦，不定）㋲pahayág
mag-íngat	気をつける（行焦，不定）㋲íngat	magpahintúlot	許す（行焦，不定）㋲pahintúlot
mag-inúman	一緒に飲む（2人以上）（行焦，不定）　㋲inóm	magpakasál	結婚する（行焦，不定）㋲pakasál
mag-isá	ひとり（でいる）（行焦，不定）　㋲isá	magpakíta	見せる（行焦，不定）㋲pakíta
magkaibá	お互いに異なる	magpalútô	料理させる（使焦，不定）㋲lútô
magkaibígan	友達同士	magpa-mánicure	マニキュアしてもらう（使焦，不定）　㋲mánicure
magkakaibígan	友達同士（3人以上）	mag-pánic	パニックになる
magkakakláse	クラスメート同士（3人以上）	magpápatúlong	magpatúlong の未然相
magkakilála	知り合う	magpasalámat	お礼を言う（行焦，不定）㋲pasalámat
magkáno	いくら		
magkapatíd	兄弟（姉妹）同士（2人）	magpatabâ	太らせる（使焦，不定）㋲tabâ
magkikíta	magkíta の未然相	magpatúlong	手伝ってもらう（使焦，不定）㋲patúlong
magkíta	会う（行焦，不定）㋲kíta	mag-práctice	練習する（行焦，不定）㋲práctice
magkíta-kíta	会う（行焦，不定）（3人以上）　㋲kíta	magreklámo	文句を言う（行焦，不定）
magkúkumustáhan	（互いに相手の状況などを）		

	㊵reklámo	Mahál na	親愛なる
magsábi	言う(行焦, 不定) ㊵sábi	mahánap	見つける(対焦, 不定)
magsalitâ	話す(行焦, 不定) ㊵salitâ		㊵hánap
magsasaká	農民	mahigâ	横になる(行焦, 不定)
magsásalitâ	magsalitâ の未然相		㊵higâ
mag-scúba díving	スキューバダイビングをする(行焦, 不定) ㊵scúba díving	mahíhiyâ	mahiyâ の未然相
		mahílig	～が好き, 関心ある
		mahírap	難しい, ～しにくい
mag-shópping	買い物する(行焦, 不定) ㊵shópping	mahiyâ	恥ずかしく思う, 遠慮する(行焦, 不定) ㊵hiyâ
magsiyásat	調べる(行焦, 不定) ㊵siyásat	mahiyáin	恥ずかしがり屋の
		mahugásan	洗う(対焦〈可・偶〉, 不定) ㊵húgas
magsulát	普通にまたは時間をかけて書く(行焦, 不定) ㊵súlat		
		maiba akó	話は変わるが
magtadtád	刻む(行焦, 不定) ㊵tadtád	maibíbilí	maibilí の未然相
		maibilí	買う(受焦〈可・偶〉, 不定) ㊵bilí
magtaé	下痢気味になる(行焦, 不定) ㊵táe		
		maiháhandâ	maihandâ の未然相
mag-Tagálog	タガログ語を話す	maihandâ	準備する(対焦〈可・偶〉, 不定) ㊵handâ
magtanghalían	昼食を食べる(行焦, 不定) ㊵tanghalían		
		maíintindihán	maintindihán の未然相
magtatáksi	タクシーに乗る(行焦, 未然)→ magtáksi ㊵táksi	maiksî / maigsî	短い
		mail	メール
mag-ténnis	テニスする	maínam	よい
mag-téxt	携帯メールをする(行焦, 不定) ㊵text	maíngat	注意深い
		maíngay	うるさい
magtrápik	道が込む(行焦, 不定) ㊵trápik	mainíp	退屈する(行焦, 不定) ㊵iníp
magúlang	親	mainís	むかつく(行焦, 不定) ㊵inís
mag-úlat	発表・報告する(行焦, 不定) ㊵úlat		
		maínit	暑い, 熱い
maguló	混乱している	maintindihán	理解する(対焦〈可・偶〉, 不定) ㊵intindí
mag-umpisá	始まる・始める(行焦, 不定) ㊵umpisá		
		maís	とうもろこし
mag-úsap-úsap	話し合う(3人以上)(行焦, 不定) ㊵úsap	maíwan	置き忘れる(対焦〈可・偶〉, 不定) ㊵íwan
magútom	お腹がすく(行焦, 不定) ㊵gútom		
		májor	専攻
mag-úumpisá	mag-umpisá の未然相	makaáalís	makaalís の未然相(書き言葉)
mahábâ	長い		
mahál	(値段が)高い	makaalála	思い出す, 覚える(行焦〈可・偶〉, 不定) ㊵alaála
mahál	愛している(対焦, 未完 minámahál の縮約形)		
		makaalám	知る(行焦〈可・偶〉, 不定) ㊵alám
Mahal kóng ~	私の親愛なる(Mahál na より親密)		
		makaalís	出発できる(行焦, 不定) ㊵alís

makabása 読みことができる(行焦，不定) [根]bása

makabáyan 愛国主義の

makáin 食べられる，食べてしまう(対焦〈可・偶〉，不定) [根]káin

makaintindí 理解できる(行焦〈可・偶〉，不定) [根]intindí

makákaalís makaalís の未然相(話し言葉)

makákahánap 見つける(行焦〈可・偶〉，未然)→ makahánap [根]hánap

makakáin makáin の未然相

makákapag-áral makapag-áral の未然相(話し言葉)

makákapamilí makapamilí の未然相(話し言葉)

makákapuntá makapuntá の未然相

makákasáma ついて行く(行焦〈可・偶〉，未然)→ makasáma [根]sáma

makákatingín 見られる(行焦，未然) → makatingín [根]tingín

makakíta 見える(行焦〈可・偶〉，不定) [根]tingín

makalímot 忘れる(行焦〈可・偶〉，不定) [根]límot

makalimútan 忘れる(対焦〈可・偶〉，不定) [根]límot

makapag-aáral makapag-áral の未然相(書き言葉)

makapag-áral 勉強できる(不定) [根]áral

makapagpahingá 休む(行焦〈可・偶〉，不定) [根]pahingá

makapamilí 買い物できる(不定) [根]bilí

makapamímilí makapamilí の未然相(書き言葉)

makapansín 気がつく(行焦〈可・偶〉，不定) [根]pansín

makapuntá 行ける(行焦〈可・偶〉，不定) [根]puntá

makapúpuntá makapuntá の未然相(書き言葉)

makaramdám 感じる(行焦〈可・偶〉，不定) [根]damdám

makaríníg 聞こえる(行焦〈可・偶〉，不定) [根]diníg

makasúlat 書くことができる(行焦，不定) [根]súlat

makátâ 詩人

Makáti マカティ〈地名〉

mákinâ 機械

makiníg 聞く(行焦，不定) [根]pakiníg

makíta 見える(対焦〈可・偶〉，不定) [根]kíta

makulít しつこい

malakás 強い

malakí 大きい

malálim 深い，深いところ

maláman 知る(対焦〈可・偶〉，不定) [根]alám

malamíg 寒い

malápit 近い

malása 味が濃い

ma-*láte* 遅刻する(行焦，不定) [根]láte

maláyô 遠い

malígô シャワーなどをあびる(行焦，不定) [根]palígô

maliít 小さい

malilígô malígô の未然相

malimútan / makalimútan 忘れる(対焦〈可・偶〉，不定) [根]límot

malínis きれいな，清潔な

mall モール

malúlungkót malungkót の未然相

malungkót 悲しい

malungkót 悲しむ・寂しく思う(行焦，不定) [根]lungkót

malusóg 健康な

malutás 解決できる(対焦〈可・偶〉，不定) [根]lutás

malútô 調理できる(対焦〈可・偶〉，不定) [根]lútô

mámâ おじさん，男の人

mamaléngke 市場などに買いに行く(行焦，不定) [根] paléngke

mámamátay-táo	殺人者　㊥patáy-táo	manigarílyo	喫煙する（行焦，不定）㊥sigarílyo
mamanhíd	麻痺する（行焦，不定）㊥manhíd	Manila Hotel	マニラ・ホテル
mamatáy	死ぬ（行焦，不定）㊥matáy	maniwálâ	信じる（行焦，不定）㊥paniwálâ
mámayâ	後で	manlalárô	選手　㊥larô
mámayang gabí	今晩	manlígaw	求愛する（行焦，不定）㊥lígaw
mambabasá	読み手，読者　㊥bása	manlilígaw	求愛する人　㊥lígaw
mambabátas	法律家，弁護士　㊥batás	manlilígaw	manlígaw の未然相
mamilí	買い物をする（行焦，不定）㊥bilí	manók	鶏，鶏肉
mamímilí	mamilí の未然相	manónoód	manoód の未然相
mámimíli	買い物客　㊥bilí	manoód	観る（行焦，不定）㊥panoód
mámumuslít	密輸業者　㊥puslít	manráket	不正な金儲けをする，人をゆする（行焦，不定）㊥ráket
man	も，でも，ても		
manákot	脅かす（行焦，不定）㊥tákot	mansánas	りんご
mánanáhî	裁縫師，仕立て屋　㊥tahî	mantíkâ	油
mánanayáw	ダンサー　㊥sayáw	Manuel Quezon	マヌエル・ケソン
mandáyâ	ごまかす，欺く（行焦，不定）㊥dáyâ	mánunulát	作家
		mápa	地図
mandirigmâ	兵士，戦士　㊥digmâ	mapágod	疲れる（行焦，不定）㊥págod
mandurúkot	すり　㊥dúkot		
maného	運転	mapansín	気がつく（対焦〈可・偶〉，不定）㊥pansín
mang-aáwit	歌手　㊥áwit		
mangáhoy	たきぎを集める（行焦，不定）㊥káhoy	mapápangasáwa	～と結婚する（方焦〈可・偶〉，未然）　mapangasáwa ㊥asáwa
mangákô	約束する（行焦，不定）㊥pangákô	maramdamán	感じる（対焦〈可・偶〉，不定）㊥damdám
manganák	出産する（行焦，不定）㊥pangákô	marámi	たくさんもっている，多い
mángangalakál	商人，貿易商社マン　㊥kalákal	Maráming salámat	どうもありがとう
mang-apí	虐待する（行焦，不定）㊥apí	maríníg	聞こえる（対焦〈可・偶〉，不定）㊥diníg
manggá	マンゴー	maríríníg	maríníg の未然相
manggagámot	医者　㊥gamót	Márso	3月
manghúlâ	占う（行焦，不定）㊥húlâ	Martés	火曜日
mangíngisdâ	mangisdâ の未然相	marumí	汚い
mángingisdâ	漁師　㊥isdâ	marúnong	知っている，分かる，～ができる（基本技能）
mangisdâ	漁をする（行焦，不定）㊥isdâ	mas	もっと，より
mangyári	起きる（行焦，不定）㊥yári	mas gustó	もっと好き
manî	落花生	masábi	言える，言ってしまう（対焦〈可・偶〉，不定）

	㊥sábi	Máyo	5月
masagasáan	ひかれる（方焦，不定）	máyor	市・町長
	㊥sagásâ	mayroón	ある・いる（méron）
masáhe	マッサージ	médyo	ちょっと，まあまあ，やや
masakít	痛い	menúdo	メヌード（豚肉と豚肝の煮込み）
masamâ	悪い		
masaráp	おいしい	meryénda	おやつ
masasábi	masábi の未然相	mésa	食卓，テーブル
masasánay	慣れる（行焦，未然）	mga	名詞の複数標識辞
	→ masánay ㊥sánay	mgá	～頃
ma-save	保存する（対焦〈可・偶〉，不定） ㊥sáve	mínsan	一度，ときどき
		minúto	分
masayá	楽しい	mísa	ミサ
masigúro	確認できる（対焦〈可・偶〉，不定） ㊥sigúro	mísmo	自身，自体
		míting	会合
masípag	勤勉な	miyémbro	メンバー
masubúkan	試すことができる（対焦〈可・偶〉，不定） ㊥súbok	Miyérkulés	水曜日
		mo	あなたの
masuwérte	幸運な，ラッキー	Mommy	お母さん
masyádo	あまりに，～すぎる	motorsíklo	バイク
matá	目	MRT	首都圏鉄道
mataás	高い	Mt. Mayon	マヨン山
matabâ	太っている	mukhâ	顔
matagál	長い間	mukháng ~	～みたい
matamís	甘い，甘いもの	mulâ	から
matandâ	年上の	mulî	再度
matangkád	背が高い	múna	まず，とりあえず，先に，一旦
matápang	きつい		
matapát na sumásaiyó　敬具		mundó	世界
matápos	終わる（行焦，不定） ㊥tápos	muntík	もう少しで，危うく
		múra	安い
matigás	硬い	músiká	音楽
matrápik	道が込んでいる	mustása	からし菜
matúlog	眠る・寝る（行焦，不定） ㊥túlog		
		N	
matutúlog	matúlog の未然相	na	もう，すでに
matútuwâ	matuwâ の未然相	na láng	～にしよう
matuwâ	喜ぶ（行焦，不定） ㊥tuwâ	na namán	また・再び～である
		naáalála	maalála の未完了相
maúna	先に行く，先にする（行焦，不定） ㊥úna	Naabála námin kayó　お邪魔しました	
		nabanggít	言う（対焦，〈可・偶〉，完了）→mabanggít ㊥banggít
maupô	座る（行焦，不定） ㊥upô		
Mauúna na akó	お先に	nabasâ	濡れる（行焦，完了）
may	～がある・いる		→ mabasâ ㊥basâ
mayáman	金持ちの	nabásag	割れる（対焦，完了）→
Maynílâ	マニラ		

	mabásag [根]básag
nabíbigyán	mabigyán の未完了相
nabigyán	mabigyán の完了相
nabubúhay	生きる(行焦, 未完) → mabúhay [根]búhay
nabusóg	満腹になる(行焦, 完了) → mabusóg [根]busóg
nag-aáral	mag-áral の未完了相
nag-aáway	喧嘩する(行焦, 未完) → mag-áway [根]áway
nagagálit	magálit の未完了相
nagágandahán	美しく感じる(方焦, 不定) → magandahán [根]gandá
nagálit	magálit の完了相
nag-áral	mag-áral の完了相
nagbábasá	magbasá の未完了相
nagbárong-Tagálog	バロンタガログを着る(行焦, 完了) [根]bárong-Tagálog
nagbíbigáy	magbigáy の未完了相
nagbigáy	magbigáy の完了相
nag-bówling	ボウリングをする(行焦, 完了)→ magbówling [根]bówling
nag-*brównout*	停電になる(行焦, 完了) → mag-brównout [根]brównout
nag-éehersísyo	運動をする(行焦, 未完) [根] ehersísyo
naghapúnan	夕食を取る(行焦, 完了) → maghapúnan [根]hapúnan
naghíhilámos	顔を洗う(行焦, 未完) → maghilámos [根]hilámos
naghintáy	待つ(行焦, 完了) → maghintáy [根]hintáy
nagi-guilty	罪悪感を感じる(行焦, 未完) → ma-guilty [根]guilty
nag-íihî	mag-ihî の未完了相
nag-i-*ínternet*	ネットする(行焦, 未完) → mag-ínternet [根]ínternet
nag-íinúman	mag-inúman の未完了相
nag-íisá	一人でいる(行焦, 未完) [根]isá
nagkákaraóke	カラオケする(行焦, 未完) → magkaraóke [根]karaóke
nagíng	magíng の完了相
nagkákilála	知り合う(行焦, 完了) → magkakilála [根]kilála
nagkikíta	magkíta の未完了相
nagkíta	magkíta の完了相
nagkúkuwentúhan	magkuwentúhan の未完了相
naglabá	洗濯する(行焦, 完了) → maglabá [根]labá
naglakád	maglakád の完了相
naglálabá	maglabá の未完了相
naglulútô	maglútô の未完了相
naglútô	maglútô の完了相
nagmámadyóng	麻雀をする(行焦, 未完) → magmadyóng [根]madyóng
nagmungkáhî	提案する(行焦, 完了)→ magmungkáhî [根]mungkáhî
nagpabilí	買わせる(使焦, 完了) → magpabilí [根]bilí
nagpalíbre	ご馳走して・おごってもらう(使焦, 完了) → magpalíbre [根]líbre
nagpápalamíg	涼む(行焦, 未完) → magpalamíg [根]lamíg
nagpápasalámat	magpasalámat の未完了相
nagpápatúlong	magpatúlong の未完了相
nagpatúlong	magpatúlong の完了相
nagpuntá	magpuntá の完了相
nagsábi	magsábi の完了相
nagsalitâ	magsalitâ の完了相
nagsha-*shópping*	mag-shópping の未完了相
nagsisíkap	頑張る, 努力する(行焦, 未完) [根]síkap
nagsisísi	後悔する(行焦, 未完) → magsísi [根]sísi
nagsulát	magsulát の完了相
nagsúsuká	吐く(行焦, 未完) → magsuká [根]súkâ
nagsú-swímming	泳ぐ(行焦, 未完) [根]swímming
nagtátaé	magtaé の未完了相
nag-téxt	mag-téxt の完了相
nagtráysikél	トライシクルに乗る(行焦, 完了)→ magtráysikél [根]tráysikél

nagugútom	magútom の未完了相	nakákainís	むかつかせる
nagúlat	magúlat の完了相	nakákalungkót	悲しくさせる
nag-umpisá	mag-umpisá の完了相	nakákamatáy	死に至らしめる
nag-úsap	話し合う（行焦，完了）→ mag-úsap ㊆úsap	nakákapag-áral	makapag-áral の未完了相（話し言葉）
nag-úsap-úsap	mag-úsap-úsap の完了相	nakákapágod	疲れさせる
nag-úumpisá	mag-úsap の未完了相	nakákapamilí	makapamilí の未完了相（話し言葉）
nahihílo	目まいがする（行焦，未完）→ mahílo ㊆hílo	nakákapások	入ることができる → makapások ㊆pások
nahíhiyâ	mahiyâ の未完了相	nakákapuntá	makapuntá の未完了相（話し言葉）
nahirápan	苦労する（方焦，完了）→ mahirápan ㊆hírap		
nahiyâ	mahiyâ の完了相	nakákatákot	怖い（話し言葉），怖い（ホラー）
naibíbilí	maibilí の未完了相		
naibilí	maibilí の完了相	nakákatawá	可笑しい（話し言葉）
naiháhandâ	maihandâ の未完了相	nakakúha	取れる（行焦〈可・偶〉，完了）→ makakúha ㊆kúha
naihandâ	maihandâ の完了相		
naíinítan	暑いと感じる（方焦，未完）→ mainítan ㊆ínit	nakalakíp	同封してある
		nakalilípas	経過する，過ぎる（行焦〈可・偶〉，完了）
naíintindihán	maintindihán の未完了相		→ makalípas ㊆lípas
nainís	むかつく（行焦，完了）→ mainís ㊆inís	nakalimútan	makalimútan の完了相
		nakapag-aáral	makapag-áral の未完了相（書き言葉）
nainóm	飲む（対焦〈可・偶〉，完了）→ mainóm ㊆inóm		
		nakapag-áral	makapag-áral の完了相
naintindihán	maintindihán の完了相	nakapamilí	makapamilí の完了相
naísip	考える（対焦〈可・偶〉，完了）→ maísip ㊆ísip	nakapamímilí	makapamilí の未完了相（書き言葉）
		nakapasá	合格する（行焦〈可・偶〉，完了）→ makapasá ㊆pasá
nakaáalís	makaalís の未完了相（書き言葉）		
nakaalís	makaalís の完了相	nakapuntá	makapuntá の完了相
nakabalík	戻る（行焦，完了）㊆balík	nakapúpuntá	makapuntá の未完了相（書き言葉）
nakabárong-Tagálog	バロン・タガログを着ている		
nakadamá	感じる（行焦，完了）→ makadamá ㊆damá	nakaratíng	行ったことがある（行焦〈可・偶〉，完了）→ makaratíng ㊆datíng
nakáin	makáin の完了相		
nakainóm	飲む（行焦〈可・偶〉，完了）→ makainóm ㊆inóm	nakariníg	makariníg の完了相
		nakasagót	答えることができる（行焦，完了）→ makasagót ㊆sagót
nakákaalís	makaalís の未完了相（話し言葉）		
nakákaáwâ	可哀そうな	nakasakáy	乗ったことがある（行焦，完了）→ makasakáy ㊆sakáy
nakákagálit	怒らせる		
nakákagútom	お腹を空かせる		
nakákahiyâ	恥ずべき	nakasalamín	メガネをかけている
nakákain	makáin の未完了相	nakasúlat	makasúlat の完了相，
nakákainggít	羨ましい		

書いてある
nakatatákot 怖い（書き言葉）
nakatayô 立っている
nakatikím 食べたことがある（行焦〈可・偶〉，完了） [根]tikím
nakatirá 住んでいる
nakatsinélas スリッパを履いている
nakatúlog 寝ることができる（行焦〈可・偶〉，完了）→ makatúlog [根]túlog
nakaupô 座っている
nakauwî 家に帰れる（行焦〈可・偶〉，完了）→ makauwî [根]uwî
nakíkiníg makiníg の未完了相
nakilála 知り合いになる（対焦，完了）→ makilála [根]kilála
nakíta makíta の完了相
nakú えっ！しまった！
naligáw 迷う（行焦，完了）→ maligáw [根]ligáw
nalígô malígô の完了相
nalilígô malígô の未完了相
nalóko 騙される（対焦，完了）→ malóko [根]lóko
nalúlungkót malungkót の未完了相
nalungkót malungkót の完了相
nalútô 調理できる（対焦〈可・偶〉，完了）→ malútô [根]lútô
namámasyál 出かける（行焦，未完）→ mamasyál [根]pasyál
namán 一方で
namatáy mamatáy の完了相
namigáy 配る（行焦，完了）→ mamigáy [根]bigáy
namilí mamilí の完了相
namímilí mamilí の未完了相
námin 私たちの（排除形）
namulá 赤面する（行焦，完了）→ mamulá [根]pulá
namúmutlâ 青ざめる（行焦，未完）→ mamutlâ [根]putlâ
nánay 母，母親
nandíto ここにある・いる
nandiyán そこにある・いる
nandoón あそこにある・いる
nang 副詞標識辞
nangíngisdâ mangisdâ の未完了相
nangisdâ mangisdâ の完了相
naninigarílyo manigarílyo の未完了相
nanlígaw manlígaw の完了相
nanlilígaw manlígaw の未完了相
nanónoód manoód の未完了相
nanoód manoód の完了相
napagkásundúan 合意する（方焦，完了）→ mapagkásundúan [根]sundô
napágod mapágod の完了相
nápakabaít とても優しい
nápakagandá とても美しい・いい
nápakaínit とても暑い
nápakalakí 非常に大きな
nápakarámi 大勢の，非常に多くの
nápakayábang 大変高慢な
napansín mapansín の完了相
náratíng 行ったことがある（方焦〈可・偶〉，完了）→ máratíng [根]datíng
nariníg mariníg の完了相
naríriníg mariníg の未完了相
náriyán そこにある・いる・来ている
nároón あそこにある・いる
nars 看護師
nása ～にある・いる
násaán どこにある・いる
nasábi masábi の完了相
nasarapán おいしく感じる（方焦，完了）→ masarapán [根]saráp
nasasábi masábi の未完了相
nasundô 迎えに行く（対焦〈可・偶〉，完了）→ masundô [根]sundô
natamisán 甘く感じる（方焦，完了）→ matamisán [根]tamís
natápos matápos の完了相
natikmán 味見したことがある（対焦〈可・偶〉，完了）→ matikmán [根]tikím
nátin 私たちの（相手を含む）
natúlog matúlog の完了相
natúto 覚える，学習する（行焦，完了）→ matúto [根]túto
natutúlog matúlog の未完了相

natuwâ	matuwâ の完了相	nóbya	恋人
naúhaw	喉が渇く(行焦，完了) → maúhaw ㊙úhaw	Nobyémbre	11月
		nóbyo	恋人
nawâ	～でありますように	*Noli Me Tangere*	ノリ・メ・タンヘレ
ng	属格標識辞(人名以外，単数)	noó	額
		nood = manoód	観る
ng mga	属格標識辞(人名以外，複数)	noón	あれ・それの
		noóng ～	～の頃(過去)
ng mga itó	これらの	noóng nakaraáng / isáng buwán	先月
ng mga iyán	それらの	noóng nakaraáng / isáng linggó	先週
ng mga iyón	あれら・それらの	noóng nakaraáng / isáng taón	去年
ngâ	確かに，本当に，～なんか～だ	North Ávenue	ノース・アベニュー
		númber	番号
ngayón	今，今日		
ngayon láng	今はじめて	**O**	
ngayóng buwán	今月	O	やあ，おー
ngípin	歯	o	または，ほら～だ
ngísi	くすくす笑い	o kayâ	あるいは
ngitî	微笑む	O, sige	いいよ
ngúnit	しかし	ókey	大丈夫
ni	属格標識辞(人名，単数)	Ókey láng	大丈夫だ調子はいいよ
Nihóngo	日本語	ókra	オクラ
nilá	彼ら・彼女らの	Oktúbre	10月
nilabhán	labhán の完了相	Óo	はい
nilagyán	lagyán の完了相	oo ngâ	確かにそうだ
nilákad	lakárin の完了相	oo nga palá	ところで(決まり文句)，そうだった(思い出した)
nilakbáy	lakbayín の完了相		
nilalángaw	蝿にたかられる(対焦，未完) ㊙lángaw	opisína	オフィス
		ópô	はい(丁寧・敬意)
nilangóy	泳ぐ(方焦，完了) → languyín ㊙langóy	óras	時間
		ospitál	病院
nilindól	地震に見舞われる(対焦，完了) → lindulín ㊙lindól	**P**	
		P. Tuazon	P.トアソン通り(地名)
nilulútô	lutúin の未完了相	pa	まだ，むしろ，ほかにも，～以外にも
nilútô	lutúin の完了相		
niná	属格標識辞(人名，複数)	pa rín	依然として，相変わらず，ずっと，やっぱり
ninyó	あなたたちの(人称代名詞)，あなたの(丁寧)		
		paá	足
nitó	これの	paalaála	注意，合図，情報
niyá	彼・彼女の	paálam	さようなら
niyán	それの	paáno	どう，どのように
niyáyâ	yayáin の完了相	Paáno ba 'yan	どうしよう
niyayáyâ	yayáin の未完了相	pabor íto	お気に入りの
niyón	あれ・それの	padalá	送る(語根)
nobéla	小説		

pag = kapág	〜の場合	pagtráto	待遇
pag-aáral	勉強	pag-usápan	話し合う（話焦，不定）㋲úsap
pag-áawáyan	pag-awáyan の未然相		
pag-alís	〜を出たら	pag-úsap-usápan	話し合う（話焦，不定）（3人以上）㋲úsap
pag-awáyan	喧嘩する（話焦，不定）㋲áway		
		pag-úusápan	pag-usápan の未然相（書き言葉）
pagbabâ	降りると		
pagbása	読むこと	pag-uwî	家に帰った時
pagbilí	購入	pahabâ	縦に
pagdatíng	〜が来たら・着いたら	pahayág	表明・発表
pagdugtúng-dugtungín	繋ぎ合わせる（3つ以上）（対焦，不定）㋲dugtóng	pahintúlot	許可
		paíinumín	painumín の未然相（書き言葉）
paggupít	切ること	painítin	温める（被使焦，不定）㋲ínit
paghahandâ	準備		
paghintayín	待たせる（使焦，不定）㋲hintáy	painumín	飲ませる（被使焦，不定）㋲inóm
paghiwá-hiwalayín	分ける（対焦，不定）㋲hiwaláy	pakaínin	食べさせる（被使焦，不定）㋲káin
pag-íbig	愛	pakakaínin	pakaínin の未然相（書き言葉）
pag-imbitá	招待		
pagkaabánte	前に進んだあと	pakasál	結婚
pagkáin	食べ物，食事	paki	どうぞ・どうか〜してください
pagkáing Pilipíno	フィリピン料理		
pagkakáibá	違い	pakibilí	買う（丁寧）
pagkamatáy	死ぬこと	pakihináan	弱める，音を小さくする（丁寧）（対焦，不定）㋲hínâ
pagkaraán ng~	〜の後で，〜が過ぎて		
paglulútô	調理，料理すること		
pagmamanného	運転すること	pakinggán	聞く（方焦，不定）㋲pakiníg
pagód	疲れている		
págod	疲労	pakiníg	聞く（語根）
pagpaláin	守る（対焦，不定）㋲palá	pakipantáy	揃える（丁寧）（対焦，不定）㋲pantáy
pagpapalítan	交換，やり取り		
pagsabayín	同時にする（対焦，不定）㋲sabáy	pakiramdám	具合，体調
		pakisábi	言う（丁寧）（対焦，不定）
pagsagót	返事	pakíta	見せる
pagsakít	痛むこと，痛み	pakitawágan	電話する（丁寧）（方焦，不定）㋲táwag
pagsamá-samáhin	一つにまとめる（対焦，不定）㋲sáma		
		pakiúsap	頼む（語根）
pagsúlat	書くこと	paksâ	テーマ
pagsundô	迎えに行くこと	palá	そうか〜か
pagsusúlit	試験	palabás	番組
pagsusúrî	診察	palábirô	冗談好きな
pagtatápon	捨てること，投棄	palagáy	意見，見解
pagtingín	見方，見解，意見	palambutín	柔らかくする（被使焦，不

	定） [根]lambót
palapág	階
paláyaw	あだ名，ニックネーム
pálda	スカート
paléngke	市場
palígô	シャワーなどをあびる（語根）
Palma Hall	フィリピン大学にある建物
pamalantsahín	アイロンをかける（使焦，不定） [根]plántsa
pamálô	打つ・たたくもの
pamangkín	おい / めい
pamaskó	クリスマスの
pambabáe	女子用の
pambáhay / pamáhay	家庭用の
pambansâ(ng)	国の，国民的な
pamburá	消すもの（消しゴム）
pamílya	家族
pamínsan-mínsan	ときどき
pampasyál / pamasyál	外出用の・遊び用の
panahón	天気，気候，季節，時期
panálo	勝つ（語根）
panatilíhin	～の状態に保つ（対焦，不定） [根]panatíli
pandalága	独身女性用の [根]dalága
pandalawá	2（人）用
pang-áhit	ひげそり用の
pangákô	約束する（語根）
pangálan	名前
pangalánan	名づける（対焦，不定） [根]pangálan
panganák	出産する（語根）
pangánay	一番上の子
pang-*formal*	フォーマル用
panggisá	炒め用
panghúli	捕獲用の
pángit	醜い
pangkúlay / pangúlay	染色用の
pang-*load*	ロード用
Pangúlo	大統領
paniwálâ	信じる（語根）
panlaláki	男子用
panlútô	料理用の
panonoód	観戦
panoód	観る（語根）
panoórin	観る（対焦，不定）[根]panoód
panregálo	贈り物用の
pansít	麺類
pansít cantón	八宝菜風の麺類
pansúlat / panúlat	筆記用具
pantalón	ズボン
pantatló	3（人）用
pantáy	揃っている
pantindá / panindá	売り物，商品
panturísta	観光客用
papaáno	どのように
pápag-awáyan	pag-awáyanの未然相（話し・書き言葉）
pápag-usápan	pag-usápanの未然相（話し・書き言葉）
pápahiramín	貸す（被使焦，未然） → pahiramín [根]hirám
pápainumín	painumínの未然相（話し言葉）
pápakaínin	pakaíninの未然相（話し言葉）
papáya	パパイヤ
papáyag	許可する（行焦，未然） → pumáyag [根]páyag
papél	紙
pára	～ために，～であるように
pára	止まって
pára hindî	～しないように
pára sa	～のために
paraán	方法
párang ~	～のようだ，～みたい
parého	同じ，両方
paré-parého	同じもの（3つ以上）
pasádo	～時すぎ
pasahéro	乗客
pasalámat	お礼
pasalúbong	お土産
paséinsiya ná	ごめんなさい
pasénsiyá	忍耐，我慢，許すこと，容赦，勘弁
Paséinsya ka ná	ごめんなさい，すみません
Paskó	クリスマス
pasô	鉢
pásô	やけど
Pások ka	中に入って

pasúbok 試させて
pasyénte 患者
patánî あおい豆
patáwad 許す（語根）
patawárin 許す（対焦，不定） [根]patáwad
patí ～も，～を含めて
patingín 見せて
patóla 糸瓜（へちま）
pauwî 帰宅中の，家に向かって
payát 痩せた
páyo アドバイス
páyong 傘
Pebréro 2月
pelíkulá 映画
pen náme ペンネーム
péra お金
péro しかし，でも
pétsa 日付
piáno recítal ピアノ・リサイタル
pílî 選ぶ（語根）
pilíin 選ぶ（対焦，不定） [根]pílî
Pilipína フィリピン人女性
Pilipínas フィリピン
Pilipíno フィリピン人
pilóto パイロット
pinag-áarálan pag-arálan の未完了相
pinag-áawáyan pag-awáyan の未完了相（書き言葉）
pinag-awáyan pag-awáyan の完了相
pinaghintáy paghintayín の完了相
pinag-usápan pag-usápan の完了相
Pinag-úsap-usápan pag-úsap-usápan の完了相
pinag-úusápan pag-usápan の未完了相（書き言葉）
pinaíinóm painumín の未完了相（書き言葉）
pinainóm painumín の完了相
pinakabátâ 最も若い
pinakáin pakaínin の完了相
pinakakáin pakaínin の未完了相（書き言葉）
pinakakilalá 一番有名な
pinakamalakí 一番大きい
pinakamasaráp 一番おいしい
pinakamatalíno 最も聡明な
pinakamatandâ 一番年配の
pinakatanyág 一番有名な
pinakbét ピナクベット（野菜料理）
pinanánatíli panatilíhin の未完了相
pinangalánan pangalánan の完了相
pinansín 注意を向ける（対焦，完了）→ pansinín [根]pansín
pinápag-awáyan pag-awáyan の未完了相（話し言葉）
pinápag-usápan pag-usápan の未完了相（話し言葉）
pinápahábâ 伸ばす（被使焦，未完）→ pahabáin [根]hábâ
pinápainóm painumín の未完了相（話し言葉）
pinápakáin pakaínin の未完了相（話し言葉）
pinapútol 切ってもらう（被使焦，完了）→ paputúlin [根]pútol
pinatáy 消す（対焦，完了）→ patayín [根]patáy
pinggán お皿
pinílî pilíin の完了相
piníprito pritúhin の未完了相
piniríto pritúhin の完了相
pínsan いとこ
pintô ドア
pintór 画家
pipíno きゅうり
pípritúhin pritúhin の未然相
piráso ～個
pírated CD 海賊版 CD
pisára 黒板
pisngí 頬
píso ペソ
pistá 祭り
pitó 7
pitumpû 70
pitumpu't siyám 79
pitundaán 700
pízza pie ピザ
pláno 計画
pô ～です・ます（丁寧・敬意を示す小辞）

poésiya	詩，詩文
politíka	政治
presentasyón	発表，プレゼンテーション
prinsipál	校長
príto	油で揚げる（語根）
pritúhin	油で揚げる（対焦，不定）㊗príto
priyoridád	優先権
probínsya	地方，田舎
probléma	問題，悩み
prográma	番組
propesór	教授
proyékto	課題，プロジェクト
prútas	果物
Puérto Galéra	プエルト・ガレラ（地名）
pulá	赤い
pulís	警察
púlong	会議，会合，打ち合わせ
pumapások	学校・会社などに行く（行焦，未完）→ pumások ㊗pások
pumaríto	ここに来る（行焦，不定・完了）㊗paríto
pumíla	並ぶ（行焦，不定・完了）㊗píla
pumílî	選ぶ（行焦，不定・完了）㊗pílî
pumitás	摘む，もぎ取る（行焦，不定）㊗pitás
pumuntá	行く（行焦，不定・完了）㊗puntá
Pumunta (na) táyo	（さあ）行こう
pumúpuntá	pumuntá の未完了相
punásan	拭く（対焦，不定）㊗púnas
punô	一杯の
púnô	木
Púnong Minístro	総理大臣
puntá	行く（語根）
Punta (na) táyo	（さあ）行こう
puntahán	行く（方焦，不定）㊗puntá
púpuntá	pumuntá の未然相
púpuntahán	puntahán の未然相
púro	ばかり
púsâ	猫
putî	白
puwéde	〜できる，〜してもよい，大丈夫

Q

Quiápo	キアポ〈地名〉

R

rádyo	ラジオ
raw	〜（だ）そうだ（伝聞）
rebolusyón	革命
reception	披露宴
regálo	プレゼント
relasyón	関係
reló	腕時計
repólyo	キャベツ
reséta	処方箋
réstawrán	レストラン
réyna	女王
rin	も
rin láng	どうせ〜なら
ríto	díto と同じ
Rizal Park	リサール公園
romantic comedy	ラブコメディ
roón	あそこ

S

sa	斜格標識辞（人名以外，単数）
sa gayón	そういうことで，そのようにして
sa kasalukúyan	現在
sa kinábukásan	将来
sa loób ng	〜以内に
sa makalawá	明後日
sa mga	斜格標識辞（人名以外，複数）
sa mga itó	これらに
sa mga iyán	それらに
sa mga iyón	あれら・それらに
sa nakaraán	過去
sa súsunód	次回
sa súsunód / dáratíng na buwán	来月
sa súsunód / dáratíng na linggó	来週

sa súsunód / dáratíng na taón	来年	saulî	返す（語根）
saán	どこ	sáyang	残念な・惜しい
Sábado	土曜日	sayáw	踊る
sabáw	スープ	séntro	中心
sabáy	一緒に，同時に	Setyémbre	9月
sábi	言う（語根）	Shinkansen	新幹線
sábi nilá	聞いたところでは	shortcut	略語，短縮語
sábi niyá	彼・彼女が言うには	si	主格標識辞（人名，単数）
sabíhin	言う（対焦，不定）㊟sábi	sibúyas	たまねぎ
sabón	石鹸	sídecar	サイドカー
ságing	バナナ	sigarílyas	四角豆
sagót	答え	síge	それでは（別れの挨拶），うん，わかった
sahóg	材料		
sakáy	乗ること	Sige na ngâ	はい，じゃあもうわかったわ
sakít	病気	Sige na pô	別れのあいさつ
sála	居間	Sige ngâ	はい，どうぞ，さあ
salámat	ありがとう，感謝	Signal No. 3	警報レベル3
salámat at	〜してありがたい	sigúro	たぶん
salamín	メガネ	silá	彼ら・彼女らは
sáli	参加する	silíd-aralán	教室
samakatwíd	したがって，よって	sílya	椅子
sampagíta	サンパギータ	SIM card	SIM カード
sampû	10	simbáhan	教会
sampung píso	10ペソ	símple	簡単な，単純な
samurai	侍	simulán	始める（対焦，不定）㊟simulâ
san = násaán, saán	どこ		
San Agustín	サン・アグスティン	siná	主格標識辞（人名，複数）
sána	〜であったらいいのに（願望），〜であっただろうに	sinábi	sabíhin の完了相
		sinasábi	sabíhin の未完了相
Sána nása mabúti kang kalagáyan	元気でいることと思います	síne	映画
		sinehán	映画館
sandaán	100	singkamás	クズイモ（マメ科）
sandaán at isá	101	singkuwénta	50
sandaánlíbo	100000	singsíng	指輪
Sandalí láng	ちょっと待って	sinigáng	シニガン（スープ）
sangkáp	材料	sinírâ	壊す（対焦，完了）→siráin ㊟sírâ
sang-milyón	1000000		
sapátos	靴	síno	誰
sará	閉める	sipúnin	風邪を引きがちな
saráp	おいしいこと	sírâ	壊す（語根）
sásakáy	乗る（行焦，未然）→ sumakáy ㊟sakáy	sísiw	ひよこ
		sítaw	十六ささげ
sasakyán	乗り物	siyá	彼・彼女は（人称代名詞）
sasáma	sumáma の未然相	siyám	9
sauce	ソース	siyamnapû	90

siyamnaraán	900
siyangá palá	ところで
siyémpre	もちろん
skul = *school*	学校
SM（City）	シューマート
sóri	ごめん
Sorry at	申し訳ない
sport	スポーツ
Spríte	スプライト
státus quó	現状
subúkan	試す（対焦，不定）㊔súbok
suklayín	櫛でとく（対焦，不定）㊔sukláy
súlat	書くこと，書く（語根），手紙
sumagót	返信・返事をする（行焦，不定・完了）㊔sagót
sumáma	一緒に行く・来る（行焦，不定・完了）㊔sáma
sumásaiyó	敬具
sumásakáy	乗る（行焦，未完）→sumakáy ㊔sakáy
sumbréro	帽子
sumúlat	書く（行焦，不定・完了）㊔súlat
sumundô	迎えに行く・来る（行焦，不定・完了）㊔sundô
sumunód	ついて来る（行焦，不定・完了）㊔sunód
sundán	あとに続く（方焦，不定）㊔sunód
sundín	従う（対焦，不定）㊔sunód
sunód	従う・あとに続く（語根）
sunúd-sunód	順番に
súsunduín	迎えに行く（対焦，未然）→sunduín ㊔sundô
súsunód	次の
suwéldo	給料
suwérte	幸運

T

tabí	端，脇，横，傍
tadtarín	刻む（対焦，不定）㊔tadtád
taga-Bulacán	ブラカン出身
taga-Kóbe	神戸出身
Tagálog	タガログ語
taga-Nagóya	名古屋出身
taga-Négrós	ネグロス出身
tag-aráw	乾季
tagasaán	どこの出身
Tagaytáy	タガイタイ（地名）
taglamíg	冬
tágô	隠れる，隠す（語根）
tag-ulán	雨季
tahî	縫う（語根）
tahímik	静かな
taínga	耳
takdáng gawáin	担当の作業
takíp	蓋
takpán	蓋をする（対焦，不定）㊔takíp
talagá	本当の，本当に
tálî	～束
talíno	才能，優秀
talóng	なす
támâ	正しい，ちょうどいい，合っている
tamád	怠惰な
tanggalín	取り除く（対焦，不定）㊔tanggál
tanghalían	昼食
tangké	タンク
tanóng	質問する（語根）
táo	人
taón	年，歳
tápon	こぼす（語根）
tapós	終わった
tápos	それから（pagkatápos の縮約形）
tápos	終える（語根）
tapúsin	終える（対焦，不定）㊔tápos
tása	カップ
tatáwag	tumáwag の未然相
tátawágan	tawágan の未然相
tátay	父
tatló	3

tatlumpû	30		㊟tingín
tatlundaán	300	tinólang manók	鶏と青パパイヤのスープ煮
táwa	笑うこと，笑う（語根）	tinurúan	turúan の完了相
táwad	ディスカウント	tinutúkoy	言及する（対焦，未完）→
táwag	呼ぶ（語根）		tukúyin　㊟túkoy
táwag	電話すること，電話する（語根）	tinútulúngan	tulúngan の未完了相
		tinúturúan	turúan の未完了相
tawágan	電話する（方焦，不定）㊟táwag	títa	おば
		títingín	見る（行焦，未然）
tawágin	呼ぶ（対焦，不定）㊟táwag		→ tumingín　㊟tingín
		títingnán	tingnán の未然相
tawánan	笑う（方焦，不定）　㊟táwa	títirá	tumirá の未然相
táyo	私たちは（包含形）	títo	おじ
teátro	劇場	títser	教師，先生
téla	生地	tíya	おば
teléponó	電話	tiyán	お腹
tigalawá / tigdadalawá / tigá-tigalawá　2つずつ		tíyo	おじ
tig-ánim / tig-aánim / tigá-tig-ánim　6つずつ		totoó	本当の
tig-ápat / tig-aápat / tigá-tig-ápat　4つずつ		trabáho	仕事
tigatló / tigtatatló / tigá-tigatló　3つずつ		tradisyonál	伝統的な
tig-iilán	何個ずつ	trápik	交通渋滞
tig-isá / tig-iisá / tigí-tigísa　1つずつ		tren	電車
tiglimá / tigliilimá / tiglí-tiglimá　5つずつ		trim	トリム
tigpitó / tigpipitó / tigpí-tigpitó　7つずつ		Trinóma	トライノーマ（ショッピングモール）
tigsampû / tigsasampû / tigsá-tigsampû　10ずつ			
tigsandaán / tigsasandaán / tigsá-tigsandaán		Tse!	ちぇっ！
	100 ずつ	tséke	小切手
tigsanlíbo / tigsasanlíbo / tigsá-tigsanlíbo		t-shirt	Tシャツ
	1000 ずつ	tsinélas（sinélas）	スリッパ
tigsiyám / tigsisiyám / tigsí-tigsiyám　9つずつ		tsísmis	噂
tigwaló / tigwawaló / tigwá-tigwaló　8つずつ		tsokoláte	チョコレート
tíket	チケット	túbig	水
tikmán	味見する（対焦，不定）㊟tikím	tubó	さとうきび
		tubo	パイプ
tinanghálî	昼になる（対焦，完了）→ tanghalíin　㊟tanghálî	túbô	利子
		túlad ng ~	〜のように
tinápay	パン	túlog	眠る・寝る（語根）
tinátamád	億劫に感じる（対焦，未完）→ tamarín　㊟tamád	túlong	手伝う（語根）
		tulóy	その結果
tinátawágan	tawágan の未完了相	tumabâ	太る（行焦，不定・完了）㊟tabâ
tinawágan	tawágan の完了相		
tindáhan	店，売り場	tumáe	大便をする（行焦，不定・完了）㊟táe
tindéra	店員		
tingín	見る（語根）	tumákas	逃げる（行焦，不定・完了）㊟tákas
tingnán	見る（方焦，不定）		

tumakbó	走る（行焦，不定・完了）㊨takbó		了）㊨íhî
tumáwag	電話する（行焦，不定・完了）㊨táwag	umiíkot	umíkot の未完了相
		umíinóm	uminóm の未完了相
tumíbay	強固になる（行焦，不定・完了）㊨tíbay	umíkot	回る（行焦，不定・完了）㊨íkot
tumirá	住む（行焦，不定・完了）㊨tirá	uminóm	飲む（行焦，不定・完了）㊨inóm
túnay	本当の，真の	umiyák	泣く（行焦，不定・完了）㊨iyák
tungkól sa	～について		
turísta	観光客	umpisá	始まる・始める（語根）
túrô	教える（語根）	umpisahán	始める（対焦，不定）㊨umpisá
túrô	指差す（語根）		
turúan	教える（方焦，不定）㊨túrô	umulán	雨が降る（行焦，不定・完了）㊨ulán
tútâ	子犬	umúulán	umulán の未完了相
tutúlong	助ける（行焦，未然）→ tumúlong　㊨túlong	umuwî	家に帰る（行焦，不定・完了）㊨uwî
tuwâ	喜ぶこと	úna	最初（の）
tuwáng-tuwâ	大変喜んでいる	UP	フィリピン大学
tuwíng	～毎に，毎～に，～するたびに	UP Shopping Center	UP学内ショッピングセンター
tuwíng umága	毎朝	úpa	家賃，賃貸料金
TV	テレビ	úpang	～するために
type	タイプ，このみ	upô	座る（語根）
		úpo	夕顔
U		upuán	座る（方焦，不定）㊨upô
uháw	喉が渇いている	útang	借金
úlam	おかず	úulán	umulán の未然相
ulán	雨	úupuán	upuán の未然相
úlap	雲	úuwî	umuwî の未然相
úlat	報告する（語根）	uwî	持って帰る（語根）
úling	炭	Uy!	おやー
ulít	また，再び		
úlo	頭	**V**	
umáalís	umalís の未完了相	váricose véins	静脈瘤
umaása	思う，期待する（行焦，未完）→ umása　㊨ása	vísa	ビザ
		W	
umalís	出発する，立ち去る（不定・完了）㊨alís	walâ	ない・いない
		Walá pong anumán	どういたしまして
umangát	向上する（行焦，不定・完了）㊨angát	waláng pások	～授業がない
		Waláng probléma	いいよ（問題ない）
umáraw	晴れる（行焦，不定・完了）㊨áraw	walís	ほうき
		walisán	ほうきで掃く　㊨walís
umíhî	小便をする（行焦，不定・完了）	waló	8

walóng daán	800
walumpû	80
walundaán	800
welcome party	歓迎会
wíkâ	言語

X

x-ray	X線，レントゲン検査

Y

y médya	～時半
yátâ	～だと思う，～のようだ，～そうだ，～という感じ，～みたいだ
yáya	子守
yáyâ	招待する（語根）
yayáin	招待する，誘う（対焦，不定） ㊕yáyâ
yayayáin	yayáin の未然相
yélo	氷
Yes, boss	はい，ボス
yumáman	金持ちになる（行焦，不定・完了） ㊕yáman
yumukô	お辞儀をする（行焦，不定・完了） ㊕yukô
'yung	あの（iyón の縮約形）

（その他）

（sa）ákin	私に
（sa）ámin	私たちに（排除形）
（sa）átin	私たちに（包含形）
（sa）inyó	あなたたちに
（sa）iyó	あなたに
（sa）kanilá	彼ら・彼女らに
（sa）kanyá	彼・彼女に
:(	（泣）
~ na láng ang itáwag mo sa ákin	私を～と呼んでいいよ
~, 'no? = anó?	～ね？
~, di ba?	～ですね
~, e	～だから
~, ha?	～ね
~, hindi bá?	～ですね
'nilíbre	ご馳走してもらう（方焦，完了）→ ilíbre ㊕líbre
'Yun naman palá,e	そういうことなら問題ないよ
15th Street	15番通り
1st floor	1階
4th floor	4階

大上正直（おおうえ・まさなお）

1954年広島県生まれ。大阪大学名誉教授。1976年〜1991年，外交官（フィリピン語の専門家として外務省入省後，在フィリピン日本大使館に2度赴任。フィリピン国立大学・大学院留学）。1982年フィリピン国立大学大学院フィリピン語・フィリピン文学研究科修士修了。1991年に大阪大学（旧大阪外国語大学）に転身後，28年間にわたりフィリピン語教育などに従事。大阪大学大学院言語文化研究科教授を経て現在に至る。専門はフィリピン語学（文法研究，言語政策などが主な研究分野）。2017年，フィリピン共和国政府より「フィリピン国語名誉賞」を外国人として初受賞。主な著書に『フィリピノ語文法入門』（白水社，2003年），『はじめてのフィリピン語』（共著，ナツメ社，2005年），『デイリー日本語・フィリピン語・英語辞典』（監修，三省堂，2018年）などがある。

ジェニー・ヨシザワ（Jenny Yoshizawa）

1972年マニラ生まれ。1999年，大阪外国語大学大学院言語社会研究科（地域言語社会専攻）修士修了。大阪大学，語学学校，外務省研修所などでフィリピン語講師として従事。現在，フィリピン語翻訳通訳業。

大阪大学外国語学部　世界の言語シリーズ 6
フィリピン語

発　行　日	2012年 3 月30日　初版第 1 刷	〔検印廃止〕
	2014年 4 月20日　初版第 2 刷	
	2017年 5 月10日　初版第 3 刷	
	2023年12月20日　初版第 4 刷	

著　　者　　大　上　正　直
　　　　　　ジェニー・ヨシザワ

発　行　所　大阪大学出版会
　　　　　　代表者　三成賢次
　　　　　　〒565-0871
　　　　　　大阪府吹田市山田丘2-7　大阪大学ウエストフロント
　　　　　　電話　06-6877-1614
　　　　　　FAX　06-6877-1617
　　　　　　URL　https://www.osaka-up.or.jp

印刷・製本　株式会社 遊文舎

Ⓒ Masanao Oue, Jenny Yoshizawa 2012　　Printed in Japan
ISBN 978-4-87259-330-3 C3087

JCOPY〈出版者著作権管理機構　委託出版物〉
本書の無断複製は著作権法上での例外を除き禁じられています。複製される場合は，その都度事前に，出版者著作権管理機構（電話 03-5244-5088，FAX 03-5244-5089，e-mail: info@jcopy.or.jp）の許諾を得てください。

大阪大学外国語学部

世界の言語シリーズ **6**

フィリピン語

[別冊]

大阪大学出版会

大阪大学外国語学部　世界の言語シリーズ　6
フィリピン語〈別冊〉

会話等日本語訳と練習問題解答例

3課
(会話)
ロベルト：　　クルス先生，おはようございます。
クルス先生：ロベルト，おはよう。
ロベルト：　　クルス先生，こちらは田中博樹君です。日本人です。博樹，こちらはクルス先生。フィリピン大学のフィリピン語の先生。
博樹：　　　田中博樹と申します。はじめまして。
クルス先生：やあ博樹，君は学生？
博樹：　　　はい，私は大阪大学の学生です。(私の)専攻はフィリピン語です。
クルス先生：(それは)いいね！
ロベルト：　　それでは，クルス先生，お邪魔しました。
クルス先生：いいえ。
(練習問題)
 1．
  ①　Ako(po) si ＿＿〈名前〉＿＿．　　　　　　②　Hapones(po) ako．
  ③　Estudyante(po) ako ng ＿＿〈学校名〉＿．　④　＿〈専攻〉＿ (po) ang major ko．
 2．
  ①　Ito(po) si ＿＿〈名前〉＿＿．　　　　　　②　＿〈～人〉＿ (po) siya．
  ③　Estudyante(po) siya ng ＿＿〈学校名〉＿．④　＿〈専攻〉＿ (po) ang major niya．
 3．
  ①　Pilipino ka ba?　　Oo, Pilipino ako．　　②　Pulis ka ba?　　　Oo, pulis ako．
  ③　Hapones ka ba?　　Hindi. Koreano ako．　④　Doktor ka ba?　　Hindi. Dentista ako．
 4．
  ①　ang　　②　sina　　③　ang　　④　ang mga　　⑤　si

4課
(会話)
(ロベルトは博樹と一緒に自宅に戻る)
博樹：　　　　こんにちは。
レイエス夫人：こんにちは，博樹。中に入って。用事（クルス先生との面会）はどうだった？
博樹：　　　　うまくいきました。
ロベルト：　　今日の昼食は何？
レイエス夫人：アドボとシニガンよ。ちょっと待っててね。
(食事の用意をする)
レイエス夫人：食卓にどうぞ。
ロベルト：　　博樹，さあ食べよう。
博樹：　　　　これは何？
ロベルト：　　それは鶏肉のアドボだ。
レイエス夫人：遠慮せずに，どんどん食べてね。
博樹：　　　　はい。
(練習問題)
 1．
  ①　ng　　②　ni　　③　ng mga　　④　ng　　⑤　nina
  ⑥　ng　　⑦　nina　⑧　ng　　　　⑨　ni　　⑩　ng mga
 2．
  ①　kay　　②　sa　　③　kina　　④　sa　　⑤　kay

1

⑥ sa ⑦ kay ⑧ sa ⑨ sa mga ⑩ kina

3．
① Hapones at Pilipino   ② titser/guro at estudyante   ③ tanong at sagot
④ Ingles at Filipino   ⑤ doktor at nars

4．
① titser/guro natin   ating titser/guro   ② kaibigan niya   kanyang kaibigan
③ trabaho ninyo   inyong trabaho   ④ libro/aklat ko   aking libro/aklat
⑤ mesa nila   kanilang mesa

5．
① Sino ang titser/guro natin?   Siya ang titser/guro natin.
② Tagasaan ang kaibigan niya?   Taga-Tokyo ang kaibigan niya.
③ Ano ang trabaho ninyo?   Mga estudyante kami.
④ Alin ang libro/aklat ko?   Ito ang libro/aklat mo.
⑤ Saan ang mesa nila?   Doon ang mesa nila.

5課

（会話）
（写真立ての写真を指して）
博樹：　ロベルト，これは君なの？
ロベルト：（僕を）「ベルト」と呼んでいいよ。それがニックネームだから。
博樹：　わかった。これは君なの？
ロベルト：そうだよ，まだ小さい頃の僕だ。こっちが兄と父だ。
博樹：　お兄さんはかっこいいね。
ロベルト：そんなことないけど。
博樹：　本当にかっこいいよ。まるで映画スターのようだ。これは誰？
ロベルト：祖父と祖母だ。セブに住んでいるんだ。
博樹：　君はおじさんに似てるね。
ロベルト：親戚もそう言うんだ。

（練習問題）
1．
① Matangkad ba ang tatay mo?   ② Mataba ang ate ko.   ③ Amerikano ang lolo niya.
④ Maliit ang mga magulang ko.   ⑤ Kamukha niya ang nanay niya.

2．〈例：Roberto Reyes の場合〉
① Ako si Roberto Reyes.   ② Berto na lang ang itawag mo/ninyo sa akin.
③ Estudyante ako.   ④ Nakatira ako sa Maynila.

3．〈2011年現在〉
① Siya si Yoshihiko Noda. Punong Ministro siya ng Japan. Nakatira siya sa Tokyo.
② Siya si Benigno Aquino III. "Noynoy" o "Pnoy" ang tawag sa kanya.
   Pangulo siya ng Pilipinas.(Siya ang Pangulo ng Pilipinas.) Nakatira siya sa Malacañang.
③ Siya si Dingdong Dantes. Artista siya. Nakatira siya sa Quezon City.

6課

（会話）
ロベルト：兄弟はいるの？
博樹：　　うん，姉がいるよ。
ロベルト：（君たちは）二人兄弟？
博樹：　　うん。
ロベルト：彼女は何をしているの？
博樹：　　銀行員だよ。
ロベルト：何歳？
博樹：　　24だと思う。
ロベルト：僕の兄と同じだ。お姉さんの写真，持ってる？
博樹：　　持ってないけど，僕のパソコンに入ってるかもしれない。
ロベルト：一度見せてよ。
博樹：　　うん，わかった。

（練習問題）
1．a
① Mayroon ka bang kapatid?
② Mayroong asawa ang gobernador.
③ Mayroon ba siyang problema?
④ Mayroon akong tanong.
⑤ Mayroong anak si Kris.

1．b
① May kailangan ka ba?
② May pagkain si Lito sa bag niya.
③ May kotse siya.
④ May klase ba tayo bukas?
⑤ May bahay si Jun sa Tagaytay.

2．
① 問： May pera ka ba?
　 答A：Mayroon akong pera.
　 答B：Wala akong pera.
② 問： May relo ka ba?
　 答A：Mayroon akong relo.
　 答B：Wala akong relo.
③ 問： May payong ka ba?
　 答A：Mayroon akong payong.
　 答B：Wala akong payong.
④ 問： May trabaho ka ba?
　 答A：Mayroon akong trabaho.
　 答B：Wala akong trabaho.
⑤ 問： May baon ka ba?
　 答A：Mayroon akong baon.
　 答B：Wala akong baon.

3．
① pa ② muna ③ yata ④ lang ⑤ nga
⑥ na ⑦ ba ⑧ sana ⑨ pa ⑩ muna
⑪ kaya ⑫ pala ⑬ yata ⑭ lang ⑮ po
⑯ ba ⑰ nga ⑱ kaya ⑲ nga, naman ⑳ na, kasi

7課

（会話）
ロベルト：寮はどう？
博樹：　　大丈夫だよ。きれいだけど，ちょっとうるさいんだ。
ロベルト：ほかにも日本人はいる？
博樹：　　いない。僕だけみたいだ。
ロベルト：本当？
博樹：　　うん，韓国人がちょっと多くて，それから，もちろん，フィリピン人も。
ロベルト：（君たちの寮は）男子用？
博樹：　　いいや。男子用の階と女子用の階がある。
ロベルト：一部屋に何人住んでるの？
博樹：　　二人部屋と三人部屋があるんだ。僕は今一人で住んでいるけど，部屋は二人用だ。
ロベルト：部屋代は1ヶ月いくら？
博樹：　　家賃（寮費）は800ペソで，食事なし。

（練習問題）
1．
(1)
① labing-isa ② labindalawa ③ labintatlo ④ labing-apat ⑤ labinlima
⑥ labing-anim ⑦ labimpito ⑧ labingwalo ⑨ labinsiyam

(2)
① sampu ② dalawampu ③ tatlumpu ④ apatnapu ⑤ limampu
⑥ animnapu ⑦ pitumpu ⑧ walumpu ⑨ siyamnapu

(3)
① isang daan → sandaan
② dalawang daan → dalawandaan
③ tatlong daan → tatlundaan
④ apat na raan → apatnaraan
⑤ limang daan → limandaan
⑥ anim na raan → animnaraan
⑦ pitong daan → pitundaan
⑧ walong daan → walundaan
⑨ siyam na raan → siyamnaraan

2 a．
① kapatid na babae
② malinis na kuwarto
③ maraming Pilipino
④ mayamang abogado
⑤ kaklaseng Koreano
⑥ maingay na dormitoryo
⑦ maruming damit
⑧ sinigang na isda
⑨ kaibigang Hapones
⑩ kaunting pagkain

b．
① kanyang tatay　　② inyong libro　　③ ating pagkain　　④ kanilang bahay
⑤ aking asawa

3．
① mataas　　② mababa　　③ malayo　　④ malapit　　⑤ mainit
⑥ malamig　　⑦ masaya　　⑧ malungkot　　⑨ mahirap　　⑩ madali

4．
① Mataas ba ang gusali ng ospital?
　 Oo, mataas ang gusali ng ospital.
　 Hindi, hindi mataas ang gusali ng ospital. Mababa ang gusali ng ospital.
② Malayo ba ang eskuwelahan?
　 Oo, malayo ang eskuwelahan.
　 Hindi, hindi malayo ang eskuwelahan. Malapit ang eskuwelahan.
③ Mainit ba ang kape?
　 Oo, mainit ang kape.
　 Hindi, hindi mainit ang kape. Malamig ang kape.
④ Masaya ba ang palabas?
　 Oo, masaya ang palabas.
　 Hindi, hindi masaya ang palabas. Malungkot ang palabas.
⑤ Mahirap ba ang Ingles?
　 Oo, mahirap ang Ingles.
　 Hindi, hindi mahirap ang Ingles. Madali ang Ingles.

5．
① 89　　② 217　　③ 51　　④ 643　　⑤ 26
⑥ animnapu't apat　　⑦ sandaan at dalawa　　⑧ pitumpu't lima
⑨ tatlumpu't walo　　⑩ apatnaraan siyamnapu't siyam

8課

（会話）
ロベルト：博樹，（もう）行こう。遅刻するかもよ。
博樹：　　ベルト，ちょっと待って。パルマ・ホールはどこ？
ロベルト：あそこの赤い建物だ。
博樹：　　一般言語学の教室がどこか知ってる？
ロベルト：えっ，知らないなぁ。
博樹：　　PH-401ってどこか知ってる？
ロベルト：それは4階だよ。各教室には表示がついている。君の授業が終わったら，1階のロビーで会おう。そして一緒に昼食を食べよう。
博樹：　　どこで食べる？
ロベルト：食堂で食べよう。
博樹：　　分かった。じゃあ，後でね。
ロベルト：それじゃ，最初の授業，頑張れよ。
博樹：　　ありがとう。

（練習問題）
1．
① Anong kulay ang labanos?　　　　　　Puti ang labanos.
② Anong kulay ang saging?　　　　　　 Dilaw ang saging.
③ Anong kulay ang mansanas?　　　　　Pula ang mansanas.
④ Anong kulay ang repolyo?　　　　　　Berde ang repolyo.
⑤ Anong kulay ang talong?　　　　　　 Kulay ube ang talong.
⑥ Anong kulay ang uling?　　　　　　　Itim ang uling.
⑦ Anong kulay ang mais?　　　　　　　 Dilaw ang mais.
⑧ Anong kulay ang pipino?　　　　　　 Berde ang pipino.
⑨ Anong kulay ang bandila ng Japan?　　Puti at pula ang（kulay ng）bandila ng Japan.
⑩ Anong kulay ang bandila ng Pilipinas?　Asul, pula, puti at dilaw ang（kulay ng）bandila ng Pilipinas.

2．
① Saan ang restawran?　　　　　Sa Cubao ang restawran.
② Saan ang ospital?　　　　　　Sa Maynila ang ospital.
③ Saan ang sinehan?　　　　　　Sa Makati ang sinehan.
④ Saan ang simbahan?　　　　　Sa Quiapo ang simbahan.
⑤ Saan ang palengke?　　　　　Sa Divisoria ang palengke.

3．a．
① Sino si Manny Pacquiao?　　② Kailan ang kaarawan niya?　　③ Ano ito?
④ Saan ang dormitoryo?　　　　⑤ Bakit siya malungkot?

b．
① Alam mo ba kung sino si Manny Pacquiao?　　② Alam mo ba kung kailan ang kaarawan niya?
③ Alam mo ba kung ano ito?　　　　　　　　　④ Alam mo ba kung saan ang dormitoryo?
⑤ Alam mo ba kung bakit siya malungkot?

4．
① Isa na lang.　　② Siya na lang.　　③ Itong asul na lang.
④ Hindi na lang.（Huwag na lang.）　　⑤ Kape na lang.

9課

（会話）
博樹：　　お腹がぺこぺこだ。
ロベルト：さあ，食堂へ行こう。
（食堂で）
博樹：　　ここは何がおいしいの？
ロベルト：全部おいしいけど，好きな食べ物は何？
博樹：　　魚が好きだけど，いろんなフィリピン料理を試してみたいなぁ。
ロベルト：ご飯におかずの組み合わせか，それとも麺類がいい？
博樹：　　どうしようかな。どっちもいいんだけど。
ロベルト：わかった。ご飯を一杯ずつと，おかずを2種類と，そして麺類を一つ注文して，二人で分けよう。その方が，いろんなものが試せるし。
博樹：　　うん，君に任せるよ。
（店員に）
ロベルト：バグスの揚げ物とメヌードとパンシット・カントン，それにご飯を二つください。
店員：　　飲み物は何にしますか？
ロベルト：水でいいです。
店員：　　会計はレジでお願いします。

（練習問題）
1．a．
① Uhaw na uhaw si Hiroki.　　　　　　　② Masarap na masarap ang adobo.
③ Magandang maganda ang mga bulaklak.　　④ Pagod na pagod ang nanay ko.
⑤ Mainit na mainit ang kape.

b．
① Napakalalim ng dagat.　　　　　　② Napakamura ng saging dito.
③ Napakabait ni Sir Cruz.　　　　　　④ Napakainit nitong sabaw.
⑤ Napakaiksi/Napakaigsi ng buhok niya.

2．
① Ano ang gusto mong pagkaing Pilipino?　　② Ano ang gusto mong inumin?
③ Ano ang gusto mong kulay?　　　　　　　④ Ano ang gusto mong prutas?
⑤ Ano ang gusto mong sport?

3．
① Mahilig ka ba sa matamis?
　　A Oo, mahilig ako sa matamis.　　　　B Hindi ako mahilig sa matamis.
② Mahilig ka ba sa alak?
　　A Oo, mahilig ako sa alak.　　　　　　B Hindi ako mahilig sa alak.
③ Mahilig ka ba sa kape?
　　A Oo, mahilig ako sa kape.　　　　　　B Hindi ako mahilig sa kape.

④ Mahilig ka ba sa boksing?
　A　Oo, mahilig ako sa boksing.　　　　　B　Hindi ako mahilig sa boksing.
⑤ Mahilig ka ba sa karne?
　A　Oo, mahilig ako sa karne.　　　　　　B　Hindi ako mahilig sa karne.

10課
（会話）
博樹：　　UPショッピングセンターは，遠い？
ロベルト：いいや，近いよ。そこで買い物したい？
博樹：　　そこに行くんじゃなかったの？
ロベルト：そこでもいいんだけど，僕はトライノーマに行きたいんだ。
博樹：　　どこに？
ロベルト：トライノーマという大きなモールにだ。ここからだと（乗り物に）一回乗るだけでいいんだ。
博樹：　　それはどの辺？
ロベルト：エドサ通りとノース・アベニューの角。SMシティーのノース・エドサ店もそこから近いんだ。
博樹：　　SMは知っている。ガイドブックに載っているから。
ロベルト：そこもいいんだけど，トライノーマの方がもっといいなぁ。
博樹：　　何か要るものがあるの？
ロベルト：靴を買いたいんだ。僕のは古くなったんで。

（練習問題）
1．
① Gustong mag-shopping ni Nanay.　　　　② Gusto ni Roberto ng bagong sapatos.
③ Gusto mo ba ng kape?　　　　　　　　　④ Gusto niyang bumili ng kompyuter.
⑤ Gusto kong pumunta sa Banaue Rice Terraces.
2．
① まだ食べ物がたくさん残っているけど，私はもうお腹いっぱい（だ）。
② 彼は新しいコンピューターを欲しがっているが，お金がない。
③ ここの食べ物はおいしいが，少し高い。
④ 私はお金を持っているが，少しだけ（だ）。
⑤ フィリピン語は難しいが，私はこれが好き（だ）。
3．a．
① Mas mahaba ang Ilog Cagayan kaysa sa Ilog Pasig.
② Mas matanda si Fe kaysa kay Lita.
③ Mas mababa ang Bundok Taal kaysa sa Bundok Mayon.
④ Mas masipag siya kaysa sa akin.
⑤ Mas malayo ang Davao kaysa sa Cebu.
　b．
① Mas maiksi/maigsi ang Ilog Pasig kaysa sa Ilog Cagayan.
② Mas bata si Lita kaysa kay Fe.
③ Mas mataas ang Bundok Mayon kaysa sa Bundok Taal.
④ Mas tamad ako kaysa sa kanya.
⑤ Mas malapit ang Cebu kaysa sa Davao.
4．
① Kailangan ko ng inumin.
② Kailangan ni Roberto ng relo.
③ Kailangan ni Hiroki ng mapa.
④ Kailangan niya ng kotse.
⑤ Kailangan natin ng exercise.
5．
① Gustong pumunta ni Roberto sa TriNoma.
② Malaking mall ang TriNoma.
③ Alam ni Hiroki ang SM dahil nasa mga guidebook iyon.
④ Gustong pumunta ni Roberto sa TriNoma dahil gusto niyang bumili ng sapatos.

11課
（会話）
ロベルト：ジープニーには乗ったことある？
博樹：　　うん，だけどいつも連れがいるんだ。
ロベルト：どうして？
博樹：　　だって，ジープニーがどこを通るかわからないから。
ロベルト：そのうち慣れるから大丈夫だよ。
博樹：　　そうなればいいんだけど。ここで乗るの？
ロベルト：うん。
（ロベルトと博樹はジープニーに乗る）
（運転手に）ノース・エドサまでの二人分の料金です。
乗客：　　止まってください。
運転手：　ちょっと待ってね。ここは停車できないんだ。
（ジープニーが少し前に進んだのちに，ジープは止まり，乗客は降りた。ロベルトと博樹も降りようとする）
ロベルト：そこで止めてください。
博樹：　　もう着いたの？
ロベルト：うん。
博樹：　　ほんと，近いんだね。
ロベルト：渋滞がなくてよかった。

（練習問題）
1．
① 泳ぐこと　　　　　　　　② 病院で携帯電話を使用すること　③ 博物館で写真を撮ること
④ コンピュータ室で飲むこと　⑤ 図書館で騒ぐこと

2．
① Nasaan ang titser/guro?　　　　　Nasa silid-aralan ang titser/guro.
② Nandito ba ang libro/aklat ko?　　Wala. Nandoon ang libro/aklat mo.
③ Nasaan si Nanay?　　　　　　　 Nasa kusina si Nanay.
④ Nasa kanila ba ang aso?　　　　　Wala. Nasa inyo ang aso.
⑤ Nasaan ang diksyunaryo?　　　　 Nasa aklatan ang diksyunaryo.

3．
① 君が一緒にいてくれてよかった。　　　② 君は体調が回復してよかった。
③ 天気が良くてありがたい。　　　　　　④ お金を持っていてよかった。
⑤ 問題がないのでありがたい。

4．
① Laging may kasama si Hiroki kapag sumasakay ng dyip dahil hindi niya alam kung saan dadaan ang dyip.
② "Para ho" ang sinasabi kapag bababa na sa dyip.
③ Hindi. May iba pang pasahero.

12課
（会話）
博樹：　　わあ，すごい。このモールはこんなに大きかったんだ。
ロベルト：うん，だけどモール・オブ・エイシアにも行ったらいいよ。あそこがフィリピンで一番大きいモールなんだ。
博樹：　　それはどこにあるの？
ロベルト：ここからは遠いけど，空港には近いんだ。
博樹：　　授業がないときに，そこに行ってみたいなぁ。
ロベルト：ところで，何か要るものはあるの？
博樹：　　携帯電話を買いたいんだ。
ロベルト：そうだよね，携帯電話は持たないとね。
博樹：　　うん，だけど靴屋に先に行こう。携帯電話は後で見に行くよ。
（靴屋で）
ロベルト：すみません。この靴の8か8.5サイズはありますか？
店員：　　少々お待ちください。見てみます。8サイズはこちらです。
ロベルト：ちょっと小さいので，8.5の方を試させてください。これはちょうどいい。
店員：　　これでいいですか？

ロベルト：はい。
店員：　　現金（でお支払い）ですか？
ロベルト：はい。

（練習問題）
1．
① Ang mahal ng gusto niyang kotse.　　　　　彼の欲しい車はとても高い。
② Ang higpit ng titser natin.　　　　　　　　私たちの先生はとても厳しい。
③ Ang pula ng mukha mo.　　　　　　　　　君の顔はとても赤い。
④ Ang daming tao sa Jollibee.　　　　　　　ジョリビーは人がとても多い。
⑤ Ang kaunti ng bata sa palaruan.　　　　　運動場は子どもが少ない。
⑥ Ang haba ng pila sa LRT.　　　　　　　　軽量高架鉄道は長蛇の列だ。
⑦ Ang tapang niya.　　　　　　　　　　　　彼はとても勇敢だ／気が強い。
⑧ Ang sakit ng ulo ko.　　　　　　　　　　私は頭がとても痛い。
⑨ Ang lamig sa loob ng sinehan.　　　　　　映画館の中はとても寒い。
⑩ Ang ingay ng mga estudyante.　　　　　　学生たちはとてもうるさい。

2．
① 一生懸命に勉強すべきである　　　　② 野菜を食べるべきである
③ 本当のことを言うべきである　　　　④ 早く寝るべきである
⑤ 税金を払うべきである　　　　　　　⑥ 図書館では騒ぐべきではない
⑦ 深いところでは泳ぐべきでない　　　⑧ 文句を言うべきではない
⑨ 噂を信じるべきではない　　　　　　⑩ 海賊版CDを買うべきではない

3．
① Ano ang pinakamataas na bundok sa buong mundo?
　 Ang Mt. Everest ang pinakamataas na bundok sa buong mundo.
② Ano ang pinakamahabang ilog sa Japan?
　 Ang Ilog Shinano ang pinakamahabang ilog sa Japan.
③ Sino ang pinakamayamang tao sa buong mundo?
　 Si Carlos Slim ang pinakamayamang tao sa buong mundo.
④ Ano ang pinakamabilis na tren sa Japan?
　 Ang *Nozomi* bullet train ang pinakamabilis na tren sa Japan.
⑤ Ano ang pinakamaraming blood type sa Pilipinas?
　 O ang pinakamaraming blood type sa Pilipinas.

4．
① Medyo masakit ang ulo ko.　　　　　　② Medyo gutom ako.
③ Medyo mahal ito.　　　　　　　　　　④ Medyo mahirap ang pagsusulit.
⑤ Medyo mahigpit ang tatay ko.　　　　 ⑥ Medyo maaga ang trabaho ko bukas.
⑦ Medyo basa pa ang buhok ko.　　　　 ⑧ Medyo malamig dito.
⑨ Medyo malungkot ang pelikulang iyon.　⑩ Medyo gusto ko ang maanghang.

5．
① Pinakamalaking mall sa Pilipinas ang Mall of Asia.　② Hindi pumunta sina Hiroki at Roberto sa Mall of Asia.
③ Kailangan niyang bumili ng cellphone sa mall.　　 ④ Size 8 ½ na sapatos ang kinuha ni Roberto.

13課

（会話）
（携帯電話の店で）
店員：　　どんなのをお探しですか？
博樹：　　簡単な機種がいいです。カメラがついてなくても，電話とテキストさえできればいいんですが。
ロベルト：好きなメーカーはある？
博樹：　　特にないけど，ノキアが一番有名だそうだね。
ロベルト：前は，ほとんどみなノキアばかりだった。でも，今はiPhoneやBlackberryなどを使う人も多くなったんだ。
博樹：　　僕は何でもいいけど，高いのは困るな。ここには1年しかいないから。
店員：　　この辺は簡単で安い機種です。これを見てください。
博樹：　　うん。これでいいです。
店員：　　SIMカードはお持ちですか？
博樹：　　それは携帯電話に付いているんじゃないんですか？

店員：	いいえ，好きな電話会社を選べるようになっています。
博樹：	SIMカードは置いていますか？
店員：	はい，ロード用のカードもあります。
博樹：	すぐに使えるように，ロード（用のカード）も買います。

（練習問題）

1．
	①	tumawag	tumatawag	tatawag		②	gumamit	gumagamit	gagamit
	③	pumili	pumipili	pipili		④	bumili	bumibili	bibili
	⑤	umakyat	umaakyat	aakyat		⑥	humiram	humihiram	hihiram
	⑦	kumanta	kumakanta	kakanta		⑧	sumayaw	sumasayaw	sasayaw
	⑨	gumawa	gumagawa	gagawa		⑩	umuwi	umuuwi	uuwi

2．
① Puwede bang uminom dito?　　　　　　② Puwede ka bang kumanta sa party?
③ Hindi puwedeng umupo dito.　　　　　④ Puwedeng umakyat ng Mt. Fuji sa tag-init.
⑤ Puwedeng humiram ng libro sa aklatan ang mga estudyante.

3．
① Kahit saan, basta tahimik.　　　　どこであっても，静かであればいい。
② Kahit mahal, basta malinis.　　　　高くても，清潔であればいい。
③ Kahit ano, basta masarap.　　　　何であっても，おいしければいい。
④ Kahit luma, basta maayos.　　　　古くても，調子が良ければいい。
⑤ Kahit pangit, basta mayaman.　　　醜くても，金持ちであればいい。

4．
① Huwag kang tumawag sa kanya.　　　　② Huwag tayong bumili ng pirated CD.
③ Huwag kang humiram ng libro doon.　　④ Huwag tayong uminom ng alak.
⑤ Huwag kang umuwi sa Pilipinas.

5．
① 私は毎朝牛乳を飲む。　　　　　　　② ノエルは毎日野菜を食べる。
③ 母がさっき電話してきた。　　　　　④ 私は昨日モールでズボンを買った。
⑤ 土曜日に事務所に行ってくれるか？

6．
① Gusto ni Hiroki ng murang cellphone.
② Nokia, iPhone, at Blackberry ang mga kilalang cellphone sa Pilipinas.
③ Gusto ni Hiroki ng cellphone na mura lang dahil isang taon lang naman siya sa Pilipinas.
④ Wala pang SIM card ang cellphone na binibili ni Hiroki para puwede siyang pumili ng gusto niyang phone company.

14課

（会話とテキスト・メッセージ）

ロベルト：	携帯電話番号は何番？
博樹：	0898-652-1147
ロベルト：	保存できるように，今すぐ電話するね。
博樹：	いいよ。
ロベルト：	テキスト・メッセージの送り方は知ってるよね。
博樹：	うん。ベルト，テキストと電話とでは，どっちをよく使う？
ロベルト：	テキスト。君は？
博樹：	僕もメール。
ロベルト：	メールってどういうこと？
博樹：	日本では，テキストのことを「メール」って言うんだ。
ロベルト：	そうなの？フィリピンでは携帯はテキストで，コンピューターがメールだ。

（テキスト・メッセージのやり取り）
（ロベルト）どこにいるの？
（博樹）　　学校
（ロベルト）後で映画を観ないか？
（博樹）　　いいよ

〈テキスト・メッセージ：サンプル〉
A：グレイスと一緒にいる？
B：いいや，デートがあるんだって。どうして？
A：彼女，電話に出てくれないから。
B：当たり前だよ。デートだもん。
A：スタバで待ってもいい？
B：いいよ。10分で着く。
(練習問題)
1．
① magbayad   nagbayad   nagbabayad   magbabayad   ② magsulat   nagsulat   nagsusulat   magsusulat
③ mag-ingat   nag-ingat   nag-iingat   mag-iingat   ④ maglaba   naglaba   naglalaba   maglalaba
⑤ maghugas   naghugas   naghuhugas   maghuhugas   ⑥ magtanong   nagtanong   nagtatanong   magtatanong
⑦ mag-isip   nag-isip   nag-iisip   mag-iisip   ⑧ magdasal   nagdasal   nagdarasal   magdarasal
⑨ magsabi   nagsabi   nagsasabi   magsasabi   ⑩ magdala   nagdala   nagdadala   magdadala
2．
① 後で君に電話するね。　② 僕にメールをちょうだいね。　③ 飲み物を持ってきてね。
④ 明日練習しようね。　⑤ （君たちは）気をつけてね。
3．
① Marunong ka bang mag-Ingles?　② Marunong gumamit ng kompyuter si Danilo.
③ Hindi ako marunong magluto.　④ Marunong siyang sumayaw.
⑤ Marunong mag-piano ang nanay ni Roberto.
4．
① Pareho lang ang text sa Pilipinas at mail sa Japan.　② Oo, gumagamit ng shortcut sa text, pero kaunti lang.
③ Gumagamit ng shortcut ang mga nagte-text dahil mas madali ito at mas matipid.

15課
(会話)
博樹：　　　昨日の台風はすごかったね。
ロベルト：シグナル3だからね。エドサ通りも水に浸かったらしいよ。
博樹：　　　それは新聞で見た。寮は停電になったんだよ。
ロベルト：本当？
博樹：　　　もう夜だったんで，急に電気が消えて，びっくりしたよ。今は，台風のシーズン？
ロベルト：うん，7月から10月にかけて雨季だから台風が多いんだ。
博樹：　　　フィリピンは，雨季と乾季があるんだよね。
ロベルト：そのとおり。
博樹：　　　どっちが蒸し暑いの？
ロベルト：乾季の方が蒸し暑いけど，雨季でもときどき蒸し暑くなるんだ。特に，雨が降る前や台風が来る前はね。
(練習問題)
1．
① Walang pasok ang eskuwelahan ngayon dahil sa bagyo.
② Nagdala ako ng payong dahil uulan daw sa hapon.
③ Gutom ako dahil hindi ako kumain ng almusal.
④ May tubig pa sa kalye dahil sa baha.
⑤ Nag-aaral ako dahil may pagsusulit (ako) bukas.
2．
① Anong buwan ang Pasko?　　　　　　　　　　　Disyembre ang Pasko.
② Anong buwan ang simula ng taglamig?　　　　　Nobyembre ang simula ng taglamig.
③ Anong buwan ang pinakamainit sa Pilipinas?　　Abril ang pinakamainit sa Pilipinas.
④ Anong buwan ang pinakamalamig sa Japan?　　Enero ang pinakamalamig sa Japan.
⑤ Anong buwan ang kaarawan mo?　　　　　　　_____ ang kaarawan ko.
3．
① 食事の前には手を洗う必要がある。　② 私は雨が降る前に洗濯をした。
③ 返事・回答・解答する前によく考えろ。　④ 彼はカメラを買う前にいろいろな店に行ってみた。
⑤ 子どもたちは寝る前にお祈りをする。

4．
① Oo, malakas ang bagyo kahapon.　　　② Bumaha at nag-brownout dahil sa bagyo.
③ Magkaiba ang mga buwan ng tag-ulan sa Pilipinas at Japan.

16課
（会話）
ロベルト：　博樹，カトリーナは知ってる？
博樹：　　うん，クルス先生の授業で知り合ったんだ。
カトリーナ：日本人の友達がいるんだけど，佐藤美香って知ってる？
博樹：　　うん。大阪大学のクラスメートだ。彼女は今月フィリピンに来るんだよね？
カトリーナ：そう。私のうちに住むことになっている。
ロベルト：　いつ来る（着く）の？
カトリーナ：土曜日（に来る）。彼女が来たら，ちょっとした（歓迎）会をするつもり。
ロベルト：　歓迎会？僕たちも参加していい？
カトリーナ：うん。日曜日は空いてる？
博樹：　　何時？
カトリーナ：パーティーは6時頃から。
ロベルト：　うちのミサは5時半までなので，後から行く。教会を出たら，テキストするよ。
博樹：　　僕は，一日中暇だけど，（準備の）手伝いをしようか？
カトリーナ：いいよ（＝要らない）。私たちに任せて。

（練習問題）
1．
① Anong araw ang party kina Katrina?　　　Linggo ang party kina Katrina.
② Anong araw darating si Mika?　　　Sa Sabado darating si Mika.
③ Anong araw walang trabaho ang tatay mo?　　　Sa Sabado at Linggo walang trabaho ang tatay ko.
④ Anong araw tayo kakain sa labas?　　　Sa Biyernes tayo kakain sa labas.
⑤ Anong araw kayo magkikita?　　　Sa Martes kami magkikita.
2．
① 私はジープニー乗ったときすぐに料金を払った。　　② 君がカメラを買うときには僕も買いたい。
③ 私が彼女に電話したとき男性が出た。　　④ 辛い物を食べたとき彼・彼女はお腹が痛くなった。
⑤ 衣類を洗濯したとき急に雨が降ってきた。
3．
① Anong oras ang handaan?　　　Mga alas sais ang handaan.
② Anong oras ang klase mo ng Filipino?　　　Alas nuwebe ang klase ko ng Filipino.
③ Anong oras ang tanghalian ngayon?　　　Alas dose ang tanghalian ngayon.
④ Anong oras ang pelikula?　　　Alas siyete ang pelikula.
⑤ Anong oras ang trabaho mo?　　　Alas otso ang trabaho ko.
4．
① Bumili siya ng kompyuter kaya wala na siyang pera.
② Nag-aaral nang mabuti si Hiroki kaya magaling siyang mag-Filipino.
③ Maganda siya kaya marami siyang manliligaw.
④ May trabaho si Nanay kaya pagod siya.
⑤ Malapit ang kaarawan nina Roberto at Danilo kaya sabay silang nag-party.
5．
① Kilala ni Hiroki si Katrina dahil nagkakilala sila sa klase ni Sir Cruz.
② Kilala niya si Mika dahil kaklase niya ito sa Osaka University.
③ Titira si Mika sa bahay nina Katrina.
④ Maghahanda ng welcome party sina Katrina para sa pagdating ni Mika.
⑤ Sa simbahan galing si Roberto bago pumunta sa handaan para kay Mika.

17課
（会話）
カトリーナ：博樹，来てくれてありがとう。
博樹：　　こちらこそ，招待してくれてありがとう。
カトリーナ：入って。美香は居間にいる。

11

博樹：　　　　ベルトは？
カトリーナ：まだ来てないけど，たぶんもうすぐ来ると思う。
（博樹は居間に行く）
博樹：　　　　あっ，美香，元気？飛行機（旅）はどうだった？
美香：　　　　元気？来てたんだ。（飛行機は）快適だった。今どこに住んでるの？
博樹：　　　　キャンパス内の寮。
カトリーナ：博樹はフィリピン語が上手になったわよ。
博樹：　　　　そうでもないよ。先生も大学で知り合った人もみんな親切で助けてくれるんだ。
（ロベルトが到着）
ロベルト：　　博樹！
博樹：　　　　あっ，ベルト。美香，こちらがベルトだ。こちらは，美香だ。
美香：　　　　あなたについて，カトリーナからたくさん話を聞いてるよ。
ロベルト：　　本当？悪いこと言ってなければいいんだけど。
美香：　　　　（あなたは）とても親切で，一緒にいると楽しいって。

（練習問題）
1．
① nakabukas　　開いている　　　　　　② nakasara　　　閉まっている
③ nakapula　　　赤い服を着ている　　　④ nakakurbata　ネクタイをしている
⑤ nakasulat　　書いてある　　　　　　⑥ nakadikit　　貼ってある
⑦ nakalagay　　置いてある　　　　　　⑧ nakahinto　　止まっている
⑨ nakatago　　　隠れている　　　　　　⑩ nakangiti　　微笑んでいる

2．
① magagaling　② masasaya　③ matitigas　④ mahihirap　⑤ mababagal
⑥ malalakas　⑦ matatalino　⑧ makukulit　⑨ masisipag　⑩ maiinit

3．
① Ang galing-galing nang magsalita ng Filipino ni Hiroki.
② Ang saya-saya ng party.
③ Ang tigas-tigas ng ulo ng bata.
④ Ang hirap-hirap ng pagsusulit sa Ingles.
⑤ Ang bagal-bagal ng takbo ng bus dahil may trapik sa EDSA.
⑥ Ang lakas-lakas ng ulan.
⑦ Ang tali-talino ng mga estudyante sa UP.
⑧ Ang kulit-kulit ng pamangkin ko.
⑨ Ang tamad-tamad ni Pedro, pero mas tamad pa rin si Juan.
⑩ Ang luma-luma na ng kotse niya at sira pa ang aircon.

4．
① フェが来てくれてよかった。　　　　　② 雨が弱くて幸いだ。
③ 私たちはケソン市に住んでいる。　　　④ 私が到着したとき教室のドアは閉まっていた。
⑤ 僕は学校に行くときスリッパを履いたままだ。

5．
① Unang dumating si Mika. (Si Mika ang unang dumating.)
② Naging magaling magsalita si Hiroki ng Filipino dahil mababait ang mga titser at nakilala niya sa eskuwelahan at tinutulungan siya ng mga ito.
③ Si Katrina ang nagsabi na mabait at masayang kasama si Roberto.

18課
（会話）
美香：　　　　このアドボ，なんておいしいんでしょう。
サントス夫人：ありがとう。
美香：　　　　料理がお上手なんですね。
サントス夫人：料理が好きなだけよ。
美香：　　　　（料理を）教えてもらえませんか？
サントス夫人：もちろんいいわよ。いつがいい？
美香：　　　　明後日は大丈夫ですか？
サントス夫人：いいわよ。ピナクベットを作りましょう。

美香：　　　　わぁー！楽しみです。
カトリーナ：　美香，これ，食べたことある？
美香：　　　　それはいったい何？
カトリーナ：　ジャックフルーツよ。
美香：　　　　まだのような気がする。
カトリーナ：　ほら，食べて（味見して）みて。
美香：　　　　うんうん，これ食べたことある。ハロハロの中身として（中に入っていた）。
カトリーナ：　うん，たしかにハロハロにはジャックフルーツがよく入っている。それじゃあ，ドリアンは食べる？
美香：　　　　ドリアンは好きじゃない。匂いがきついから。
カトリーナ：　私はドリアンが大好き。

（練習問題）
1．
① 私の祖母はゆっくりしゃべる。　　　　　② その運転手はやや慎重に運転する。
③ フアンは真面目に勉強しない。　　　　　④ テレサの子どもは小食である。
⑤ カトリーナは料理を怠けている。

2．
① Mahilig magluto ng keyk ang nanay ni Katrina.　　② Mahilig ka bang mag-golf?
③ Hindi mahilig maglaro ng chess ang mga Hapones.　④ Mahilig manood ng sine ang mga Pilipino.
⑤ Medyo mahilig siyang uminom ng alak.

3．
① makainom　　　　nakainom　　　　nakakainom / nakaiinom　　　　makakainom / makaiinom
② makauwi　　　　nakauwi　　　　　nakakauwi / nakauuwi　　　　　makakauwi / makauuwi
③ makatulong　　　nakatulong　　　　nakakatulong / nakatutulong　　makakatulong / makatutulong
④ makasali　　　　nakasali　　　　　nakakasali / nakasasali　　　　　makakasali / makasasali
⑤ makadalaw　　　nakadalaw　　　　nakakadalaw / nakadadalaw　　　makakadalaw / makadadalaw
⑥ makapagluto　　 nakapagluto　　　 nakapagluto / nakapagluluto　　　makapagluto / makapagluluto
⑦ makapagsalita　　nakapagsalita　　 nakapagsalita / nakapagsasalita　 makapagsalita / makapagsasalita
⑧ makapagtrabaho　nakapagtrabaho
　　　　　　　　　　　　　　　　 nakapagtrabaho / nakapagtatrabaho　makakapagtrabaho / makapagtatrabaho
⑨ makapagbayad　　nakapagbayad
　　　　　　　　　　　　　　　　 nakapagbayad / nakapagbabayad　　 makapagbayad / makapagbabayad
⑩ makapagmaneho　nakapagmaneho
　　　　　　　　　　　　　　　　 nakapagmaneho / nakapagmamaneho　makapagmaneho / makapagmamaneho

4．
① Nakakapagsalita/Nakapagsasalita ng Filipino si Hiroki.
② Walang oras si Roberto kaya hindi siya masyadong nakapag-aral.
③ Makakatulong/Makatutulong kaya si Mika sa atin?
④ Makakadalaw/Makadadalaw ka ba sa ospital bukas?
⑤ Hindi nakapagbayad ng matrikula ang nanay, kaya
⑥ hindi siya nakapasok sa eskuwelahan.

5．
① Si Mrs. Santos ang nagluto ng adobo.
② Hiling ni Mika kay Mrs. Santos na turuan siyang magluto ng adobo.
③ Ayaw ni Mika ng durian dahil matapang ang amoy nito.

19課

（会話）
サントス夫人：今日は，ピナクベットを作りましょう。材料は，ここね。美香，玉ねぎを刻んでくれる？
美香：　　　　はい。
サントス夫人：上手ね。カトリーナより上手だわ。
（美香が玉ねぎを刻み終わって）
美香：　　　　玉ねぎを切り終わりました。
サントス夫人：じゃあ次はエビをむいてちょうだい。
美香：　　　　はい。このオクラは大きいですね。
サントス夫人：そう？このオクラは小さい方よ。

美香：　　　　日本のオクラより大きいです。このナスも（日本のより）長い。でも，このニンニクは日本のニンニクより小さいです。
サントス夫人：大きいニンニクもあるけど，小さいニンニクの方がおいしいわよ。

（ピナクベットの料理法：サンプル）
［材料］
　ニンニク　　　　　3片　　　　　　　　　水　　　　　　　1カップ
　しょうが　　大さじ1杯　　　　　　　　かぼちゃ　250グラム
　玉ねぎ　　　　　1個　　　　　　　　　にがうり　　　　1個
　トマト（大）　　3個　　　　　　　　　なす（大）　　　1個
　豚肉　　　　250グラム　　　　　　　　オクラ　　　6〜8個
　バゴオン（小エビで作ったペースト状の塩辛）　　十六ささげ　　1束
　　　　　　　小さじ4杯

［準備］
1. ニンニクとしょうがをすり潰す。玉ねぎを刻む。
2. エビの皮を剥く。
3. にがうりを真ん中で切って種をとる。
4. 炒め用のトマトと豚肉を切る。
5. 食べやすいようにその他の材料を切る。

［料理］
1. フライパンに油を入れ，温める。
2. 油が熱くなったらニンニク，しょうが，玉ねぎ，トマトの順に炒める。
3. 豚肉を加え，よく火を通す。
4. バゴオンを入れ，混ぜる。バゴオンに火が通ったら，水を加え，豚肉が柔らかくなるよう，10分から15分ほどフライパンに蓋をする。
5. かぼちゃを入れ，柔らかくする。
6. その他の野菜（にがうり，なす，オクラ，十六ささげ）を入れる。すべての野菜を混ぜ，火が通るまでそのままにしておく。

（練習問題）
1．
① tadtarin　　tinadtad　　tinatadtad　　tatadtarin
② dalawin　　dinalaw　　dinadalaw　　dadalawin
③ sabihin　　sinabi　　sinasabi　　sasabihin
④ antukin　　inantok　　inaantok　　aantukin
⑤ panoorin　　pinanood　　pinapanood　　papanoorin
⑥ aminin　　inamin　　inaamin　　aaminin
⑦ basahin　　binasa　　binabasa　　babasahin
⑧ ayusin　　inayos　　inaayos　　aayusin
⑨ batiin　　binati　　binabati　　babatiin
⑩ hintayin　　hinintay　　hinihintay　　hihintayin

2．
① Tinadtad ni Katrina ang sibuyas.　　　　② Sinasabi ng bata ang totoo.
③ Babasahin ni Hiroki ang tula sa programa.　　④ Panoorin natin ang laban ni Pacquiao.
⑤ Kinain niya ang luto kong pansit.

3．
① 「バーハイ・クボ」を歌おう。　　② 何を食べるつもり？　　③ ちょっと待って。
④ 彼は君に挨拶してくれた？　　⑤ 私はまだ眠いので出たく・行きたくない。

4．
① Itinuro ni Mrs. Santos ang pagluluto ng pinakbet kay Mika.
② Sibuyas, hipon, okra, talong at bawang ang mga sangkap na nabanggit sa diyalogo.
③ Tadtarin ang sibuyas at balatan ang hipon ang mga iniutos ni Mrs. Santos kay Mika.

20課
（会話）
美香：　　　ベルト，学校がないときは何をしているの？

ロベルト：	ちょっと勉強したり，ネットしたり，ときどきカラオケをしたりする。君は？			
美香：	私はカトリーナのお母さんと一緒に料理を作ったり，カトリーナとおしゃべりしたり，二人で出かけたりする。			
ロベルト：	（二人で）どこへ行ったりするの？			
美香：	外食したり，買い物したり，または映画を観たりもする。			
ロベルト：	どんな映画が好き？			
美香：	二人ともアクションものやホラー（恐いの）は嫌い。ロマンチック・コメディーが好きなの。			
ロベルト：	フィリピン映画も観たりする？			
美香：	ときどきね。言っていることは全部分かるわけじゃないけどね。			
ロベルト：	一度，一緒にフィリピン映画を観に行こうよ。君が分かるように，僕が話を解説してあげる。			
美香：	（ほかに）用がなければね。			

（練習問題）

1．
① mamalengke　　namalengke　　namamalengke　　mamamalengke
② manahi　　　　nanahi　　　　nananahi　　　　mananahi
③ manggamot　　nanggamot　　nanggagamot　　manggagamot
④ manigarilyo　　nanigarilyo　　naninigarilyo　　maninigarilyo
⑤ mangisda　　　nangisda　　　nangingisda　　　mangingisda

2．
① makinig　　　nakinig　　　nakikinig　　　makikinig
② maniwala　　naniwala　　naniniwala　　maniniwala
③ mangako　　nangako　　nangangako　　mangangako
④ manalo　　　nanalo　　　nananalo　　　mananalo
⑤ makiusap　　nakiusap　　nakikiusap　　makikiusap

3．
① Nag-abroad ang nanay para makapag-aral ka.　② Nagtatrabaho ako para makabili (bumili) ng kotse.
③ Nagsisikap ang tatay para makakain tayo araw-araw.　④ Nagpraktis sila para manalo.
⑤ Kailangan ng bangka para mangisda.

4．
① Gumigising ako nang alas siyete.　② Natutulog ako nang alas onse.
③ Naliligo ako nang alas nuwebe y medya.　④ Nag-aaral ako ng Filipino.
⑤ Nakikinig ako ng musika.　⑥ Nagbabasa ako ng diyaryo tuwing umaga.
⑦ Nagtatrabaho (Pumapasok ako sa eskuwelahan) mula Lunes hanggang Biyernes.
⑧ Namamasyal ako at nagsha-shopping (namimili) kapag Sabado.
⑨ Nagsisimba ako (Pumupunta ako sa simbahan) kapag Linggo.
⑩ Nanonood ako ng TV o DVD paminsan-minsan.

5．
① Nag-aaral, nag-iinternet at nagkakaraoke si Roberto kapag walang pasok.
② Kumakain, nagsha-shopping o nanonood ng sine sina Mika at Katrina kapag namamasyal.
③ Oo, nanonood din si Mika ng pelikulang Pilipino. Pero minsan lang.
④ Hindi masyadong nanonood si Mika ng pelikulang Pilipino dahil hindi niya maintindihan ang lahat ng sinasabi.
⑤ Gusto/Ayaw kong panoorin ang pelikulang (nakakatawa, nakakaiyak, nakakatakot, nakakakilig, kapana-panabik).

21課

（会話）

博樹：	ベルト，昨日はどこにいた？メールしたけど，返事をくれなかったから。
ロベルト：	あっ，ごめんね。いとこのピアノ・リサイタルがあって，母と一緒に観に行ってたんだ。それで，携帯電話の電源を切って，また入れるのを忘れたんだ。
博樹：	残念。宿題を手伝ってもらいたかったんだけどなぁ。
ロベルト：	ごめん。それで，どうしたの？
博樹：	ダニロに手伝ってもらった。（宿題は）簡単だったけど，答えが正しいか確認したかったんだ。
ロベルト：	ダニロの家に行ったの？
博樹：	いいや。彼が学校にいたので，食堂で会った。おやつ（スナック）までご馳走してくれたんだ。
ロベルト：	あいつは，本当にそういうやつなんだよ。
博樹：	申し訳なくて。だって，僕の方が頼んで手伝ってもらったのに，ご馳走までしてもらうなんて。

ロベルト：どうってことないよ。今度は君がお返ししたらいいだけさ。
博樹：　　うん，それで，彼に日本語を教えることになったんだ。アニメの言葉が理解できるようになりたいんだって。
ロベルト：まったく。ダニロは本当にアニメには目がないんだから。

（練習問題）

1．

① tulungan	tinulungan	tinutulungan	tutulungan
② puntahan	pinuntahan	pinupuntahan	pupuntahan
③ kuwentuhan	kinuwentuhan	kinukuwentuhan	kukuwentuhan
④ paniwalaan	pinaniwalaan	pinaniniwalaan	paniniwalaan
⑤ sulatan	sinulatan	sinusulatan	susulatan
⑥ sabihan	sinabihan	sinasabihan	sasabihan
⑦ bayaran	binayaran	binabayaran	babayaran
⑧ bigyan	binigyan	binibigyan	bibigyan
⑨ kunan	kinunan	kinukunan	kukunan
⑩ pakinggan	pinakinggan	pinapakinggan	papakinggan

2．
① Kumain ako ng adobo kahapon.　　② Uminom din ako ng Coke.
③ Pumunta ako sa eskuwelahan.（Hindi ako umalis ng bahay.）
④ Nanood ako ng news sa TV.　　⑤ Naglaba ako ng maruming damit.
⑥ Tinulungan kong magluto ang nanay.　　⑦ Gumawa ako ng takdang aralin.
⑧ Hindi ako nagbasa ng libro.　　⑨ Nag-text ako sa kaibigan ko.
⑩ Nagtrabaho ako sa opisina.（Nag-aral ako sa eskuwelahan.）

3．
① 学生は毎月部屋代を1000ペソ払っている。
② セリアとテレサは入院中のクラスメートのところに行った。
③ ノエルの新しい自転車を見てみよう。
④ ロウェルの携帯に電話しなさい。
⑤ 私は毎年新年には親戚に手紙を書く。
⑥ 医師たちは地震の被害者を支援していく予定だ。

4．
① Nag-text si Hiroki kay Roberto kahapon dahil gusto sana niyang magpatulong sa homework.
② Hindi nakasagot si Roberto sa text ni Hiroki dahil pinatay niya ang cellphone niya at nakalimutang i-on ulit.
③ Nahihiya si Hiroki kay Danilo dahil siya na nga ang nagpatulong, nilibre pa siya ni Danilo.
④ Tuturuan ni Hiroki si Danilo ng Nihongo para makabawi.

22課

（会話）
ロベルト：美香，明日何かすることあるの？
美香：　　特にないけど，どうして？
博樹：　　僕ら二人でバタンガスのアニラオに行くんだけど，一緒に行かない？
美香：　　うん。行きたい。カトリーナも誘っていい？
ロベルト：もちろんだよ。（多ければ）多い方が楽しいからね。
美香：　　ちょっと待って。（カトリーナに電話する）カトリーナも大丈夫だって。そこ，スキューバダイビングもできる？
ロベルト：うん，できるよ。
博樹：　　僕は，スキューバできないんだ。
ロベルト：スキューバなら，プエルト・ガレラかエル・ニドがいいと思うよ。だから，明日は，ボートに乗ったり，泳いだりしよう！
美香：　　分かった。ところで，そこには，どうやって行くの？
ロベルト：兄の車を借りて，僕が運転して行くよ。
美香：　　迎えに来てくれるの？それとも，私たちがあなたの家に行くの？
ロベルト：迎えに行くよ。博樹は7時，美香たちは7時半頃ね。
博樹：　　家を出る前に電話してくれる？
ロベルト：いいよ。君を迎えに来たら，今度は美香に電話しよう。

美香：　　　それじゃ待ってるね。
(練習問題)
1．
① May pupuntahan ka ba ngayon?
② May gusto akong sabihin sa iyo.
③ Parang may hinihintay siya.
④ Maraming utang na kailangang bayaran si Nanay.
⑤ May pinapakinggan siyang programa sa radyo.
⑥ Walang kakainin ang mga mahihirap.
⑦ Maraming iniinom na gamot si Tatay.
⑧ Wala silang pinapaniwalaan.
⑨ May tinatawagan si Roberto.
⑩ May gusto ka bang itanong sa titser?

2．
① 近ければ近いほど良い。
② 遅ければ遅いほど長くかかる。
③ 小さければ小さいほど味が濃い。
④ 慎重であればあるほど良い。
⑤ 短ければ短いほど簡単（速い）である。

3．a．
① Kung ayaw mo, huwag kang sumama.
② Kung may oras ka, tawagan mo ako.
③ Kung may gusto kang sabihin, sabihin mo agad.
④ Kung hindi ka pupunta, hindi rin ako pupunta.
⑤ Kung kailangan mo ng kaibigan, nandito ako.

b．
① マニラに着いたら，母親に手紙を書きなさい。
② 私たちのチームが勝ったら，パーティーをしよう。
③ 彼は漁に出るときは早く出かける。
④ 買い物するときはいくら持って行くの？
⑤ 病気のときどうしているの？

4．
① Paano ka pumapasok sa eskuwelahan (trabaho)?
② Paano sabihin ang "Mahal kita" sa Nihongo?
③ Paano ko hihiwain ang kalabasa?
④ Paano tayo bibili ng bigas?
⑤ Paano nanligaw sa iyo ang asawa mo?

5．
① Pupunta si Hiroki sa Anilao sa Batangas.
② Kasama ni Hiroki sina Roberto.
③ Ang Anilao ay isang beach o resort.
④ Puwedeng lumangoy, mag-scuba diving, at sumakay ng bangka sa Anilao.
⑤ Magmamaneho si Roberto papunta sa Anilao.
⑥ Sina Roberto, Hiroki, Mika at Katrina ang mga kasama sa biyahe.

23課
(会話)
カトリーナ：迎えに来てくれてありがとう。
ロベルト：　そんなの何でもないよ。
カトリーナ：これはあなたの車？
ロベルト：　いいや，兄のだ。今日（のために）借りたんだ。
博樹：　　　運転には気をつけてくれよ。
ロベルト：　もちろん。僕はいつも安全運転だよ。
カトリーナ：運よく道は込んでないね。マニラはよく渋滞するから。
(博樹はトライシクルを指して)
博樹：　　　あれは，トライシクルだよね。
(トライシクルに似た乗り物を指して)
　　　　　　（じゃあ）あれもトライシクル？
カトリーナ：いいえ，あれはペディキャブ。トライシクルはバイク，ペディキャブは自転車だよ。でも，どっちもお客さんをサイドカーに乗せるの。
博樹：　　　一度トライシクルに乗ってみたいな。
美香：　　　私はカレッサ（に乗りたいなぁ）。
博樹：　　　あれは観光客用でしょう？僕は観光客じゃないから，やっぱりトライシクルがいいな。
カトリーナ：観光客用のカレッサがあるけど，一般の乗客用もあるのよ。
(練習問題)
1．
① pagpili　② pagsagot　③ pagkanta　④ paggawa　⑤ pagtatrabaho
⑥ pagsisikap　⑦ paglalaba　⑧ paglilinis　⑨ paniniwala　⑩ pakikinig

2．
① isulat　　　　isinulat　　　　isinusulat　　　isusulat
② itanong　　　itinanong　　　itinatanong　　itatanong
③ isauli　　　　isinauli　　　　isinasauli　　　isasauli
④ itago　　　　itinago　　　　itinatago　　　itatago
⑤ ituro　　　　itinuro　　　　itinuturo　　　ituturo
⑥ ipadala　　　ipinadala　　　ipinapadala　　ipapadala
⑦ ipakita　　　ipinakita　　　ipinapakita　　ipapakita
⑧ ilagay　　　　inilagay　　　　inilalagay　　　ilalagay
⑨ isara　　　　isinara　　　　isinasara　　　isasara
⑩ idikit　　　　idinikit　　　　idinidikit　　　ididikit

3．
① isinasara　　　② inilalagay　　　③ itatago　　　④ isauli　　　⑤ Itatanong
⑥ ipapakita　　　⑦ itinuro　　　　⑧ Ipinapadala　⑨ idinikit　　⑩ Isulat

4．
① 協会（団体）に支援をしよう。　　　　② 彼は自分の自転車を売却した。
③ 私たちは火曜日と金曜日にごみを捨てる。　④ 僕はその事故のことを警察に通報するつもりだ。
⑤ それらの椅子を右に移動させなさい。　　⑥ ロベルトはその本を図書館に返却した。

5．
① Si Roberto ang sumundo kay Katrina.
② Ipinaalala ni Hiroki kay Roberto na mag-ingat sa pagmamaneho.
③ Nakita ni Hiroki ang traysikel at pedicab.
④ Ang traysikel, motorsiklo; ang pedicab naman, bisikleta.
⑤ Gusto ni Mika ang kalesa.

24課

（会話）
ロベルト：顔色悪いみたいだね。具合でも悪いの？
博樹：　　お腹が痛いんだ。
ロベルト：病院か（学校の）保健室に行った方がいいよ。ついて行ってあげる。
博樹：　　ありがとう。
（保健室で）
医者：　　どうしたんですか？
博樹：　　お腹が痛いんです。それに少し下痢気味です。
医者：　　吐いたりしますか？
博樹：　　いいえ。
（診察後）
医者：　　食あたりですね。処方箋を出します。（博樹に処方箋を渡す）薬局に行ってこれを買ってください。
博樹：　　はい（わかりました）。
ロベルト：普通，病院は薬を出さないから，薬局で買うんだ。薬を買うときは，処方箋が必要だけど，頭痛薬のような普通の薬は，処方箋が要らないんだ。
博樹：　　それは日本と同じだ。
ロベルト：僕が薬を買ってくるから，休んでいいよ。
博樹：　　どうもありがとう。

（練習問題）
1．
① 日本とフィリピンではどちらが大きいの？　　② コーヒーとお茶，どっちがいい？
③ 私はフィリピンの家族にメールするか電話している。④ 彼女は風邪を引いているか熱があるみたいだ。
⑤ 博樹は学校に行くのに歩くかジープニーに乗る。

2．
① Mag-inuman tayo pagkatapos ng trabaho.　　② Nanonood ako ng TV pagkatapos mag-aral.
③ Inumin mo ito pagkatapos ng hapunan.　　　④ Umuwi kami pagkatapos magsalita ng titser.
⑤ Aalis ako pagkatapos ng isang oras.

3．
① Masakit ang tiyan ni Hiroki.

② May masamang nakain si Hiroki kaya sumakit ang tiyan niya.
③ Nakasulat sa reseta ang gamot na dapat bilhin.
④ Hindi, hindi kailangan ng reseta sa pagbili ng lahat ng gamot. Hindi kailangan ng reseta sa pagbili ng mga karaniwang gamot.

25課
(会話)
カトリーナ：美容院に行くんだけど，一緒に来る？
美香：　　切ったばかりだけど，マニラの美容院は見てみたいなぁ。
カトリーナ：それだったら，ついてきて（一緒に来て）。
(美容院で)
美容師：　　ご希望のスタイルはありますか？カットですか，パーマですか？
カトリーナ：カット（トリムカット）だけでいいです。
美容師：　　どのくらい切りますか？
カトリーナ：4インチ（約10センチ）ぐらい切ってください。
美容師：　　前髪はどうしますか？
カトリーナ：伸ばしているので，揃えるだけにしてください。
美容師：　　マニキュアはどうですか？　一緒にできますが。
カトリーナ：いいえ，カットだけにします。美香，マニキュアしてもらう？
美香：　　できますか？
美容師：　　はい。ここで。
(カットが終了して)
美容師：　　これでよろしいですか？
カトリーナ：右の方に長い髪が残っていますよ。
美容師：　　わかりました，直します。
カトリーナ：これで揃ったわ。
(カトリーナの髪型を見て)
美香：　　大分切ってもらったのね！でも，素敵。似合ってる。
カトリーナ：ありがとう。爪，可愛いね。次は，私もそのようにしてもらおう。

(練習問題)
1．
① kakakain　　kakakain
② kakainom　　kaiinom
③ kakapunta　　kapupunta
④ kakabukas　　kabubukas
⑤ kakasuweldo　kasusuweldo
⑥ Busog pa ako kasi kakakain ko pa lang.
⑦ Kaiinom/Kaiinom lang ni Tatay ng gamot.
⑧ Kapupunta/Kapupunta lang ni Mika sa beauty parlor kahapon.
⑨ Kakabukas/Kabubukas lang ng tindahang iyon.
⑩ Kakasuweldo/Kasusuweldo lang niya pero wala na siyang pera.

2．a．
① magpaturo　　nagpaturo　　nagpapaturo　　magpapaturo
② magpabili　　nagpabili　　nagpapabili　　magpapabili
③ magpasama　　nagpasama　　nagpapasama　　magpapasama
④ magpagamot　　nagpagamot　　nagpapagamot　　magpapagamot
⑤ magpamasahe　nagpamasahe　nagpapamasahe　magpapamasahe

b．
① Magpapasama si Hiroki kay Roberto sa ospital.
② Nagpapabili si Nanay ng gulay.
③ Nagpaturo siya ng sayaw.
④ May alam ka bang lugar kung saan puwedeng magpamasahe?
⑤ Nagpagamot ang lolo ko sa kilalang doktor.

3．a．
① ipasulat　　ipinasulat　　ipinapasulat / ipinasusulat　　ipapasulat / ipasusulat
② ipabili　　ipinabili　　ipinapabili / ipinabibili　　ipapabili / ipabibili
③ ipainom　　ipinainom　　ipinapainom / ipinaiinom　　ipapainom / ipaiinom
④ ipakain　　ipinakain　　ipinapakain / ipinakakain　　ipapakain / ipakakain

⑤ ipatahi　　ipinatahi　　ipinapatahi / ipinatatahi　　　ipapatahi / ipatatahi
b.
① Ipakain mo ang karneng iyan sa aso.
② Ipinatahi ni Katrina ang damit para sa party.
③ Ipinapainom/Ipinaiinom ng nars ang gamot sa pasyente.
④ Ipinasulat sa kanya ng pulis ang pangalan at telepono niya.
⑤ Ipinabili sa akin ni Nanay ang murang gulay.
4．
① 先生に聞いてください。　　　　　　② ピザを切ってください。
③ ロベルトを起こしてください。　　　④ にんにくを叩き潰してください。
⑤ 市場までついて来てください。
5．
① Hindi gustong magpagupit ng buhok ni Mika dahil kakapagupit lang niya.
② Puwedeng magpagupit, magpakulot at magpa-manicure sa beauty parlor.
③ Nagpa-manicure si Mika.

26課
（会話）
ロベルト：博樹，兄が結婚することになったんだ。
博樹：　　おめでとう。
ロベルト：会社の同僚と結婚するんだ。きれいな女性だよ。
博樹：　　でも，どうして悲しそうにしてるの？
ロベルト：彼女のことが好きだったんだよ。兄がうらやましい。
博樹：　　女性はほかにもたくさんいるよ。君にもいい人が見つかるって。結婚式はいつ？
ロベルト：9月にサン・アグスチン教会で。式の後，マニラホテルで披露宴するんだ。君も来る？
博樹：　　えっ，僕が？お兄さんのことはあまりよく知らないんだけど。
ロベルト：それはかまわないさ。だって，君は僕の親友じゃないか。
博樹：　　でも，スーツもバロンタガログも持ってないよ。
ロベルト：貸してあげるよ。黒のズボンは持ってる？
博樹：　　持ってるけど，正装用じゃない。バロンタガログ，買おうかな。実は前からずっと欲しかったんだ。
ロベルト：なんだ，そうなんだ。いい店を知ってるんで，連れてってあげるよ。
博樹：　　うん，ありがとう。
（練習問題）
1．
① nakakainis　　nakaiinis　　　② nakakagulat　　nakagugulat
③ nakakapagod　nakapapagod　 ④ nakakalungkot　nakalulungkot
⑤ nakakaantok　nakaaantok　　 ⑥ nakakatuwa　　nakatutuwa
⑦ nakakauhaw　nakauuhaw　　 ⑧ nakakahiya　　nakahihiya
⑨ nakakaiyak　　nakaiiyak　　　⑩ nakakatawa　　nakatatawa
2．
① Nagluto ako ng keyk, pero hindi masyadong masarap.
② Hindi gaanong matangkad si Roberto.
③ Hindi pa siya masyadong marunong magsalita ng Filipino.
④ Hindi ko gaanong gusto ang buko.
⑤ Hindi masyadong mahal ang pagkain dito.
3．a．
① pahiramin　　pinahiram　　pinapahiram / pinahihiram　　papahiramin / pahihiramin
② papuntahin　　pinapunta　　pinapapunta / pinapupunta　　papapuntahin / papupuntahin
③ pasayawin　　pinasayaw　　pinapasayaw / pinasasayaw　　papasayawin / pasasayawin
④ pag-aralin　　pinag-aral　　pinapag-aral / pinag-aaral　　papag-aralin / pag-aaralin
⑤ paghugasin　　pinaghugas　　pinapaghugas / pinaghuhugas　　papaghugasin / paghuhugasin
b．
① Pinahiram ba ni Roberto si Hiroki ng barong Tagalog?
② Pinapaghugas/Pinaghuhugas ng pinggan si Cinderella ng mga ate niya.
③ Pinapunta ng doktor ang nars sa kuwarto ng pasyente.

④ Gusto naming pag-aralin ang mga estudyanteng matalino pero walang pera
⑤ Papasayawin/Pasasayawin nila ang mga bata sa party.
4．
① Ikakasal ang kuya ni Roberto.
② Malungkot si Roberto dahil crush niya ang nobya ng kuya niya.
③ Sa Setyembre, sa Simbahan ng San Agustin ang kasal. Sa Manila Hotel ang reception.
④ Parang atubiling pumunta si Hiroki sa kasal dahil hindi naman niya gaanong kilala ang kuya ni Roberto.
⑤ Hindi na kailangang humiram ng barong Tagalog ni Hiroki kay Roberto dahil bibili na siya ng sariling damit.

27課
（会話）
ロベルト：博樹，今日はダニロのうちで（学習）課題を一緒にすることになっている日だけど，覚えてる？
博樹：　あっ，そうだった！忘れるところだった。手土産でも持って行った方がいい？
ロベルト：いいや，必要ないよ。もう準備できた？
博樹：　ちょっと待って。持っていくものを準備する。彼はどこに住んでいるの？
ロベルト：クバオの近く。
博樹：　そこへはどうやって行くの？
ロベルト：エドサまではジープニーで行って，それから，クバオまでMRTに乗って行くんだ。
博樹：　ちょっと遠いんだね。
（二人はジープニーとMRTを乗り継いで，クバオ駅で降りた。P.トアソン通りまで来て）
ロベルト：彼の家は，15番通りにある。このP.トアソン通りを15番通りまでまっすぐ行くんだ。
博樹：　歩いていくの？
ロベルト：そう，そんなに遠くないよ。ここを左に曲がるんだ。
博樹：　どうしてトライシクルに乗っていかないの？
ロベルト：ここはトライシクルが拾いにくいし，近いから。（15番通りで）ほら，あの緑色の屋根と門のある家だよ。
（練習問題）
1．a．
① maalala　　　　naalala　　　　naaalala　　　　maaalala
② matapon　　　　natapon　　　　natatapon　　　matatapon
③ malimutan　　　nalimutan　　　nalilimutan　　　malilimutan
④ maintindihan　　naintindihan　　naiintindihan　　maiintindihan
⑤ malaman　　　　nalaman　　　　nalalaman　　　malalaman
⑥ masira　　　　　nasira　　　　　nasisira　　　　masisira
⑦ maiwan　　　　 naiwan　　　　 naiiwan　　　　 maiiwan
⑧ maiuwi　　　　 naiuwi　　　　 naiiuwi　　　　 maiiuwi
b．
① 僕は君が今言っていることが理解できない。　② 僕は自分の本を図書館に置き忘れてしまった。
③ 父は母の誕生日を忘れてしまった。　　　　　④ 僕はそれを今はじめて知った。
⑤ マイクは私のコンピューターを壊してしまった。
2．
① Muntik na siyang mahuli（ma-late）．　　② Muntik nang sabihin ng titser ang sagot.
③ Muntik nang mamatay ang anak niya.　　④ Muntik ko nang matapon ang gatas.
⑤ Muntik ko nang maiuwi ang libro mo.
3．
① Pupunta sina Roberto at Hiroki sa bahay ni Danilo.
② Pupunta sila doon dahil gagawa sila ng proyekto.
③ Magdyidyip sila hanggang EDSA, tapos sasakay ng MRT hanggang Cubao, at maglalakad hanggang bahay ni Danilo.
④ Hindi sila sumakay ng traysikel dahil mahirap humanap nito at malapit lang naman ang bahay ni Danilo.
⑤ Berde ang bubong at gate ng bahay ni Danilo

28課
（会話）
ダニロ：　道に迷わなかった？
博樹：　大丈夫。君の家はすごく綺麗だね。
ダニロ：　それは，母に言ってくれよ。喜ぶんで。ここに来るのに疲れたみたいだね。まず軽食でも食べて，それか

ら（学習）課題の準備を始めよう。
ロベルト：そうしよう。今日はとても暑いから喉が渇いちゃった。
博樹：　　僕も喉が渇いた。
ダニロ：　何がいい？　コーラ，スプライト，それともアイスティー？
博樹：　　僕は水でいい。
ロベルト：僕は，コーラ。食べながら発表のことも話し合おう。
ダニロ：　そうしよう。早く済ませたら，パソコンでゲームをしてもいいし，アニメを観てもいいね。
博樹：　　何のアニメがある？
ロベルト：ダメだ！僕たちの発表を終えられなくなるかもしれない。ダニロがアニメについて「発表」を始めたら。

（練習問題）
1．
① ジープニーの運転手はどうして怒ったの？　　　② 彼は君に会ったらびっくりするだろう。
③ 私は彼らの話で笑うことはない。　　　　　　　④ テレサはめまいがするということで出ていった。
⑤ 君はパーティーの食事では満腹にならなかったの？

2．
① pinagkuwentuhan　　pinapagkuwentuhan / pinagkukuwentuhan　　papagkuwentuhan / pagkukuwentuhan
② pinag-awayan　　　pinapag-awayan / pinag-aawayan　　　　　　papag-awayan / pag-aawayan
③ pinagtalunan　　　pinapagtalunan / pinagtatalunan　　　　　　papagtalunan / pagtatalunan
④ pinagpulungan　　 pinapagpulungan / pinagpupulungan　　　　 papagpulungan / pagpupulungan
⑤ pinag-usapan　　　pinapag-usapan / pinag-uusapan　　　　　　papag-usapan / pag-uusapan

3．
① Simulan natin ang presentasyon.　　　　② Pinunasan na nila ang mesa.
③ Tatakpan ko muna ang kaldero kung hindi ka pa kakain.（Kung hindi ka pa kakain, tatakpan ko muna ang kaldero.）
④ Inaalagaan ng nanay ang sanggol.　　　　⑤ Kailangang bayaran ang buwis.

4．
① グレースとマリアンはレポートについて話し合った。
② 子どもたちはそのおもちゃのことで喧嘩している。
③ 友達同士は自分たちの昔の生活について雑談した。
④ 学生たちはその問題について議論した。
⑤ 教師たちは卒業式のことで会合を行っている。

5．
① Gusto munang magmeryenda ni Danilo bago simulan ang proyekto.
② Gustong maglaro sa kompyuter o manood ng anime ni Danilo pagkatapos ng pulong nila.
③ Anime ang tinutukoy na "presentasyon" ni Danilo.
④ (Seryosong / Masipag na / Matalinong) estudyante si Roberto.

29課

（会話）
ダニロ：　博樹は，どれくらいホセ・リサールのこと知っている？
博樹：　　フィリピンの英雄。リサール公園がある。それから，え～と，作家だったっけ？
ロベルト：そうだよ。彼が書いたノリメタンヘレとエルフィリブステリスモはとても有名だ。
ダニロ：　彼は医者でもあったんだ。
ロベルト：僕らはみんな，ホセ・リサールのことを小学校でも，それから特に高校で勉強しているんだよ。
博樹：　　それじゃあ，君たちにとっては（この）発表は簡単なものなんだね。
ロベルト：それは違うんだな。ホセ・リサールのことをみんなが知っているからこそ，新しい見解を報告するのが難しいんだよ。
ダニロ：　みんなが知らないリサールの生涯の側面を提示しなければならない。考えてたんだけど，彼の書いた作品，独立運動，そして日本をテーマにするのはどう？
博樹：　　日本？どうして日本なの？
ダニロ：　知らないの？リサールは日本に行ったんだ。だから，博樹はリサールが日本で何をしたかについて調べてくれ。
博樹：　　それ今はじめて知ったよ。
ロベルト：ダニロ，君は読書家だから，リサールの作品について（調べたらいい）。
ダニロ：　はい，ボス。
ロベルト：僕は，愛国者だから，独立運動について（調べる）。

(練習問題)
1．
① Sampagita ang pambansang bulaklak ng Pilipinas.
② Filipino ang pambansang wika ng Pilipinas.
③ Mangga ang pambansang prutas ng Pilipinas.
④ Barong Tagalog ang pambansang kasuotan ng Pilipinas.
⑤ Ang "Lupang Hinirang" ang pambansang awit ng Pilipinas.

2．
① Ipinanganak si Jose Rizal noong Hunyo 19, 1861.
② Ipinanganak siya sa Calamba, Laguna.
③ Sina Francisco Mercado Rizal at Teodora Alonzo ang kanyang mga magulang.
④ Nag-aral siya sa Ateneo de Manila, sa Pamantasan ng Sto. Tomas at sa Madrid.
⑤ Naging manggagamot siya, manunulat, makata, politiko, dalubwika, pintor, iskultor, guro at iba pa.
⑥ Ang *Noli Me Tangere* at *El Filibusterismo* ang pinakatanyag niyang nobela.
⑦ Tungkol ito sa masamang pagtingin at pagtrato ng mga Kastila sa mga Pilipino.
⑧ Ipinabaril siya dahil nagalit ang mga Kastila sa isinulat niya.
⑨ Namatay siya noong Disyembre 30, 1896.
⑩ Bagumbayan ang dating pangalan ng Rizal Park.

3．
① 私はグループにブンソ「末っ子」と名付けられた。　② ホセ・リサールは国民的英雄と見なされている。
③ 私たちの環境を清潔に保とう。　④ 私たちは彼を大統領に選出した。
⑤ 君のことをヒロと呼ぶことにするよ。

4．
① Ang mga impormasyong alam nina Danilo, Hiroki at Roberto tungkol kay Jose Rizal ay ang mga sumusunod:
　　a. Pambansang bayani siya ng Pilipinas.
　　b. May Rizal Park.
　　c. Manunulat siya.
　　d. Kilalang-kilala ang isinulat niyang Noli Me Tangere at El Filibusterismo.
　　e. Doktor siya.
② Maraming alam sina Danilo at Roberto tungkol kay Rizal dahil pinag-aaralan ang buhay niya sa elementary at high school.
③ Mahirap mag-ulat tungkol kay Rizal dahil lahat ay may alam tungkol kay Rizal at mahirap mag-ulat ng bagong ideya.
④ Iminungkahi ni Danilo ang mga akda ni Rizal at mga karanasan niya sa rebolusyon at sa Japan.
⑤ Ibinigay kay Hiroki ang paksa tungkol sa ginawa ni Rizal sa Japan. Hapones kasi si Hiroki.

30課

(メールと手紙)
(クラスメート同士が発表について状況を確認し合う)

(博樹からダニロおよびベルトへの送信メール)
ダニロ，ベルトへ
発表のための担当部分はできた？
僕は，半分しかできてない。(泣)　今度はいつ集まる？
この土曜だといいんだけど。できれば，僕の寮で。
(大学の) 図書館が近いから，すぐに本が見られるし。
博樹

(ダニロからの返信)
博樹，ベルトへ
僕は土曜日で大丈夫。午後1時でいい？
土曜日に発表 (の準備) を済ませておこうね。
ダニロ

(ベルトからの返信)
ダニロ，博樹へ

了解。じゃあ土曜日の午後1時，博樹の寮で。
ベルト

(美香は12月末に日本に帰国し，カトリーナの母親に手紙を書いた)
(手紙：サンプル)
親愛なるマリアお母様
　ご機嫌いかがですか。お元気にお過ごしのことと思います。家族とともに故郷に帰省し，祖父と祖母のうちで新年のお祝いをしました。当地は大変寒いです。
　元日当日，日本の伝統的な料理（おせち料理）を食べました。おせち料理と家族の写真をこの手紙に同封します。
　ママから教えていただいたとおりに，昨日家族に「鶏と青パパイヤのスープ煮」を作ってあげました。家族のみんながおいしく賞味し，祖母はそのスープがとても気に入ったようです。
　家族全員が，私がママより賜ったご親切に対し感謝しております。私もとても感謝しております。今後とも相変わらず，よろしくお願いいたします。

　それでは今日はこれにて失礼します。今後ともご自愛ください。

敬具
美香

(練習問題)
１．Kumusta ang klase ngayon?
　　Nagkalagnat ako kaya hindi ako nakapasok.
　　Kailan na ang test?
　　Hindi ako nakakapag-aral.
　　Puwede bang patingin ng notes mo bukas?
２．
　　アレックスへ
　　俺は今日また上司に叱られてしまったよ。
　　毎日，朝から晩まで，まったく容赦なしだ。
　　首になるかも知れないな。
　　仕事探しは大変だというのに…。
　　ジュン
３．
① 日本人はマンゴを美味しいと感じている。　② 私は（その）ケーキが甘すぎると思った。
③ 彼は（その）フライドチキンが塩辛いと思っている。　④ 学生たちは試験が難しいと思うだろう。
⑤ その患者は部屋が寒いと感じている。
４．
① Napagkasunduan nina Danilo, Hiroki at Roberto na magkita-kita sa Sabado, ala una ng hapon, sa dorm ni Hiroki.
② Si Hiroki ang nagmungkahi ng araw at lugar ng miting. Si Danilo naman ang nagmungkahi ng oras.
③ Gusto ni Hiroki na magkita sila sa dorm dahil malapit lang doon ang aklatan.
④ (Masisipag na / Seryosong / Madaling magkasundong / Nagbibigayang) mga estudyante sina Danilo, Hiroki at Roberto.

Osaka University Press